著作権と憲法理論

大日方信春

著作権と憲法理論

❀※❀
学術選書
67
憲法・著作権法

信山社

はしがき

　本書はわたしの 30 歳代の研究成果である。

　大学院、助手のときを通して、ジョン・ロールズ（John Bordley Rawls, 1921-2002）を中心とする英米の規範的正義論を研究し、運よく大学のポストをえたわたしは、いわゆる"燃え尽き症候群"のような状態にあった。

　そんなある日、いつもと同じように、あさ、新聞に目を通していると、興味をそそる見出しに出会った。「ミッキーマウス"延命"」（2003 年 1 月 17 日の読売新聞）。それは、米国で著作権期間を 20 年間延長する法律（Sonny Bono Copyright Term Extension Act of 1998〔CTEA〕）に合憲判決が下されたことをつたえる記事であった。

　そうか、著作権を保護すること、それは、表現の自由を規制することでもあるのか。

　いま思えば稚拙なひらめきだが、それでも新しい研究テーマとなるだろうか、と思いつつ、まずはうえの合衆国最高裁判決を調べてみることにした。

　インターネットの検索ワード欄に打ち込んだのは "Eldred v. Ashcroft"。判決内容をつたえるページはもちろんだが、原審（Eldred v. Reno, 239 F.3d 372〔2001〕）や原々審（Eldred v. Reno, 74 F.Supp.2d 1〔1999〕）をうけて、数多くの論評がすでに発表されていた。米国ではかなりまえから注目されていた裁判のようである。そのなかに、Loyola Law School Los Angels が *Eldred* 最高裁判決をまえに特集を組んだシンポジウムがあった。

　11 本の論説からなるこのシンポジウムには、著作権と表現の自由の関係を正面から論じたものをはじめ、CTEA に対する違憲審査基準を検討したもの、また「法と経済学」や公共選択論の知見を生かし著作権制度を論じたもの、さらには議会権限との関係からのアプローチなど、この憲法訴訟を機縁とした興味深い議論が展開されていた。"これはいけるかもしれない"。

　こうしてわたしは「著作権と憲法理論」の研究をはじめた。

　最初に手がけたのは、やはり Eldred v. Ashcroft, 537 U.S. 186 (2003) の判例評釈である（本書第 5 章）。この評釈と著作権の問題を憲法学でも研究する意義

はしがき

があることをまとめて（第1章）、いくつかの学会、研究会での報告の機会もえた。ただわたしの研究内容や報告の稚拙さもあってか、著作権に対する constitutional objection はあまり伝わらなかった。わたしが「著作権は表現の自由を制約している」というと、そうともいえるけど、「著作権は表現の自由を保護している」ともいえるのではないか。こういうご意見をしばしばいただいた。

"著作権は自由な言論のエンジンである"（*see* Harper & Row, Publishers, Inc. v. Nation Enterprises, Inc., 471 U.S. 539, 558〔1985〕）。合衆国最高裁もこう見立てていた。また"著作権と表現の自由は著作権法により調整済みである"ともいわれていた（*see* Eldred, 537 U.S., at 219 (citing Harper & Row, 471 U.S., at 556)）。それでも、それなら著作権と表現の自由を調整する著作権法の規定の憲法適合性が問われなければならないはずである。わたしの研究は「アイディア・事実／表現形式二分法」（idea/expression dichotomy）や「フェア・ユースの法理」（fair use doctrine）という"著作権と表現の自由の調整原理"に憲法理論を照射する段階に進んでいった（第3章・第4章）。

またこれらの研究と並行して、合衆国憲法1条8節8項の解釈にも注目した。いわゆる知的財産権条項とよばれるこの条項で、合衆国憲法は"学術の進歩を促進するために、著作者に著作物に関する排他的な権利を一定期間保障する"権限を連邦議会に付与している（U. S. CONST art Ⅰ, cl. 8, §8）。独占を忌み嫌ったはずの Founding Fathers が著作物への排他権利の設定を要請した意図はなにか、授権規範でありかつ制限規範でもあるこの条項の文理はどう理解すべきか、これらの課題をもって「著作権条項」の文言にこだわった研究もした（第2章）。

米国では著作権期間を延長する法改正と同年に、デジタル著作物につけられたアクセスやコピー禁止装置を保護するための法律が制定されている（Digital Millennium Copyright Act of 1998〔DMCA〕）。デジタル形式なら、アナログ形式と比べて、音声や映像に高品質が期待できる。ところが継続的複製による品質劣化の心配がない。Digital Piracy の懸念が生じたのである。この懸念を解消するための装置が開発され、この装置を無効にする営為を禁止したのが DMCA である。これは映像産業にとって大きな福音となった。ただ同時に、DMCA は、デジタル形式にされたパブリック・ドメインやアイディアの利用を規制し、さらにデジタル形式でのフェア・ユースも制約している。ここにも constitutional objection がありそうである（第6章）。

はしがき

　こうしてわたしの「著作権と憲法理論」の研究も、徐々にではあるが、体系性をもちはじめてきた。もっともまだまだ道半ば。本書は「著作権と憲法理論」の中間報告である。

　2011年春

大日方　信春

初出一覧

序章　著作権のコンセプション
　　………「著作権と表現の自由の調整原理（二・完）」熊本法学118号（2009年）89〜161頁の第2章第1・2節
第1章　著作権をみる憲法学の視点について
　　………「著作権をみる憲法学の視点について」熊本法学114号（2008年）1〜36頁
第2章　著作権の憲法上の地位——合衆国憲法1条8節8項の文理解釈を導きの糸として
　　………「著作権の憲法上の地位——合衆国憲法一条八節八項の文理解釈を導きの糸として」姫路法学45号（2006年）1〜49頁
第3章　アイディア・事実／表現形式二分法
　　………「著作権と表現の自由の調整原理（一）」熊本法学116号（2009年）1〜49頁
第4章　フェア・ユースの法理
　　………「著作権と表現の自由の調整原理（二・完）」熊本法学118号（2009年）89〜161頁〔序章とした第2章第1・2節を除く〕
第5章　著作権保護期間延長法（CTEA）——Eldred v. Ashcroft
　　………「1998年『著作権保護期間延長法』の合憲性——Eldred v. Ashcroft, 537 U.S.——, 123 S.Ct. 769 (2003)」広島県立大学論集7巻1号（2003年）169〜184頁
第6章　暗号化と表現の自由——DMCAを素材に——
　　………「暗号化と表現の自由——米国デジタル・ミレニアム著作権法を素材に」熊本法学119号（2010年）1〜44頁
終章　著作権と表現の自由の間隙
　　………「著作権と表現の自由の間隙」熊本大学法学部創立30周年記念『法と政策をめぐる現代的変容』（成文堂、2010年）3〜34頁の〔はじめに〕、Ⅰ

目　次

はしがき

序章　著作権のコンセプション……………………………………… 1
　第1節　著作権設定の意義………………………………………… 1
　第2節　著作権者と著作物利用者の権益調整 …………………… 9
　第3節　まとめ──「本書のねらい」にかえて── ……………… 20

第1章　著作権をみる憲法学の視点について ……………………… 27
　第1節　著作権と表現権の間隙はなぜ軽視されてきたのか……… 27
　第2節　著作権の憲法上の位置…………………………………… 29
　　　1　憲法上の根拠条文……………………………………… 29
　　　2　著作権の本質について………………………………… 32
　　　3　本書の見解……………………………………………… 38
　第3節　著作権と表現の自由の法理……………………………… 40
　　　1　表現内容規制／内容中立規制………………………… 40
　　　2　定義的衡量の有効性…………………………………… 43
　　　3　事前抑制について……………………………………… 48
　第4節　お わ り に ………………………………………………… 50

第2章　著作権の憲法上の地位
　　　　──合衆国憲法1条8節8項の文理解釈を導きの糸として── … 53
　第1節　序…………………………………………………………… 53
　第2節　著作権条項の文理理解…………………………………… 57
　　　1　「著作権条項」の抽出………………………………… 57
　　　2　構造上の束縛…………………………………………… 59
　　　3　連邦議会の裁量………………………………………… 63
　　　4　文言の文理解釈………………………………………… 64
　第3節　裁 判 実 践 ………………………………………………… 71
　　　1　総　説…………………………………………………… 71

ix

目　次

　　　2　Wheaton v. Peters, 33 U.S. (8 Pet.) 591 (1834) …………………… 72
　　　3　Baker v. Selden, 101 U.S. (11 Otto.) 99 (1880) ………………… 73
　　　4　Bobbs-Merrill Company v. Straus, 210 U.S. 339 (1908) ………… 76
　　　5　Sony Corporation of America v. Universal City Studios, Inc.,
　　　　 464 U.S. 417 (1984) …………………………………………………… 77
　　　6　Feist Publication, Inc. v. Rural Telephone Service Company,
　　　　 499 U.S. 340 (1991) …………………………………………………… 80
　　　7　小　　括 ………………………………………………………………… 84
　　第4節　結 ……………………………………………………………………… 84

第3章　アイディア・事実／表現形式二分法 … 91

　　はじめに ………………………………………………………………………… 91
　　第1節　M. Nimmer の功績と課題 ……………………………………………… 95
　　　1　tortious speech の分析枠組 ……………………………………………… 95
　　　2　1970 年の M.Nimmer 論文の影響 ……………………………………… 97
　　　3　「アイディア・事実／表現形式二分法」と著作権を保護すべき
　　　　 「表現」 ………………………………………………………………… 100
　　第2節　表現の形式 …………………………………………………………… 102
　　　1　複製概念から ………………………………………………………… 102
　　　2　表現の外面的形式／内面的形式 …………………………………… 104
　　　3　先行著作物と後続著作物との関係　翻案それとも別著作物？ … 107
　　第3節　保護されるもの／保護されないもの ……………………………… 111
　　　1　総　　説 ……………………………………………………………… 111
　　　2　「思想／表現」境界線の混乱原因 …………………………………… 112
　　　3　「表現の選択の幅」論 ………………………………………………… 117
　　第4節　小　　括 ……………………………………………………………… 122

第4章　フェア・ユースの法理 … 127

　　第1節　2つの判例と four factors ………………………………………… 127
　　　1　17 U.S.C. § 107 ………………………………………………………… 127
　　　2　Harper & Row, Publishers, Inc. v. Nation Enterprises, 471 U.S.
　　　　 539 (1985) ……………………………………………………………… 129
　　　3　Campbell v. Acuff-Rose Music, Inc., 510 U.S. 569 (1994) ………… 134
　　　4　小　　括 ……………………………………………………………… 141

目　次

　第2節　批判的指摘の検証 …………………………………………… 145
　　　　1　規定のあいまいさについて ……………………………… 146
　　　　2　表現内容依存性について ………………………………… 148
　　　　3　fair use は customary standard か …………………… 150
　　　　4　発表前著作物のフェア・ユース ………………………… 152
　　　　5　Harper & Row のアポリア ……………………………… 153
　第3節　小　括——フェア・ユースの法理—— …………………… 155
　第4節　残された課題——「伝統的概略」の変更？—— ………… 158

第5章　著作権保護期間延長法(CTEA)— Eldred v. Ashcroft — … 161
　Ⅰ　事実の概要 …………………………………………………………… 162
　　　　1　1998年「著作権保護期間延長法」 ……………………… 162
　　　　2　下級審 ……………………………………………………… 163
　Ⅱ　判　旨 ………………………………………………………………… 167
　　　　1　法廷意見 …………………………………………………… 167
　　　　　1－1　著作権条項（合衆国憲法1条8節8項）との関係 … 167
　　　　　1－2　修正1条との関係 ………………………………… 168
　　　　　1－3　司法審査基準論 …………………………………… 170
　　　　　1－4　結　論 ……………………………………………… 172
　　　　2　反対意見 …………………………………………………… 172
　　　　　2－1　Stevens 裁判官による反対意見 ………………… 172
　　　　　2－2　Breyer 裁判官による反対意見 ………………… 174
　Ⅲ　研　究 ………………………………………………………………… 176
　　　　1　著作権の淵源——実体論と機能論—— ………………… 176
　　　　2　著作権と憲法理論 ………………………………………… 176
　　　　3　法律制定事情、日本法への示唆 ………………………… 180

第6章　暗号化と表現の自由— DMCA を素材に— ………………… 185
　はじめに——本章の関心 ………………………………………………… 185
　第1節　DMCA ……………………………………………………… 188
　第2節　修正1条 …………………………………………………… 192
　　　　1　コンピュータ・コードと修正1条 ……………………… 192
　　　　2　言論規制類型でみる DMCA …………………………… 196

xi

目　次

　　　　3　DeCSS は「保護されない言論」ではないか ……………… 198
　第3節　フェア・ユース ……………………………………………………… 199
　第4節　パブリック・ドメイン ……………………………………………… 204
　第5節　その他の問題 ………………………………………………………… 208
　おわりに――やはり立法裁量か …………………………………………… 210

終章　著作権と表現の自由の間隙 ……………………………………… 215
　1　はじめに ……………………………………………………………………… 215
　2　著作権条項 …………………………………………………………………… 216
　3　アイディア・事実／表現形式二分法 …………………………………… 218
　4　フェア・ユースの法理 …………………………………………………… 220
　5　「法と経済学」の理論 ……………………………………………………… 224
　6　財産権論 ……………………………………………………………………… 227
　7　おわりに ……………………………………………………………………… 229

事項索引（231）
法令索引（235）
判例索引（236）
あとがき（240）

著作権と憲法理論

序章　著作権のコンセプション

第1節　著作権設定の意義

　一　財（goods）は、一般的には、特定の消費者が消費すれば、他者がそれを消費することはできない。このとき、この財の消費は競合している。このような財の性質は、消費者を特定し当該人からの対価の支払いを可能にするので、また、対価の支払いなき者への財の供与の排除も可能にしている。

　これに対して、消費の競合性もなく、その排他性もない財のことを「公共財」（public goods）という。それは、ある人の消費が他者の消費量を減少させることのない、また、ひとたび供与されたなら誰もその消費から排除できない性質をもつ財のことである。公共財のもつ非競合性・非排他性という性質は、財の生産者による供給費用を回収しようとする、その意欲を減退させる。なぜなら財の消費者の特定が不可能または著しく困難なため、供給費用の回収コストが回収しようとした費用そのものを上回ってしまうかもしれないからである。したがってこのような財は、国や地方公共団体が公的費用でもってその供給を配慮すべき財であると考えられてきた。警察、消防、国防などが、この公共財の代表例として紹介されている[1]。

　市場における財の交換が、直接その交換に参加していない経済主体に、無意識的に与えている影響のことを「外部効果」（externality）という。この外部効果が第三者に便益をもたらしているとき、それを「正の外部効果」（beneficial externality）といい、ある種の損害を与えているとき「負の外部効果」（negative externality）という[2]。上述した公共財には、消費における正の外部効果が存在

---

[1] 加藤寛＝浜田文雅編『公共経済学の基礎』（有斐閣、1996年）199-200頁〔山内弘隆執筆〕は、街路を例示して公共財の特徴を説明している。「たとえば、街路は、1人の人が通行しても同時に他の人も通行可能であり、また、街路の供給者（通常は地方自治体）は、通行人1人1人から利用料を徴収することができない。したがって、街路は典型的な公共財である」。

[2] 手許にあるJ・K・シム＝J・G・シーゲル著、井掘利宏＝粟沢尚志訳『新経済学用語辞典』（新世社、1997年）26頁には、正／負の外部性（externalities）を以下の例のもとに説明している。「たとえば、ある企業における職業訓練は正の外部性を持つ。

序章　著作権のコンセプション

しているとされている。

　二　近代資本主義社会の成熟は、典型的にはその成立に起因するサーヴィス産業の台頭によって、情報の経済的価値を高めたといえよう。資本主義社会の進展は、情報の財としての性質を際立たせる要因となったのである。

　ところで、資本主義社会の黎明期まで「財」といえば、物質とエネルギーであった。産業社会の進展は、物質とエネルギーという有限の財の争奪過程からの果実であったといえよう。この産業社会をとりまく状況は、情報環境がコンピュータ化された後、大きく変容してきている。情報が社会発展の駆動輪の役割を果たすようになったのである。

　電子化された情報は、物質やエネルギーという財がもつ希少性という拘束を免れている[3]。さらに、情報は、先述した公共財としての性質をもつともいわれている[4]。「法と経済学」の知見から表現の自由論を分析した論者は、その理由をつぎのように述べる。

　「この情報という財は、公共財の性質を持っている。なぜなら、同一の情報を同時に使用することができ、なおかつ、情報が直接の取引相手以外に伝播することを防止することは、事実上不可能（たとえば取引相手が情報を漏示しないか監視するために膨大な費用がかかる）だからである」[5]。

　表現行為は、表現の表出者と受領者との間で行われる、情報のやり取りであると構成できるであろう。ここで情報授受フォーラムである「言論市場」を想

　　なぜならば、それを受けた労働者は他企業へ転職しても職業訓練を受ける必要がなく、それによって訓練コストが節約できるからである。逆に、交通渋滞や環境破壊は負の外部性をもたらす」。
　　職業訓練は、その対価を負担していない転職後企業にも効用をもたらすという点で、正の外部性が生じている（他の経済主体に有利性をもたらしている）。これに対して、交通渋滞や環境破壊といった効用を低下させる財（bads）は、産出元の経済主体がそれを解消するための負担をしなければ、負の外部性が生じる（他の経済主体に不利にはたらく）といえる。

[3]　永井均＝中島義道ほか編『事典 哲学の木』（講談社、2002年）539頁〔合庭惇執筆〕参照。

[4]　井上嘉仁「市場と表現の自由理論(一)──経済学的分析導入のための基礎的考察」広島法学27巻3号（2004年）35、44頁参照。

[5]　同論文44頁。また、著作物の実体は「情報」という無体財であり、無体財は本来公共財的性質をもつとする、林紘一郎「著作権（著作物）とProperty, Property Rule, そしてProperty Theory」アメリカ法［2010-1］（2010年）87、88-89頁および『『法と経済学』の方法論と著作権への応用」同編著『著作権の法と経済学』（勁草書房、2004年）第1章も参照。

起してみよう。情報が公共財ならば、その非競合性・非排他性という性質から、情報は市場で過少生産されるであろう。なぜなら、情報の消費に排他性がないままでは、経済合理的な情報の消費者なら、消費の対価を支払おうとはしないであろうから。そのことは、財を生産しようとする者の生産意欲を減退させずにはおかないであろう。費用を他者の支払いに任せようとするフリー・ライダー（free rider）を発生させるであろう。自分の支出にただ乗りされたくない消費者なら、むしろ自らの需要選好を正直には表示しないことが合理的となる（できるだけ他者の支出に依存したいから）。消費者間に生じた疑心は、やがて供給者に伝わり、財は一般に過少生産されることになる。「すなわち、情報は社会的に必要とされる量以下でしか生産されない」[6]。

　財の過少供給という市場の失敗。この困難を解消するためには、国家を通じて公共財を供給することが適切となろう[7]。なぜなら、国家は徴税権という費用回収権限をもつからである。国家の役割の一つとして公共財の提供をあげたある憲法学者は、つぎのようにいう。

　「多数人の私的なイニシァティヴにつきまとう社会的協調の困難〔フリー・ライダーの発生による公共財の過少生産〕を解決するには、国家を通じて公共財を供給することが適切となる。供給の費用は、すべての人から公平にかつ強制的に徴収され、供給の範囲や量は、民主的な手続を通して決定される」[8]。

　言論市場における情報の過少供給を解消するために国家が寄与してきたこと。その一つとして、著作権の制度化がある[9]。

　三　ここまで情報という財には、生産者の生産意欲を減退させる公共財的性質が備わっていることを述べてきた。情報が公共財的性質をもつのは、情報のもつ「正の外部効果」を合理的経済主体ならただで得ようとするはずだからである。そこで言論市場に供給される情報財を増やすためには、経済学の言葉を借りるなら、国家には正の外部効果の内部化を保障することが求められることになる。著作権法は、情報について外部効果の内部化を図ることで、言論市場

---

[6]　井上・前掲論文（註4）44頁。
[7]　長谷部恭男『憲法〔第5版〕』（新世社、2011年）106、193頁参照。
[8]　同書106頁（但し、〔　〕は引用者による。以下、同じ）。
[9]　たとえその発祥の由来は違っても、現行法制度は、この視点から分析するのが適切であるように思われる。

における情報の適正な供給を促すための法制度である[10]、といえよう。

本書は、国家による著作権制度の設定をめぐる憲法問題について、合衆国の法理論をもとに分析したものである[11]。本書の劈頭にあたり、かの国の著作権法の関係条文を、ここに掲げておく。

合衆国憲法1条8節8項は、合衆国議会に、著作権法の制定権限を付与している。「連邦議会はつぎの権限を有する」との柱書につづいて、つぎのようにいう。「著作者に対し一定の期間その著作物に関する排他的権利を確保することにより、学術の進歩を促進すること」[12]（煩瑣を防ぐため「著作権条項」だけ引用した）。この憲法規定をうけ、また英国アン法典（Statute of Anne, 8 Anne C. 19 (1710)）を継受するかたちで1790年5月31日に、連邦著作権法（1 Stat. 124）が成立している。情報を供給者の管理下に置こうとしたかの国の現行の法制度を瞥見してみよう。

1 連邦著作権法は、著作権における排他的権利（exclusive right）として、以下の権利を規定している[13]（17 U.S.C. § 106）。

「第107条から第122条に従い、著作権者は、本条のもとで、以下のことを行う又は許諾する排他的権利をもつ。

(1) 著作権のある著作物をコピーし又はフォノレコードに複製すること。
(2) 著作権のある著作物をもとに派生的著作物を作成すること。
(3) 著作権のある著作物のコピー又はフォノレコードを、販売その他の譲渡方法で、あるいは貸与、賃貸又は貸出の方法で、公けに頒布すること。
(4) 言語、音楽、演劇又は舞踏の著作物、パントマイム、映画及びその他の視聴覚著作物について、著作権のある著作物を公けに実演すること。
(5) 言語、音楽、演劇又は舞踏の著作物、パントマイム及び絵画、図画又は彫刻の著作物について、そこには映画その他の視聴覚著作物の個々の

---

[10] 玉井克也「情報と財産権——報告」ジュリスト1043号（1994年）74、75頁は、「伝統的な知的財産法制」について、同趣旨のことを述べている。
[11] 著作権と憲法上の基本権の関係についてドイツにおける議論をまとめたものとして、栗田昌裕「著作権法における権利論の意義と射程（一）（二・完）——ドイツにおける憲法判例と学説の展開を手がかりとして」民商法雑誌140巻6号（2009年）638頁以下・141巻1号（2009年）45頁以下がある。
[12] U.S. CONST. art I, § 8, cl. 8.
[13] 連邦著作権法について邦訳がある場合には、適宜参照し、参考にしています。煩瑣を防ぐため逐一指示していませんが、ご海容をお願いいたします。

映像も含まれている、〔これらについて〕著作権のある著作物を公けに展示すること。
(6)　録音について、デジタル・オーディオ送信を用いて、著作権のある著作物を公けに実演すること」[14]。

2　合衆国議会は、1989年のベルヌ条約締結を契機として、1990年に「著作者人格権」(moral rights of authors) に関する規定を連邦著作権法に追加している[15]。本書の行論に必要な部分だけ、抄録してみよう（17 U.S.C. § 106A）。
「(a)　氏名表示権と同一性保持権。第107条に従って、第106条に規定されている排他的権利とは別に、視覚芸術著作物の著作者は、
(1)　つぎの権利を有する。
　(A)　当該著作物の著作者であることを主張すること。及び
　(B)　みずからが制作していない視覚芸術著作物の著作者として、氏名を使用されないこと。
(2)　みずからの名誉又は声望が損なわれるおそれがあるように、著作物に変更、切除その他の改変をされた場合には、その視覚芸術著作物の著作者として氏名を使用されない権利を有する。
(3)　第113条(d)に規定されている限定に従って、つぎの権利を有する。
　(A)　みずからの名誉又は声望を損なうおそれがあるように著作物を故意に変更、切除その他の改変をされないこと。視覚芸術著作物の故意の

---

[14]　連邦著作権法101条は「公に」実演または展示することの意味を、つぎのように定義している（17 U.S.C. § 101）。
(1)　公衆に開かれた場所あるいは家族の通常の範囲または社会的友人関係の集まりを超える相当数の人が集まっている場所で、実演または展示をすること。
(2)　第1項に規定された場所または公衆に対して、どのような装置またはプロセスを用いてのものであれ、著作物の実演または展示を送信または伝達すること。この場合に、公衆がその実演または展示を同じ場所で受け取れるかまたは別の場所であるかを問わず、また同時であるか別々の時間であるかも問わない」。
[15]　Added Dec. 1, 1990, P.L. 101-650, Title VI, § 603 (a), 104 Stat. 5128.
　もっともベルヌ条約6条の2は、いわゆる著作者人格権が適用される範囲を限定していないのに対し、合衆国ではそれが視覚芸術著作物（work of visual art）に限定されていることには注意を要する。著作者人格権が保護される視覚芸術著作物とは、その定義規定（17 U.S.C. § 101）によると、絵画やデッサン、版画などで一点のみのもの、もしくは作者のサインと通し番号が付され200点以内の限定版として存在するもの、とされている。ポスターや図表、書籍などは、この著作物に含まれていない。

変更、切除その他の改変は、この権利を侵害する行為とみなす。
　(B)　名声が認められた著作物を破損されないこと。故意又は重大な過失による当該著作物の破損は、この権利を侵害する行為とみなす。
　(b)　権利の範囲と行使。著作者が著作権者ではない場合でも、視覚芸術著作物の著作者は、(a)項が当該著作物に付与した権利をもつ。視覚芸術の共同著作物の著作者は、(a)項が当該著作物に付与した権利の共有者となる。
(以下、省略)」[16]。

3　連邦著作権法は、上記した諸権利の執行を確保するために、つぎのような規定をもつ。ここも必要な部分だけ抄録しておくとしよう。

【権利の侵害】（17 U.S.C.§501）
「(a)　第106条から第122条に規定された著作権者の排他的権利又は第106条A(a)に規定された著作者の権利に損傷を与えた者及び第602条に反してコピー又はフォノレコードを合衆国内に輸入した者は、その事情しだいで、著作権又は著作者の権利を侵害した者となる。本章において（第506条を除く）著作権という場合には、第106条A(a)の諸権利を含むものとする。(以下、省略)※

(b)　著作権における排他的権利の法的所有者及び受益者は、411条の要件に従って、みずからがその所有者であった間になされた具体的な権利侵害に関して、訴訟を提起することができる（以下、省略)」[17]。

※(17 U.S.C.§602(a))「(1)　輸入　本法の下での著作権者の同意を得ることなく、合衆国外で取得したコピーまたはフォノレコードを国内へ輸入することは、第106条に規定された当該著作物についての頒布権の侵害にあたり、第501条における訴訟の対象となる

16　条文中の113条(d)は、建築物に組み込まれた視覚芸術著作物の除去について、著作者人格権を制限する規定である。この著作物を除去するさい、その破壊、歪曲、切除その他の改変が不可避であるときには、著作者のもつ同一性保持権は制限される（17 U.S.C.§113(d)(1)(A)）。第113条(d)の理解については、白鳥綱重『アメリカ著作権法入門』（信山社、2004年）248-249頁を参照した。

17　条文中の411条は、著作権侵害訴訟の前提条件について規定している。本条によれば、合衆国での著作権侵害訴訟には、著作権を連邦著作権局（Copyright Office）に登録（registration）していることが、訴訟提起の要件とされている。ただし、著作者人格権の侵害を訴える場合や、合衆国外の著作物について著作権侵害訴訟を提起する場合には、登録は訴訟提起の要件とはされていない。第411条の理解についても、白鳥・前掲書（註16）234-235頁を参照した。

(以下、省略）」。

【差止め】（17 U.S.C. § 502）
「(a) 本章のもとで生じた民事訴訟の管轄権をもつ裁判所は、第28編第1498条に従って、それが著作権侵害を防止又は抑止するために合理的であると思われるときには、暫定的又は終局的差止命令を発給することができる。（以下、省略）」。

【損害賠償】（17 U.S.C. § 504）
「(a) 総則　本法に他の定めなき限り、著作権侵害者は、つぎのいずれかについて責任を負う。
(1) (b)項に規定されているところの、著作権者が受けた実損害及び侵害者の追加的利益。又は
(2) (c)項に規定されているところの、法定損害賠償。
(b) 実損害及び利益　著作権者は、著作権侵害行為から受けた実損害及び権利侵害行為から侵害者が得た利益のうち実損害の算定において考慮されなかったものについて、その損害賠償を受けることができる。権利侵害者の利益を確定するために、著作権者が立証すべきことは、侵害者の総収入で足りる。ここから控除すべき諸費用及び被侵害著作物以外のものに起因した利得部分については、侵害者が立証すべきものとする。
(c) 法定損害賠償
(1) 本項(2)の場合を除いて、著作権者は、終局判決前のいかなる時点においても、実損害及び利益の賠償に代えて、一人の侵害者が個別にあるいは二人以上の侵害者が連帯し又は個別に責任を負うどのひとつの著作物についてでも、係争中のすべての損害について、750ドル以上30,000ドル以下の範囲で裁判所が適正であると考える額により、法定損害賠償を得ることができる。（以下、省略）。
(2) 権利侵害が故意になされたことを著作権者が立証し裁判所もそれを認定した場合には、裁判所は法定損害賠償の額を150,000ドルを超えない範囲で引き上げることができる。（以下、省略）」。

　四　伝統的経済学は、市場における商品の価格のことを情報といってきた。この情報が発見者、創造者により他者にも認識できる表現に加工されたとき、

情報は情報財になる。情報財を創造・生産するためには、経済資源の投入を必要とする。情報は経済財である[18]。

ある書籍は、この情報財の特質を、つぎのようにいう[19]。

① １つの媒体から別の媒体への記録または複製が容易に可能であること。
② 複製を行うのに元の財の生産に投入されたほどの資源量は必要としないこと。
③ 複製の価値は元の財と比較して差がないこと。

有体物とは異なり、情報財には経済学でいうところの消費に排他性がない。情報財は専有され得ない性質をもっていたのである。ところが、国家による著作権法制の設定は、情報の私物化（privatization）を可能にした。それは、情報を供給者の管理下に置く効果をもたらしている[20]。ここから情報の商品化（commodification）が可能になったのである[21]。

著作権の制度化が可能にした情報の商品化は、市井の人びとの（とくに広い意味でのアーティストの）創作活動を誘因する奇貨となった。それぞれの創作行為の生成物には、著作権の客体性が認められることで、表出主体の管理下に置かれることになったのである。このことで、表現は、法上まるで有体物のように扱われるようになった。表現に管理可能性がもたらされたである。

表現に管理可能性をもたらした著作権の制度化は、転じて、表現の自由にとって奇禍をもたらすものとなってはいないであろうか。この点について、著作権法制に精通している人ならば、その心配はないと回答するであろう。なぜなら、著作権法には、著作権の客体を限定する規定、また、著作権を制限する規定など、言論市場における情報管理を相対化する装置がすでに用意されているのだから。

---

18 廣松毅＝大平号声『情報経済のマクロ分析』（東洋経済新報社、1990年）第２章「情報と情報財」参照。
19 同書27頁。
20 本節で連邦著作権法の権利設定規定をみてきたのも、それらが情報に管理可能性をもたらしたことを議論するためである。
21 *See* Diane Leenheer Zimmerman, *Information as Speech, Information as Goods : Some Thoughts on Marketplaces and the Bill of Rights*, 33 WM. & MARY L. REV. 665, 668 (1992).

第2節　著作権者と著作物利用者の権益調整

　一　諸国の著作権法を瞥見すると、著作者の権利として一般的には二種類の権利群が規定されている。一方が財産権的性質を有するとされる「著作権（狭義）」、他方が人格権的性質を有するとされる「著作者人格権」である[22]。さきに抄録した連邦著作権法も二つの権益を規定し分けている（see 17 U.S.C. § 106 & § 106A）[23]。

　本節は、言論市場での情報財の交換を regulate している著作権法の規定についての論述にあてられている。より詳しくいうと、前節では情報の供出者に情報の商品化（commodification）、言論の私物化（privatization）を可能にした法

---

[22] この両者の権利の淵源を同一の源泉に求める「一元論」と、異なる母体をもつとする「二元論」があることについては、本書第1章第2節の2（著作権の本質について）と大日方信春「著作権をみる憲法学の視点について」熊本法学114号（2008年）1、6-7頁およびその本文中に付され註を参照されたい。

　　また、英語では moral right of author、独語では Urheberpersönlichkeitsrecht、仏語では droit moral de l'auteure と表記する権利を「著作者人格権」と表記することには若干の戸惑いがもたれている。民法上「人格権」といえば、通常、生命、身体、自由、名誉等についての権利を想起すると思われるが、moral right で示される権利の内実がこのようなものと直接的には結びつきづらいことにその原因があると思われる。論者の中には「著作者人格権の場合は、一般私法上でいう人格権の語とは多少用法が異なり、むしろ、著作者の気持ち、感情、その芸術的学問的良心などに密着する」ものであるとしている者もある（山本桂一『著作権法』（有斐閣、1969年）12頁の (3)）。また、著作者人格権をそのはじまりであるI・カントの1785年の小論『偽版の不法性に寄せて』（Von der Unrechtmäßigkeit des Büchernachdrucks）まで戻って検討している河中一學「著作者人格権について――カントの論考を中心として」成田頼明先生横浜国立大学退官記念『国際化時代の行政と法』（松田保彦ほか編集代表、良書普及会、1993年）879頁以下は、その論文の最後に「moral は、『気持』とか『気分』とか『気質』とかいうよりも、もう少し『人間の本性』のような感覚ではなかろうか。しいていえば、『良心』に近いものであろう」（940頁）という。moral right of author の本質を「人格」という言葉のもつニュアンスから離れて、検討してみる必要がありそうである。

　　なお「著作者人格権」の理論化がカントにはじまることは、J. Kohler や E. Ulmer の指摘するところでもある。Josef Kohler, Urheberrecht an Schriftwerken und Verlagsrecht, 1907, SS. 93, 98; Eugen Ulmer, Urheber- und Verlagsrecht, 1980, S. 109f.

[23] わが国の著作権法（昭和45年法律第47号）17条1項にも、つぎの規定がみられる。「著作者は、次条第一項、第十九条第一項及び第二十条第一項に規定する権利（以下「著作者人格権」という）並びに第二十一条から第二十八条までに規定する権利（以下「著作権」という）を享有する」。

規定について詳述したので、本節はそれを相対化する法規定に注目している。そこでひとまずは、著作者の権利と総称される二つの権益のうち、講学上、狭義の著作権にカテゴライズされる諸権利群と、それらを限定または制限する連邦著作権法上の規定にスポット・ライトをあてることにする[24]。

　連邦著作権法106条をみると、著作権者に付与された財産権的著作権の基本的内容として、つぎの5つのものがあげられている。それは、「複製権 reproduction right」（17 U.S.C. § 106 (1)）、「翻案権 adaptation right」（§ 106 (2)）、「頒布権 distribution right」（§ 106 (3)）、「実演権 public performance right」（§ 106 (4), (6)）、「展示権 public display right」（§ 106 (5)）、この5つである。

　二　連邦著作権法は、著作権の保護要件（requirements）と保護範囲（subject matters）を規定することで、著作権の客体性を限定（limitation）している。

　1　連邦著作権法102条(a)は、柱書で著作権の保護要件を、つづき8項目にわたり著作権の保護対象の範囲を例示している（17 U.S.C. § 102 (a)）

　「本法の定めるところに従い、著作権は、有形の表現媒体（tangible medium of expression）に固定された（fixed）オリジナルな（original）著作物に宿る。ここに表現媒体とは、現在知られている、あるいは将来開発されるあらゆるもので、直接に又は機器その他の考案の助けを借りて、著作物が感得でき、複製でき、あるいはその他伝達されうるような、すべてのものをいう。著作物にはつぎのものが含まれる。

　⑴　言語の著作物（literary works）
　⑵　音楽の著作物（musical works）これに伴う歌詞も含まれる。
　⑶　演劇の著作物（dramatic works）これに伴う音楽も含まれる。
　⑷　パントマイム及びダンスの振り付け（works）
　⑸　絵画、図画及び彫刻の著作物（pictorial, graphic, choreographic works）
　⑹　映画その他の視聴覚著作物（motion pictures and other audiovisual works）
　⑺　録音物（sound recordings）
　⑻　建築の著作物（architectural works）」

---

[24] いわゆる著作者人格権にカテゴライズされる諸権利群も、言論市場における情報取引を regulate するという視点から分析可能であるとの試論を、わたしは第1章第2節2（著作権の本質について）の四および前掲（註22）論文11頁で展開した。また、同様の視点を述べる L. Ray Patterson, *Free Speech, Copyright, and Fair Use*, 40 Vand. L. Rev. 1, 28 (1987) も参照。

第2節　著作権者と著作物利用者の権益調整

　上記の102条(a)では、著作権の保護要件として、大まかには二つの要件「オリジナル性」（originality）と「固定性」（fixation）が要求されていることがわかる。日本法との関係で注視しておくべきなのはオリジナル性の要件の方であるので[25]、ここに若干の詳述を試みておこう。

　2　合衆国最高裁判所は、1991年のある有名な判決[26]で、102条(a)にいうoriginalityについて、以下のようにいっている。

　「著作権の必要要件（sine qua non）は『オリジナル性』である。——著作権法で使われている『オリジナル』という言葉は、著作者の（他人の作品をコピーしたものでないという意味で）独自の創作（independent creation）であり、かつ、少なくとも最小限の創作性（creativity）があることを意味している。——必要とされる創作性の水準は、極めて低いものでよく、ほんの僅かで十分である。——『オリジナル性』は新規性を意味するものでもない。仮に他者の著作物と符合する著作物を作成したとしても、それがコピーでなければ、オリジナルであるといえる」[27]。

この引用からもわかるように、合衆国最高裁は、「オリジナル性」に二つの意味が含意されていると解析している。それは「独自の創作」と「最低限の創作性」という意味である。それと同時に、電話帳に掲載される「氏名、町の名前、電話番号といった情報」は「事実」（facts）に該当し、その著作物性を否定するなかで、合衆国最高裁は、この著作権の客体に必要とされる「オリジナル性」の要件は合衆国憲法から導かれる要件であるとしている[28]。

　事実自体の著作権性を否定したこの判決は、第3章で述べた（そして下で確

---

[25]　わが国の著作権法は、保護客体たる著作物に、有形の媒体への固定性を要求していない。米国法のように、著作権の経済的側面を重視する立場からは、著作物が有形の媒体に固定されていることが重要な保護要件と考えられるであろう。この点については、白鳥・前掲書（註16）86頁を参照。

　　ライブとその記録は、異なる別の財と考えられる。なぜなら前者は、時間的にも場所的にも限定された1回だけのパフォーマンスであると考えられるからである。廣松＝大平・前掲書（註18）によれば、ライブは情報財ではなく、複製も不可能な財となろう（28頁）。

　　日本法は、このライブも著作権の客体に含めている。このことは、表現行為にとってネガティヴな効果をもたらさないであろうか。熟考の必要がありそうである。

[26]　Feist Publications, Inc. v. Rural Telephone Service, Co. Inc., 499 U.S. 340 (1991).

[27]　*Ibid.*, at 345.

[28]　*See ibid.*, at 346.

11

認する）法理論とともに、言論市場における情報管理を相対化する法理論を提示したものであると評価できるであろう[29]。

3　第1章で論述しているように、連邦著作権法102条(b)は、「アイディア・事実／表現形式二分法」（idea/expression dichotomy）を規定しているとされている[30]。確認のために、条文を記載しておこう。

　「いかなる場合においても、オリジナルな原作（authorship）についての著作権の保護は、アイディア、手続き、プロセス、システム、操作方法、コンセプト、法則ないし発見にまで及ぶものではない。このことは、これらがいかなる形式で記述され、説明され、図解され、あるいは実体化されているかを問わない」（17 U.S.C.§102(b)）。

著作権理論にいう「アイディア・事実／表現形式二分法」の眼目は、著作権法で保護すべきであるのは「具象化されている思想」であって、「抽象的な段階にとどまっている思想」ではないことを示すことにあった。それは表出主体の内心に存する「思想」が外部の知覚可能な「表現」となるまでのグラデーションの何処かに、著作権の客体性の有無をはかるある一点が存することを想起しながら説かれていた。もちろんこの点を明示する基準を提示することは、事案に即して考えたとしても、多くの論者が指摘してきたように困難な作業である。この二分論は、著作権の客体性の成否を決定する準則（ルール）ではなく、著作権の客体を限定する一般的基準（スタンダード）に留まると理解されるべきであろう[31]。

それでも著作権理論における「アイディア・事実／表現形式二分法」は、言論市場における情報管理を相対化する法理論であると評価できるであろう。なぜなら、それはなお「思想」であるとされたエレメントは情報供与者のコント

---

[29] Feist のより詳しい事実の概要、判決内容、評価については、本書第2章第3節（裁判実践）の6および大日方信春「著作権の憲法上の地位——合衆国憲法一条八節八項の文理解釈を導きの糸として」姫路法学45号（2006年）1、31頁以下を参照されたい。

[30] "idea/expression dichotomy" は、通常では「アイディア／表現二分法」、「思想／表現二分法」などと表記されている。ただ「表現」とはアイディアや思想が表出されたものであること、合衆国の裁判例を読むと著作者に排他的権利が認められるのは、アイディアや事実が表出されたある特定の「表現形式」（form of expression）であるので、本書ではやや煩瑣かもしれないが「アイディア・事実／表現形式二分法」との表記方法を用いている。

[31] このことについては、第3章第4節（小括）の**五**および大日方信春「著作権と表現の自由の調整原理㈠」熊本法学116号（2009年）1、37頁でも指摘している。

ロールを離れる、という独占回避理論を提示しているからである[32]。そうであるからこそ、著作権という排他的権利が著作物に設定された後でも、言論市場での"思想の交換"は、なお公衆（public）に開かれているといえるのである。

　4　第3章の冒頭で述べているように、不法行為の判定をうける表現行為のことを tortious speech という[33]。憲法学は、プライヴァシーを侵害する表現、名誉を毀損する表現、肖像権を侵害する表現などについて、従来からこの理論枠組で捉えてきている。本書は、著作権を侵害する表現も、tortious speech のカテゴリで捉えられるべきであるとの理論を展開している（第3章第1節の1〔tortious speech の分析枠組〕参照）。

　著作権と表現の自由の問題を上記した枠組で捉えるなら、憲法学にとって重要になるのはつぎの視点である（第1章第3節の2〔定義的衡量の有効性〕と上述第3章第1節の1参照）[34]。

(1)　表現行為による著作権侵害の成立要件はなにか。これは"表現の自由が保護されない表現"に関わる問題であり、換言すると、著作権の保護要件または保護範囲の問題である（本節二2・3で述べたのはこれである）。

(2)　著作権侵害の違法性阻却事由はなにか。下記するように、これは著作権の制限に関する問題である。

　三　現行の連邦著作権法には、著作権の行使に一般的な制限を課す規定と、著作物の特定の利用態様を掲げて具体的に権利制限を課す規定という、二つの種類の権利制限規定がある。前者が第107条に規定された fair use 規定、後者が第108条から第122条までに掲げられた exempted use 規定という著作権制限規定である。

　1　「フェア・ユースの法理」（fair use doctrine）とは、著作権のある著作物を著作権者の許諾なしに利用した場合でも、著作物の当該利用行為が、その利用目的、著作物の性格、著作物の商品価値に与える影響などを考慮して、著作物の公正な利用であるといえる場合には、著作権侵害にはならないとする法理論である。まずは「フェア・ユース」を規定する連邦著作権法107条（17 U. S. C. § 107）を確認しておこう。

　「第106条及び第106条Aにかかわらず、著作権のある著作物のフェア・

---

[32] See Leslie A. Kurtz, *Speaking to the Ghost : Idea and Expression in Copyright*, 47 U. MIAMI L. REV. 1221, 1224 (1993).

[33] 大日方・前掲論文（註31）2頁も参照。

[34] 同論文7-8頁。

ユースは、著作権侵害にはあたらない。フェア・ユースには、批評、論評、ニュース報道、教授（教室内使用のための複数のコピー作成を含む）、学術、研究等の目的のための、コピー又はフォノレコードによる複製、その他の上記規定の方法による複製行為が含まれる。ある著作物における既存著作物の利用がフェア・ユースにあたるか否かの判断にあたっては、つぎのファクターが考慮されるべきである。
 (1) 利用の目的と性質。これには、その利用が商業的なものか非営利の教育的なものかといった考慮も含まれる。
 (2) 利用される著作物の性質。
 (3) 利用された著作物の全体に占める、利用された部分の量と実質的な価値。
 (4) 利用された著作物の潜在的な市場ないし価値に与える利用の影響。
 著作物が未発表であるということ、そのこと自体は、仮にその認定が前記のファクターすべての検討の下でなされていれば、フェア・ユースの認定を禁ずるものではない」[35]。

 1976年の法改正ではじめて成文化されたこの法理は、19世紀半ば以降の判例集積のなかで生成されてきた法理論でもある。
 この判例集積は、1841年のFolsom v. Marsh, 9 F.Cas. 342 (No.4,901) (C.C.D.Mass. 1841) をもって嚆矢とする[36]。本件でのJ. Story (Joseph Story) 裁判官の言説は、現行法に規定された"4つのファクター"(17 U.S.C. §107 (1)〜(4)) のうち、"利用された著作物の量と価値"（第3ファクター）に着目したものであると評価されている[37]。ジョージ・ワシントンの私信からの引用をめぐる事件において、Storyは以下のようにいっている。

 「論評者は、もとの作品から大幅に引用をすることができる。ただし、彼の引用が本当に公正かつ合理的な批評を目的としたものであれば、という条件でではあるが。一方で、もしも論評者がもとの作品の一番大事な部分を、

---

[35] Pub. L. 102-492, 106 Stat. 3145 (1992).
[36] 裁判書のなかに「フェア・ユース」という言葉そのものがはじめて見られるのは1869年のLawrence v. Dana, 15 F. Cas. 26, 60 (No. 8,136) (C.C.D. Mass. 1869) のことのようである。See Sony Corp. of America v. Universal City Studios, Inc., 464 U.S. 417, 476 n 27 (1984) (Blackmun, J., dissenting).
[37] See William W. Fisher III, *Reconstructing the Fair Use Doctrine*, 101 HARV. L. REV. 1661, 1675 n. 76, 1676 n. 79 (1988).

批評の目的ではなく、もとの作品にとって代わる目的で引用し、論評文でもとの作品に代替してしまったとすれば、このような利用態様は法律上海賊行為となるのである」[38]。

言論市場における代替性の程度を重視し、被引用著作物の市場価値に傾倒していた感のある初期の判例の見解に対して、20世紀も半ばになると、「被引用著作物の性格」が注目されるようになっている。ケネディ大統領暗殺の背景を探る書籍の執筆過程において、同事件を扱った映画の一部を「こっそり借用（stolen surreptitiously）」[39] し書籍に掲載した行為の違法性が問われた Time Inc. v. Bernard Geis Associates, 293 F.Supp. 130 (S.D.N.Y. 1968) では、ケネディ大統領暗殺に関する完全な情報をもつという public interest の存在が、フェア・ユースを認定した判決の結論を導くために重要なファクターとなっていた[40]。

先述したように、17 U.S.C.§107 は、既存の判例法理を実定化したものである。このことは立法過程における下院報告書からも看取できる。いわく「法案は判例法上のフェア・ユースの法理の目的および一般的適用範囲を是認したものであり、とくに急速な技術革新の見られるこの期間において、法律に規定することで、この法理論をフリーズする意向を示したものではない」[41]。

「フェア・ユースの法理」については、第 4 章で詳述するので、ここではひとまず措いておく。ただ、以下の点を指摘するにここでは留めておこう。

Gerald R. Ford 元大統領による未発表回顧録を無断で利用したことの違法性が争われた事案[42] で、合衆国最高裁判所は、著作物のフェアな利用が違法行為とされない理由について、「学術および技芸の進歩を促進する」という憲法の基本方針から演繹可能な必然的法原理であるとの見解を提示している[43]。これは、仮にこの法原理なかりせば、先行著作物の内容を進歩・改良する後続者の

38　9 F.Cas., at 344-345.
39　293 F.Supp., at 132.
40　もっとも「フェア・ユースというものは、『善意で』ないし『公正なやり方で』ということを前提にしている」(293 F. Supp., at 146) とする連邦地方裁判所は、被引用著作物の執筆過程における非行事実について、本件で厳しく糾弾している。

　しかし、これに対しては、フェア・ユースを主張する側の非行は、たとえそれが損害を発生させるものであったとしても、より高次の利益がある場合には割り引いて考慮されるべきであるという P. Leval の反論がある。See Pierre N. Leval, *Toward a Fair Use Standard*, 103 HARV. L. REV. 1105 (1990).
41　H.R.Rep. No. 1476, 94th Cong., 2d Sess. 66 (1976).
42　Harper & Row, Publishers, Inc. v. Nation Enterprises, 471 U.S. 539 (1985).
43　*Ibid.*, at 549.

行為が禁止されることになり、それは上記基本方針の遂行を不可能ならしめることであるというのであろう。
　さらに同じ事件において、法廷意見を執筆したO'Connor 裁判官は、つぎのようにいって、「フェア・ユースの法理」を基礎づけようとしている。
　「フェア・ユースの法理は、著作者が彼の著作物を公衆の消費にささげたとき、『合理的で通例に従った』(reasonable and customary) 利用は許しているという、著作者の暗黙の同意に基づいている」[44]。
　O'Conner は、"表現する"という営為に、行為者のフェア・ユースの同意を見出している。彼女は、表現行為の属性を根拠に、著作者にフェア・ユースに対する受忍義務を求めたのである。
　2　連邦著作権法は、著作権に対する一般的制限規定であるフェア・ユース条項の他に、個別的制限規定を置いている。詳述する必要はないので、概要だけ適示しておく。
　㈠　著作権者のもつ複製権、翻案権、頒布権、実演権、展示権（これらのものは前述したように17 U.S.C.§106 に規定されている）は、それぞれ例外規定のもとに置かれている。
　連邦著作権法110条は、非営利的教育機関での実演・展示行為について、著作権者の実演権・展示権は及ばないとしている（17 U.S.C.§110 (1) & (2)）。この規定により、ほとんどの学校では、著作権者の許諾なく音楽を奏でることができ、演劇著作物を上演することもできる。宗教上の、あるいは、慈善目的での著作物の実演・展示にも、実演権・展示権の効果は及ばない（17 U.S.C.§110 (3) & (4)）。
　また、「家庭用受信装置」を通して著作物の実演または展示の上演をしても、視聴について代金を徴収せず、大型スクリーンなどを用いて再送信しないことを条件に、実演権・展示権の制約に服することはない（17 U.S.C.§110 (5) A）。小規模店舗におけるBGMとしてのラジオ放送等の利用も、著作権者の許諾を必要としない著作物利用の一形態である（17 U.S.C.§110 (5) B）。
　これらの規定は、著作権のある著作物について、著作権者の許諾を必要としない利用形態を規定することで、著作権という排他的権利を制限するものとして読み解くことができるであろう。
　㈡　連邦著作権法は、ある局面においては、強制許諾（compulsory license）

---

[44] *Ibid.* at 550.

第2節　著作権者と著作物利用者の権益調整

の制度を設定して、著作権の排他的権利性を相対化している。強制許諾制とは、一定額の利用料（royalty）を支払えば、著作権者の個別的許諾を得ることなく、適法に著作権のある著作物を利用できるという制度である[45]。

たとえば、第 115 条は、非演劇的な音楽著作物のレコードを作成し頒布することについて、強制許諾制度を設けている。TV 番組の CATV での再送信については第 111 条が、衛星を利用しての再送信については第 119 条が、それぞれ強制許諾制を設けている。また第 118 条は、非営利的放送での著作物利用について、一定の範囲で著作権者に強制許諾を受け入れるように求めている。

フォノレコードについての強制許諾制の起源は、1909 年法にある。1976 年法の制定は、強制許諾制度の適用を、他の著作物利用形態にも広げるものであった。

著作権のある著作物を強制許諾のもとに置くことは、それだけ著作権者の排他的権利を相対化することになる。ここにも著作権法が著作物利用者の便益に配慮した一面を垣間見ることができる。

㈢　連邦著作権法 109 条(a)は、第一文で、つぎのようにいう。「第 106 条(3)の規定にかかわらず、本編に基づき適法に作成された特定のコピー若しくはレコードの所有者又はかかる所有者の許諾を得た者は、著作権者の許諾なく、当該コピー又はレコードを売却しその他の占有を処分することができる」（17 U.S.C. §109 (a)）。著作権者は著作物について頒布権を有しているが（106 条(3)）、この複製物を一度販売してしまえば、著作権者は当該複製物の頒布についてコントロールできなくなると定めるこの法理論を、「ファースト・セール・ドクトリン」（first sale doctrine）という。著作物の頒布権は、複製物の最初の販売で消尽する、というのである[46]。

この法理論は、連邦著作権法 106 条(5)に規定された展示権についても妥当す

---

[45] 強制許諾（compulsory license）制度の定義については、白鳥・前掲書（註 16）155 頁のものを参考にしている。

[46] 著作権者が当該著作物に関する権利をなお保有しているにもかかわらず、たとえば、図書館は蔵書を利用登録者（cardholders）に貸すことができ、ビデオレンタル店はビデオや DVD を顧客に販売することができる。これは「ファースト・セール・ドクトリン」の効果である。See, STUART BIEGEL, BEYOND OUR CONTROL? CONFRONTING THE LIMITS OF OUR LEGAL SYSTEM IN THE AGE OF CYBERSPACE 293-294 (2001), see also Gleen M. Schley, *The Digital Millennium Copyright Act and the First Amendment : How Far Should Courts Go to Protect Intellectual Property Rights ?*, 3 J. HIGH TECH. L. 115, 120 n 41 (2004).

る。第109条(c)は、以下のようにいう。「第106条(5)の規定にかかわらず、著作物の適法なコピーの所有者（又は所有者の許諾を得た者）は、著作権者の許可を得ることなく、当該コピーを、コピーがある場所にいる観衆に対して、一回につき一つの映像に限って映写又は直接展示することができる」(17 U.S.C. § 109(c))。

　著作権は、無体物についての権利である。だから著作権者には、著作物の複製物についての有体物の権利とは別に、著作権法上、頒布権、実演権、展示権といった権利が保護されているのである。しかし連邦著作権法は、著作権者が適法な複製物をひとたび譲渡した場合には、「ファースト・セール・ドクトリン」の下で、法上の権利が一定程度の範囲で消尽するとしている。ある論者はこの法理論について「著作権という無体物の権利が一定限度で有体物の法理に取り込まれた形になっているともいえる」[47]と評価している。

　㈣　連邦著作権法108条は、図書館や文書館における著作権のある著作物の複製及び頒布を、一定の範囲で許容している（17 U.S.C. § 108）。著作物の無許諾複製・頒布を認めるこの規定は、著作権者の複製権・頒布権を一部制限する規定として読み解くことができる。

　また第112条は、放送のための一時的固定（ephemeral fixation）について、著作権者の複製権を制限する旨、規定している（17 U.S.C. § 112）。さらに第114条は、録音物についての複製権を制限している。同条項によれば、録音物に対する複製権は、当該録音物を増製（加工することを含む）に限定されている。同じ音を同時に固定する行為や模倣は、複製権によるコントロールが及ばない（17 U.S.C. § 114(b)）。

　3　さてここで、連邦著作権法107条と108条以下の関係について、少し考えてみよう。

　著作権法上の権利の制限方法には二つの方法があるといわれている。ひとつが英米法にみられる「フェア・ユース」という形で一般的制限規定を設ける手法、他方は大陸法にみられる個別的制限規定を列挙する手法である。いままで検討してきた合衆国の著作権法のような例は前者に、ドイツ法やその系譜に属するとされている日本法のような例は後者であると、一般にはいわれている。ただこの二類型化には「必ずしも当を得ていない」[48]との批判もある。その論

47　白鳥・前掲書（註16）153頁。
48　阿部浩二「日本著作権法とフェア・ユースの理論」コピライト482号（2001年）2、14頁。

者は、フェア・ユース（米）、フェア・リーディング（英）という法理論で説かれているような一般的制限規定をもつ英米の近時の著作権法をみると、個別的制限規定を列挙する大陸法のものよりも、より多様な著作権制限規定を個別具体的に列挙していることをとらえて、こう述べている。この見解の当否については、ここでは措くが、著作権法上の権利の制限方法として、一般的制限規定と個別的制限規定があり、いま検討している合衆国の著作権法107条と108条以下の関係は、まさに一般的制限規定（107条）と個別的制限規定（108条以下）の関係にあることをここで指摘しておく。

　ではその関係であるが、ここで筆者は、憲法上の価値のなかでも表現の自由をとくに重要視している合衆国の憲法理論を注視してみようと思う。表現の自由に重きをおく法思想は、1937年のB. Cardozo裁判官のつぎの認識に例証されるところであろう。いわく、言論を保護することは「基本的」自由の一部である。なぜなら「われわれは歴史的にも、政治的にも、そして法的にも」、「思想や言論の自由」を「他のほとんどすべての形態の自由の欠くことのできない条件」（the indispensable condition, of nearly every other form of freedom）として理解してきているからである[49]。

　連邦著作権法は、著作物についての排他的権利を、著作者に付与するものであった。ところが、この権利を法定することは、同時に、憲法上「他のほとんどすべての形態の自由の欠くことのできない条件」と評価される表現の自由の制約にもあたる。ここにおいて両権益の調整が要請される。ここで著作権を制限する法上の規定をみると、それには一般的制限規定と個別的制限規定とがある。その内容をみると、一般的規定の内容には抽象性があり、個別的規定の内容は具体的であるといえよう。表現の自由を重視する思考法からすれば、当該自由に個別具体的に対応した個別的規定以上に、その価値に一般的に配慮したフェア・ユースの規定が重要であると思われる。なぜなら、許される行為態様を事前に想定した規定では、自由の価値を本来的に保護することができないと思われるからである。

　連邦著作権法の権利制限規定を振り返ると、それは第108条以下で、個別的行為態様を事前に想定して著作権を制限していた。これは合衆国議会が、とくにその行為態様の意義を政策的に判断して規定したものであると推測できる。また第107条（フェア・ユース規定）は、それまでの判例法理の集積を1976年

---

[49] *See* Palko v. Connecticut, 302 U.S. 319, 326-327 (1937).

法が法定したものであり、それは表現の自由と著作権という両権益の均衡点の模索を、議会が裁判所の裁量的判断に委ねることを意思表示した規定であると解することができるであろう[50]。

第3節　まとめ──「本書のねらい」にかえて──

　一　情報は「公共財」としての性質をもつ。供給者による費用回収を困難にするこの財の性質から、そのままでは市場に過少供給されることが懸念される。ここに、国家が情報生産に配慮する必要性、国家権限行使の正当性が基礎づけられている。合衆国には、このことを意図した憲法規定も存在している（1条8節8項）。

　憲法上の指示をうけて、合衆国では1790年に、連邦著作権法が制定されている（1 Stat. 124）。かの国の著作権法は、17 U.S.C.§106で著作物についての排他的権利を規定し、この履行を確保するために、権利侵害に対する差止め、損害賠償の規定（17 U.S.C.§501-503）をもっている。この法律は、情報を供給者の管理下に置くことで、市場への情報供給量を適正化しようとした国家行為であると評価できるであろう。

　著作権法の制定で、情報は供給者の管理下に置かれることになった。情報を伝えるvehicleとしての表現〈expression〉は、その表出者により、管理されることになったのである。表現〈expression〉の自由利用は、そこでは原則的に禁止である。著作権法の制定は、このままでは、憲法上の重要な価値であるとされてきた表現の自由を侵害する国家行為である、と評価されてしまうであろう。

　二　表現の自由侵害の誹りを免れるために、著作権法は通常、表現の自由に

---

[50] 公共選択論の知見からときにこう説かれることがある。著作権法に具体的に法定された個別的権利制限規定は、関係利益団体のロビーイングの結果である。そこでは表現の自由の価値と著作権の価値が、適切に調整されているかは原理論的にははかれない。これに対して上記両価値の調整を、利害関係者によるロビーイングに対する耐性が相対的に強い裁判所に委ねる一般的権利制限規定は、法政策形成過程におけるバイアスを緩和することに資する。この見解は、2009年10月4日に同志社大学で開催された日米法学会における田村善之報告「デジタル化時代の著作権法──アメリカ合衆国の動向からの示唆」に負っている。なおこの報告については、田村善之（著）、比良友佳理（訳）「デジタル時代の著作権制度の再検討」アメリカ法［2010-1］（2010年）21頁以下で概要を知ることができる。

第3節　まとめ

配慮した規定をもつ。その第一類型として著作権の客体を限定する法規定がある。連邦著作権法102条(a)は、表出者の管理下に置かれる表現に originality を求めている（17 U.S.C. § 102 (a)）。また、第3章で詳述している「アイディア・事実／表現形式二分法」（idea/expression dichotomy）も、保護される客体を限定する規定である（17 U.S.C. § 102 (b)）。さらに、第二類型として、著作権の行使を限定する法規定がある。かの国の著作権法には、比較法的に決して僅かなとはいえない個別的権利制限規定（17 U.S.C. §§ 108-122）と、著作物の特定の利用形態を一般に免責する「フェア・ユースの法理」（fair use doctrine）が、法定されている（17 U.S.C. § 107）。

合衆国の裁判所および評者の多くは、上記規定を、著作権法を制定した国家（連邦議会）が表現の自由に配慮を示したものと評価してきている。著作権と表現の自由という両権益は、著作権法上、調整済みであるというのである。はたしてそうであろうか。上述のような言明は、これら規定群が、表現の自由保護的法理について憲法理論が求めてきた諸要素が具備されてはじめて成立するものではないか。本書の視線は、原理論に注がれている。

　三　ここで本書のトルソーを示しておこう。

　1．情報は公共財としての性質をもつと思われる。したがって、言論市場でそれは過少生産されると予想できる。ここにおいて著作権の設定保護と表現の自由の保障は、言論市場における情報の豊饒化を目指す二つの基軸と理解されてきた。ところが著作権の設定は、先行表現に利用規制を課すことであるだけに、反面で表現の自由を制約している。第1章「著作権をみる憲法学の視点について」は、このことを注視している。

　また著作権法は、著作権者と著作物利用者の相対立する利益を国家が立法という手段で調整したもの、である。さらに著作権侵害に与えられる司法的救済は、相対立する利益を国家が司法という手段で調整したもの、と理解できるであろう。このように著作権理論は、国家が立法なり司法なりを通して相対立する法益の調整に出たときの法理論であるといえる。そこには憲法問題が伏在している。第1章ではこの点も詳述している。

　2．合衆国憲法1条8節8項（著作権条項）は、合衆国議会に著作権法の制定権限を付与している。当該条項は、統治権の一部を copyright power と命名し、この権限を合衆国議会に配分したのである。憲法制定以後 copyright power は、議会の行為形式である法律という形式で、言論市場を規制してきたのである。

ところで、近代立憲主義は、憲法（Constitution）により統治権を制約しようという法思想である。したがって立憲主義憲法典は、国家機関による統治権限の行使を、制限する意図をもつ法文書であると考えられる。こうした思考基盤にもとづき、1条8節8項の文理解釈により、当該条項で意図されたcopyright powerに対する構造的制約を探究したのが第2章「著作権の憲法上の地位」である。制憲者のcopyright powerを相対化しようとの意図は、表現物に付された排他的権利である著作権の、その排他性を相対化しようとする理解に資するものであると思われる。

　3．著作権者と著作物利用者の表現物をめぐる権益は、著作権法に内在する表現の自由の調整原理で調整済みであるとされてきた。したがって著作権法の憲法適合性に関する疑義も、この調整原理により解消されているとされてきた。ところがこの原理それ自体の正当性（legality）は軽視されてきていないであろうか。

　著作権の客体は〈特定の表現形式（form of expression）〉であり〈アイディアや事実〉ではないとする著作権理論を「アイディア・事実／表現形式二分法」（idea/expression dichotomy）という。第3章は標題となっているこの著作権理論の原理的探究にあてられている。

　この二分法は、著作権法で利用規制されるものを「表現」、なお自由利用が認められるものを「アイディア・事実」という。ところが、この境界を画定する基準の提示に、同法理は失敗している。したがって、この法理論は、著作権法で保護されるもの／保護されないものを記述するための装置ではありえても、あるmaterial（表現物）がそのどちらであるのかを決定するルールではない。これが本書第3章「アイディア・事実／表現形式二分法」で示した結論である。

　4．もうひとつの著作権と表現の自由の調整原理が「フェア・ユースの法理」（fair use doctrine）という法理論である。これは著作物を権利者の許諾なく利用した場合でも、当該利用行為が、その利用目的、著作物の性格、その商品価値に与える影響などを考慮して、著作物の公正な利用であるといえる場合には、著作権侵害にはならないとする法理論である。第4章「フェア・ユースの法理」では、米国著作権法107条（17 U.S.C. §107）に法定されているこの法理論について、当該法理論をめぐる有名な裁判例をもとに論述している。

　ところでわが国の著作権法には「フェア・ユース」に関する規定がない。ただ近時「著作権法における権利者の利益を不当に害しない一定の範囲内で公正

第3節　まとめ

な利用を包括的に許容し得る権利制限の一般規定」[51] の導入にむけ、知的財産戦略本部や文化審議会の著作権分科会などで、「日本版フェア・ユース規定」の内容について議論されている。権利制限の一般規定をもつ合衆国の法理論をみることは、それをもたないわが国への一般的権利制限規定導入の是非を検討するためにも、意義あることだと思われる。

　5．"ミッキーマウス延命"。これは著作権期間を遡及的にも延長する「ソニー・ボノ法」[52] に合衆国最高裁が合憲判決を下したことを知らせたわが国の新聞の見出しである[53]。この憲法裁判 Eldred v. Ashcroft, 537 U.S. 186 (2003) を紹介したのが第5章「著作権保護期間延長法」である。

　この判決は、後世、わが国が著作権保護を表現の自由の問題として捉える契機をもたらした、と評価されるようになるであろう。なぜなら、これはかの国の裁判実践に目立った変更をもたらすものではなかったが、それでもわが国ではこの判決を契機に、著作権保護と表現の自由との間隙にある数々の困難な問題が、衆目を集めてきたと思われるからである。いまこの論点が、合衆国に40年以上の遅れをとりながらも[54]、ようやく憲法問題としての脚光を浴び始めたのである[55]。

---

[51] 知的財産戦略本部が 2009 年 6 月 24 日に発表した『知的財産推進計画 2009』3 頁。『知的財産推進計画 2009』は、http://www.kantei.go.jp/jp/singi/titeki2/090624/2009keikaku.pdf#search='知的財産推進計画 2009' で閲覧できる（最終閲覧 2010 年 4 月 12 日）。

　なお「知的財産戦略本部」は、知的財産の創造、保護および活用に関する施策を集中的かつ計画的に推進するために、2003 年に内閣のもとに設置されている。

[52] Sonny Bono Copyright Term Extension Act of 1998, Pub. L. No. 105-298, §§ 102(b) and (d), 112 Stat. 2827-2828 (amending 17 U.S.C. §§ 302, 304).

[53] 読売新聞 2003 年 1 月 17 日朝刊。

[54] 40 年の起点は 1970 年の M. Nimmer 論文である。*See* Melville B. Nimmer, *Does Copyright Abridge the First Amendment Guarantees of Free Speech and Press?*, 17 UCLA L. REV. 1180 (1970).

[55] "著作権と表現の自由"をテーマとした論文についてはつぎのものがる。今村哲也「著作権法と表現の自由に関する一考察――その規制類型と審査基準について」季刊企業と法創造 1 巻 3 号（2004 年）81 頁以下、同「著作権の保護期間延長と表現の自由についての小考――Eldred 事件最高裁判決とその後の動向」季刊企業と法創造 7 号（2006 年）163 頁以下、大林啓吾「表現の自由と著作権に関する憲法的考察――判例法理の批判から新たな議論の展開へ」大沢秀介＝小山剛編著『東アジアにおけるアメリカ憲法――憲法裁判の影響を中心に』（慶應義塾大学出版会、2006 年）293 頁以下、紙谷雅子「コピーライト法と表現の自由」知的財産研究所編『デジタル・コンテンツ法のパラダイム』（雄松堂出版、2008 年）211 頁以下、小島立「著作権と表現の自由」全国憲法研究会編『憲法問題 [21]』（三省堂、2010 年）77 頁以下、同「著作権と表現の自由」新世

6．1998年は合衆国著作権法にとってあるひとつの転機となっている。本書がこのように評価する理由は、ひとつは［5］で触れた「ソニー・ボノ法」の制定にあるが、かの国では同年に、「デジタル・ミレニアム法」[56]も制定されている。

Eldred は「著作権保護の伝統的概略」に変更なきとき、当該法改正に憲法上の疑義は生じない、としていた。著作権と表現の自由を調整するこの「伝統的概略」として、合衆国最高裁は、［3］および［4］で触れた、「アイディア・事実／表現形式二分法」、「フェア・ユースの法理」をあげ、これらの法原理が有効に機能していることをもって、この「概略」に変更はないとしていた[57]。

1998年が「ひとつの転機」である理由。それは「デジタル・ミレニアム法」の効果にある。本法は、著作権保護を意図しながらも、権利侵害行為を規律するのではなく、著作物へのアクセス行為を規制している。それは著作物の表現形式をデジタル状態のままで使用することを制約する効果を生じさせている。ところが従来の著作権理論は、フェア・ユースの法理により、他者の著作物の「表現形式」それ自体を用いての表現行為を許容してきている。またデジタル著作物それ自体へのアクセスを規制しているので、そこにあるパブリック・ド

紀法政策学研究8号（2010年）251頁以下、中根哲夫「デジタル時代の著作権保護と表現の自由」中央大学大学院研究年報法学研究科篇31号（2002年）387頁以下、野口祐子「デジタル時代の著作権制度と表現の自由──今後の知的財産戦略に当たって考慮すべきバランス（上）・（下）」NBL777号（2004年）18頁以下、778号（2004年）32頁以下、長谷部恭男「憲法学者はなぜ著作権を勉強する必要がないか？」法学教室305号（2006年）33頁以下、山口いつ子「表現の自由と著作権」中山信弘先生還暦記念論文集『知的財産法の理論と現代的課題』（弘文堂、2005年）365頁以下、横山久芳「著作権の保護期間延長立法と表現の自由に関する一考察──アメリカのCTEA憲法訴訟を素材として」学習院大学法学会雑誌39巻2号（2004年）19頁以下。

またとくに"パロディと表現の自由"をテーマとした論文としてつぎのものがある。佐藤薫「著作権法第20条第2項第4号の解釈と表現の自由権──パロディを中心として」著作権研究17号（1990年）111頁以下、西森菜津美「表現の自由と著作権──パロディ著作物に関する憲法学的検討」立命館法政論集6号（2007年）1頁以下、小泉直樹「表現の自由、パロディ、著作権」ジュリスト1395号（2010年）149頁以下。

56　Digital Millennium Copyright Act of 1998, Pub. L. No. 105-304, 112 Stat. 2860 (1998).
　　また本法の制定を1976年法改正以降「もっとも強烈（most sweeping）な」法改正と評価する、David Nimmer, *A Riff of Fair Use in the Digital Millennium Copyright Act*, 148 U. Pa. L. Rev. 673, 674 (2000) も参照。

57　*See* Eldred, 537 U.S., at 221.

第3節　まとめ

メインの利用まで制約されることになる。これは合衆国最高裁が修正1条の審査を必要とするとした〈著作権法の伝統的概略を変更する法改正〉ではないのか。第6章「暗号化と表現の自由」では、デジタル技術の進歩にともなう著作権保護制度に関する問題点を、「デジタル・ミレニアム法」を素材に検討している。

第1章　著作権をみる憲法学の視点について

第1節　著作権と表現権の間隙はなぜ軽視されてきたのか

　一　著作権は表現行為を制約している。ところが、いままでこのことは軽視されてきた。

　冒頭の言明はわが国だけの傾向ではない。わが国の憲法学がよく引照している合衆国においてなお、この傾向が看取される。このことの詳説はここでは措く。ただ、著作権と表現の自由との関係について、合衆国最高裁が表明した以下の言説を、ここで掲げておきたい。いわく「制憲者は著作権それ自体を自由な表現の動力源(エンジン)にしようとしていた」[1]。

　フォード元大統領の未発表回顧録の無断利用が「フェア・ユース」(fair use)に該当するか否かが争点となったこの事案で、合衆国最高裁は表現行為の促進にとって、表現の自由と著作権の保護は"コインのウラ・オモテの関係"にある、と分析してみせたのである。ここに両法理の矛盾を見ることはできない。

　二　1970(昭和45)年制定(法律第48号)の著作権法は、第1条に以下のような目的規定を置いている。抄録すると、

　「この法律は、著作物……に関し著作者の権利及びこれに隣接する権利を定め……著作者等の権利の保護を図り、もって文化の発展に寄与することを目的とする」。

　また同法は第2条において「著作物」を次のように定義している。

　「思想又は感情を創作的に表現したものであって、文芸、学術、美術又は音楽の範囲に属するものをいう」(1号)。

　これらの文言から推して知ることができるように、著作権の設定目的は、一面で表現行為を通じての「文化の発展」にある。このことは、著作権と表現の自由がその機能を一にしている側面として理解することができる。著作権と表

---

[1]　Harper & Row, Publishers, Inc. v. Nation Enterprises, Inc., 471 U.S. 539, 558 (1985).

現の自由は、文化の発展を担う"車輪の両輪"なのである。ここにも両法理の矛盾はない。

　三　冒頭に掲げた「軽視」の原因。どうやらそれは、著作権と表現の自由に間隙を認めていないことにありそうである。

　現にわが国の著作権政策をリードしてきたある論者は、その著書において、著作権法による著作権の設定は、表現行為の「規制」ではない、との理解を表明している[2]。同書の「他人の土地に無断で自分の家を建ててはいけない」のは、他人の財産権を侵害するからであって自由の「規制」ではない、との件とあわせ読むなら、そこから同書が著作権を表現の自由の内在的制約として理解していることがうかがえる。

　ところがこの見解は、著作権の特殊性を軽視しすぎてはいないであろうか。

　著作権法学界のあるオーソリティーは、著作権の特殊性を以下のように分析している。

　「著作権は、物理的には誰もが何処でも何時でもなすことができる著作物の利用行為に人工的に設定された権利であり、もともと1人の者の占有に馴染む有体物に対する権利である所有権と比べて、他人の自由を制約する度合いが強い」[3]。

　ここにはじめて著作権と他の権利、とくに表現の自由との抵触が露になった。著作権者と表現者の両利益は、相対する利益であり、そこには両利益を衡量し均衡をもたらす法理論が要請されているのである。1970年制定の著作権法は、この法理論の一部を法定したものとして理解することができるであろう。

　四　一方で"コインのウラ・オモテ""車輪の両輪"の関係にありながら、相対する法益でもある著作権と表現の自由の間隙は、深くて複雑な法理の襞で覆われているようである。この襞を一本また一本と解きほぐしていくのが本書の狙いである。そこでまずここでは、著作権を見る憲法学の視点を確認しておきたい。

　著作権法は、国家が、具体的には議会が憲法41条権限により「著作者の利益と利用者の利益を衡量したうえでそのバランスを図る」[4]ために制定した法である。つまり著作権法は、相対する利益を国家が立法という手段で調整した

---

[2]　岡本薫『著作権の考え方』（岩波新書、2003年）6頁。
[3]　田村善之「技術環境の変化に対応した著作権の制限の可能性について」ジュリスト1255号（2003年）124、128頁。
[4]　同論文同頁。

もの、と理解することができるであろう。また著作権侵害に与えられる司法的救済は、相対する利益を国家が司法という手段で調整したもの、と理解できるであろう。このように国家が立法なり司法なりを通して相対立する法益の調整に出ているとき、そこに憲法学の課題が顕在化する。われわれはこの国家行為が適正であるか否か、常に査定しなければならないであろう[5]。

これが著作権と表現の自由の間隙にある法理論を憲法学が分析するときの視点である。

第2節　著作権の憲法上の位置

1　憲法上の根拠条文

著作権と表現の自由の間隙をみる前に、著作権の憲法上の位置づけについて瞥見しておこう[6]。そこから多くの論者が、いわゆる自然権的なものではなく制度的に保障された権利として著作権を理解していることをうかがい知ることができるであろう。

一　ある論者は著作権法が「著作権」という財産権を創設したと考えているようである[7]。このように論ずる者たちが憲法条文を明確に意識しているのか否か定かではない。ただ本書が推測するには、彼らは29条2項の条文「財産権

5　阪本昌成『憲法2 基本権クラシック〔全訂第三版〕』（有信堂高文社、2008年）102-103頁参照。そこではプライヴァシー権や名誉権の問題を分析する憲法学の視点が論述されている。

6　著作権は著作権法に固有の法理論により保護されると考えるむきからは、著作権の保護そのこと自体は憲法とは無関係であるとの異論が挟まれるかもしれない。ただ、憲法学のオーソリティーは、名誉権を分析する文脈で、名誉権は民法典や刑法典によって保護されるのであり憲法とは関係がないとの疑義に対して、つぎのようにいう。
「従来、名誉権の保護は、民法典や刑法典上のもので、憲法とは無関係と思われていたのではないかと思われるが、名誉権は何よりもまず憲法上の基本権であって、それが民法典や刑法典によって、それぞれ固有の法理論構成に従って保護されているのだと解すべきである」（佐藤幸治『憲法〔第三版〕』（青林書院、1995年）451頁）。
この思考法からすれば、個別的基本権論の冒頭では、当該権益が憲法典のどの条文に基礎づけられるのかを、問わなければならないことになる。ただ、本書の著作権を分析する視点からすれば、後述しているように、このことは基本的な問題ではない（本節の3〔本書の見解〕）。

7　今村哲也「著作権法と表現の自由に関する一考察──その規制類型と審査基準について」季刊企業と法創造1巻3号（2004年）81、81頁。

の内容は……法律でこれを定める」を手掛かりにしているように思われる。言い換えると、29条2項が財産権の内容を形成するものとみて、財産権およびそれに包摂される著作権を、法律によって創設された権利であると理解しているのではなかろうか[8]。著作権の憲法上の位置づけに関するこの見解を、ここでは「29条論」と呼んでおく。

　二　ところで、著作権という権利はなぜ設定されているのであろうか。著作権の「権利の淵源」をめぐる疑問について、ここではときに実体論と機能論という二つのアプローチで説明しておこう。

　実体論を説く者は、著作権法について、著作者の「労働の果実」を保護する法文書として理解しているようである。彼らは著作権の淵源を、ジョン・ロック流の自然権論に求めたのである。

　ではここで著作権なき状態を想起してみよう。そこでは後発者の創作コストがゼロとなるので、逆に新規活動が過少になるとの予測が立つ。著作権を機能論的に説く者は、著作権を保護することが新規創作活動へのインセンティヴになるというのである。

　前述のオーソリティーはこの後者の立場（著作権に関するインセンティヴ論）

---

[8]　日本国憲法29条は、1項で「財産権は、これを侵してはならない」としながらも、2項で「財産権の内容は、公共の福祉に適合するように、法律でこれを定める」という。一見するとアンチノミーに映るこの二条項をどう理解するかについては、概ね以下の二つの見解に収斂されているといえよう。
　　第一の見解は、29条1項で保障される財産権の内容は2項に基づき制定される法律により形成されるという。1項と2項を一体と考えるこの説は、ときに「形成説」と呼ばれている。最大判昭和28年12月23日民集7巻13号1523頁における栗山茂裁判官補足意見（1531頁以下）の、29条3項を根拠に収用される私有財産の内容は2項に基づく法律により定められるという見解は、この説による2項理解の表れであろう。
　　第二の見解は、所有権の不可侵性を説く1項の見解を、20世紀的社会国家観から修正を加えるところにその意義を見出し、2項を財産権に対する制約根拠として捉えている。この説は、29条2項理解に関する「制約説」と呼ばれている。憲法学の通説的見解はこの説をとり（芦部信喜＝高橋和之補訂『憲法〔第五版〕』（岩波書店、2011年）226頁参照）、最高裁判所も、29条2項は「一項の不可侵性に対して公共の福祉の要請による制約を許容したものに外ならない。従って、法律で財産上の権利につき使用、収益、処分の方法に制約を加えることがあっても、それが公共の福祉に適合するものとして基礎づけられている限り、当然になしうるところである。」（最大判昭和35年6月15日民集14巻8号1376、1378頁）と述べている。
　　「形成説」「制約説」に関するより詳しい説明および両説に対する批判については、阪本昌成『憲法理論Ⅲ』（成文堂、1995年）258-260頁参照。

から、著作権を憲法13条に位置づける見解を表明している。著作権についてインセンティヴ論に立脚するなら「どの程度、著作権に保護を与えて、創作を刺激し、文化の発展を促すのか、ということは、民主的な決定に委ねてよい問題と考えられる」との言明に続けて、以下のようにいう[9]。

「憲法論に持ち込むと、インセンティヴ論の下では、著作権は、国民が文化の発展の恩恵を享受するために必要とされる手段であり、ゆえに、国民の憲法13条の幸福追求権を支援するために設けられた制度であると理解されることになる」。

著作権の憲法上の位置づけをめぐるこの見解を、ここでは「13条論」と名づけておく。

三　近頃、表現の自由を公共財として捉える見解が有力に説かれている[10]。この理解は、個々人の消極的自由（国家からの自由）のみならず、"公共財としての表現空間"を制度設定する積極的作為を国家に求める法理論（国家による自由）として、表現の自由を昇華させようという主張となって結実している[11]。

ある論者は表現の自由に関するこの理解に依拠して、以下のようにいう。「著作権制度は、"公共財としての表現空間"を実効的に確保するための『国家による自由』の表れとして捉え直すことができるであろう」[12]。ここには〈情報が自由にかつ十分に流通しているという客観的法益を確保するために著作権という個人の法益が保障される〉との図式が認められる。著作権は表現市場の制度枠組の中にあると捉えるこの見解を、ここでは「21条論」としておこう。

9　田村・前掲註(3)論文129頁。また田村善之『競争法の思考形式』（有斐閣、1999年）52頁にも知的財産権を「国民の憲法一三条の幸福追求権を支援するために設けられた制度」と理解する見解が表明されている。ただ、著作権の淵源についてインセンティヴ論に立つと、著作権の憲法上の根拠はなぜ13条になるのであろうか。この相関関係が本書にはみえない。

なお、知的財産法制度を創作インセンティヴの制度化としてとらえようとする「田村知財法論」を〈競争的繁栄〉（competitive flourishing）論とよび、その理論的・法哲学的基盤を分析するものに、長谷川晃「〈競争的繁栄〉と知的財産法 ― 田村善之教授の知的財産法理論の基礎に関する法哲学的検討」知的財産法政策学研究3号（2004年）7頁以下がある。

10　長谷部恭男『憲法〔第5版〕』（新世社、2011年）106頁、193頁参照。
11　長谷部恭男「国家による自由」ジュリスト1244号（2003年）31、36-37頁参照。
12　横山久芳「著作権の保護期間延長立法と表現の自由に関する一考察──アメリカのCTEA憲法訴訟を素材として」学習院大学法学会雑誌39巻2号（2004年）19、75頁。

ここに三説を瞥見してきた。これ以上の詳説はここでは措かざるを得ない。ただ、それぞれ憲法上の位置づけこそ違えども、三説に通底しているある著作権理解を、本書は各々から見出している。それは著作権を〈法律により創設された人工的権利〉と捉える著作権観である。

著作権は人工的・政策的権利であろうか。このことをわが国の著作権法が保護しようとしている具体的な権益に関する検討を機縁にして考えてみよう。

2　著作権の本質について

　一　著作権法には、ときに「著作者の権利」と総称されることのある二つの権益が規定されている。そのひとつが「著作者人格権」であり、もうひとつが「著作権」（狭義の著作権）である（17条）[13]。ここではこの二つの権益の区別を意識しつつ行論を展開してみよう。

ところでこの二法益の関係については、両権益の淵源を同一の源泉に求める「一元論」と、異なる母体をもつ法益であると捉える「二元論」という二つの立場が、著作権法学界には存在している[14]。この見解の対立はどうやら「二元論」が有力的見解であるとされているようである（前註(14)参照）。その理由としては、わが国の著作権法が前記17条で、著作者は二つの権益を享有するとした後、著作者人格権の譲渡可能性を否定し（59条）、その一方で、狭義の著作権の譲渡を認めるという姿勢を示している点（61条1項）が指摘されてい

---

[13]　（狭義の）著作権の内容については、21条以下に支分権として規定されている。また著作者人格権は、公表権（18条）、氏名表示権（19条）、同一性保持権（20条）がその主な内容とされ、その他に名誉や声望を害する方法で著作物を利用されない権利（113条6項）などが規定されている。

[14]　一元論的理解を提起している代表的論者として半田正夫がいる。半田正夫の処女論文「著作権の一元的構成について」を収録する『著作権法の研究』（一粒社、1971年）および半田『著作権法概説〔第14版〕』（法学書院、2009年）113-115頁参照。

　半田の一元論理解は、著作権の構造を樹木の姿（それは二つの根〔権益〕をもつがその幹〔著作権〕は一つである）に譬えて説明したドイツのE. Ulmerの一元論に由来するものである。

　この半田の見解を「無理を承知」の見解と評価しつつ二元論的理解を示しているものとして、田村善之『著作権法概説〔第2版〕』（有斐閣、2001年）405頁以下がある。著作権法学界では、どうやら二元論が有力説のようである。たとえば、斉藤博『著作権法〔第3版〕』（有斐閣、2007年）164頁は、著作者人格権の母権を一般的人格権に求め、狭義の著作権のそれは純然たる財産権であるとの理解を示している。

第2節　著作権の憲法上の位置

る[15]。

　まずここでは著作権法が保護しようとしている権益として二種類あること、両権益の関係については一元的理解／二元的理解の二つの捉え方があること、そのうち二元論的理解が有力説であるという点について確認しておこう。

　二　ところで「著作者人格権」は、著作者（2条1項2号）が自らの著作物に対して有する人格的利益を保護するための権利として、理解されている[16]。この著作者人格権と「自然人が当然に享有する」[17]とされる一般的人格権との関係についても、二つの理解方法があるようである。

　著作者人格権を一般的人格権の一つと位置づける見解を、二つの人格権に関する「同質説」と呼ぼう。この見解を精力的に唱えている論者は以下のようにいう。いわく「人の生命、身体はもちろん、名誉、氏名、肖像も人格価値の一つの面であり、人格の発露たる著作物も同じく人格価値の一つの側面といえる」[18]。権利の主体である著作者は、もちろん「尊厳性を備えた人間」であり、著作者人格権が保護しようとしている権益は「著作物に化体された著作者の人格価値」である、というのがこの見解の淵源にある思考方法なのであろう[19]。もちろん一般的人格権と著作権法に法定された著作者人格権を精確に対比して理解することはできないとしても、このように理解すれば、著作者人格権の一身専属性、譲渡不可能性（59条）は適切に説明できそうであるし、その放棄も認められないものとされそうである[20]。

---

[15]　また、現行法制定過程における立法者意思を参照しても、ひとまずはこういえそうである。

　　現行著作権法が審議された第61回通常国会の衆議院文教委員会で、坂田道太文部大臣（当時）は著作権法の提案理由を説明する中で、以下のようにいう。いわく「著作者の権利の保護を厚くするため、その権利を著作者人格権と著作権に大別してそれぞれの内容を明定いたしました」（第61回国会衆議院文教委員会議事録第14号1頁〔昭和44年4月25日〕）。

[16]　中山信弘『著作権法』（有斐閣、2007年）360頁、田村・前掲書（註14）403頁など。また半田・前掲書（註14）『著作権法概説』107頁は著作者の「人格的・精神的利益」を保護する権利であるとしている。

[17]　中山・前掲書（註16）361頁。

[18]　斉藤博「著作者人格権の理論的課題」民商法雑誌116巻6号（1997年）815、818頁。斉藤の著作者人権論については、「新著作権法と人格権の保護」著作権研究4号（1971年）73頁以下や2006年9月22日開催の著作権研究会での講演録「著作者人格権の本質」コピライト548号（2006年）2頁以下も参照した。

[19]　斉藤・前掲論文（註18）「著作者人格権の理論的課題」820-821頁参照。

[20]　中山・前掲書（註16）361頁参照。

第1章　著作権をみる憲法学の視点について

これに対して、著作者人格権と一般的人格権とを、その権利主体の限定性／無限定性、保護客体と権利主体の独立性／一体性の違いに着目して、両権益を異なるものと理解しようとする試みも展開されている。両権益に関する当該理解を、二つの人格権に関する「異質説」と呼ぼう。この「異質説」の論拠は、以下の点にあるようだ[21]。

①一般的人格権の主体は自然人一般であるはずなのに、著作者人格権の権利主体は「著作者」に限定されている。②一般的人格権の客体は人格的価値であるのに、著作者人格権の客体は具体的な「著作物」である。ある論者はこの説に依拠して「著作者人格権は客観的実存たる著作物に対する関係を保護するものなのである」[22]といっている。

さて「異質説」に対する評価であるが、この説については、どうやら「著作者人格権と一般的人格権とは異なるというだけであり、それ自体から具体的内容が明らかになるというものではない」[23]という見方に批判的論者の評価は収斂するようである。ところが、著作者人格権の淵源を人格的価値に求めず、当該権益の本質を「著作者と具体的な著作物との間の不可分の結び付き」[24]に見出した「異質説」は、著作権の本質を考察中の本書に大きな影響を与えた。なぜなら、著作者と著作物の「紐帯」[25]というのは、言論市場に著作物を提供するにあたっての著作者の重大な関心事（interest）であるからである。この点については、本書が考える「著作権の本質」と同時に、後に再述されよう[26]。

　三　著作者人格権の淵源を人格的価値に求めず、その権利の内実を著作者と著作物との結びつきに求める「異質説」の効用は、著作者人格権を巡る別の問題を解決することに見出されるように思われる。それは、法人等にも著作者人

---

[21] Eugen Ulmer, Urheber- und Verlagsrecht, 3. Aufl., 1980, S. 28 ff.
[22] 半田・前掲書（註14）『著作権法概説』116頁。
[23] 中山・前掲書（註16）361頁。
[24] 斉藤・前掲論文（註18）「著作権人格権の理論的課題」820頁の表現である。
[25] これは中山・前掲書（註16）362頁が著作者と著作物との結びつきを示した表現である。
[26] 三浦正広は、著作権法上の著作者人格権に関する規定（18条、19条、20条および113条3項（現6項））について、18・19・20条は財産権的価値を内包する個別的人格権として（すなわち「異質説」的に）、113条3項（現6項）については人格的価値を淵源にもつ一般的人格権としての性質をもつと（すなわち「同質説」的に）理解できるという。著作権法上の著作者人格権は上記のような二重構造にあるというのである。三浦正広「著作者人格権の法的性質に関する一考察——一般的人格権と個別的人格権の二重構造論」岡山商大法学論叢7号（1999年）75頁以下参照。

第 2 節　著作権の憲法上の位置

格権は認められるのか、という疑問である。

　わが国の現行著作権法が制定されたのは 1970（昭和 45）年のことである。そこには大陸法の人格権中心の法体系の姿がみられた。そのことはこの法律が「小説、音楽、絵画など芸術作品を中心とした創作性の高い著作物を保護対象として念頭においていた」[27] との評価からもうかがえることであろう。法は著作物を著作者の人格的価値の現出とみていたのであろう。

　時は下って、わが国の著作権法は 1985（昭和 60）年の法改正で、コンピュータ・プログラムを著作権法の保護対象とした。つづき 1986（昭和 61）年にはデータベースを著作権法の保護対象に取り込んでいる。いわゆる芸術作品ばかりでなく、機能作品、事実作品といわれるものの著作権にも配慮を示した法の趣旨からは「人格的要素という意味での創作性の程度が低いもの」[28] でも、その著作権を保護しなければならないという法の態度が読みとれる。また、機能作品、事実作品は、法人等の業務に従事する者が職務上作成する場合が多いという事情も、そこにはみられた。

　ところで、職務上作成する著作物の著作者は法人その他の使用者であり（15条）、前述しているように、著作権（狭義の著作権と著作者人格権）は著作者に帰属する（17 条 1 項）。ここに、法人等にも著作者人格権は認められるのか、という問いの源泉がある。

　この問いへの解答のひとつが一般的人格権と著作者人格権の二つの権益の淵源を異なる源泉に求める「異質説」に依る思考法である。二つの人格権をめぐる異質説的思考を、職務著作の法的性質を説くなかで表明しているある論者によれば、両人格権にはつぎの決定的相違点があるように思われる。それは、一般的人格権なら創作行為という事実行為を権利の対象とするであろうが、著作者人格権は、市場における著作物の取引行為・利用行為を権利の対象としている[29]、という点である。彼は続く筆で以下のようにいう。

　　「著作者人格権は、一般的人格権とその性質が異なり、情報を豊富化し競争環境を整備するという著作権法の目的に奉仕する政策的な権利と位置づけられる」[30]。

　この論者は、この観点から職務著作規定において著作者人格権を法人等に帰

27　潮海久雄『職務著作制度の基礎理論』（東京大学出版会、2005 年）202 頁。
28　同書 203 頁。
29　同書 204 頁。
30　同書同頁。

35

属させることも正当化できると説くのであるが、その点を括弧でくくるとして、ここに著作権の法的性質に関する一元論的理解の萌芽をみることができるのではなかろうか。

著作者人格権の現実的機能に着目し、当該権益を財産権的に理解する気運は、著作権法学界内で高まっているようにみえる。たとえば「著作者人格権は著作者が自己の著作物の市場における流通を管理するための権利としての性格を有すると説明する説もある」と紹介するものもある[31]。さきほど本節の2（著作権の本質について）の一の末尾で確認した著作権概念に内包される二つの権益に関する二元論的理解の有力説的地位も、若干、揺らいできているのであろうか。

四　さて、本項標題に掲げた「著作権の本質」とはいかなる権益と理解すればよいのであろうか。本書は、彼（か）の二つの権益の論理枠組を言論市場との関係性に見出し、試論の段階ではあるが上記問題に以下のような理解を提示しておく。

まず狭義の著作権の本質は、言論市場に表出されたものに内在する自己所有の客体としての属性ではなかろうか。「思想又は感情を創作的に表現したもの」は、単に物質でないばかり、言論市場における管理可能性も有していない。しかしながら知的営為の産物である著作物の帰属は、表出主体にオーソライズされなければなるまい。著作物に内在するこの性質を紡ぎ出して制度化したものが狭義の著作権として法定されたものではなかろうか。このことはときに言論の私有化（privatization of speech）との術語で語られるところであるが、著作物にもたらされた私有化は、法により装填されたものというよりも、それに内在していた経済財的性質から演繹された帰結と理解できるであろう。ただし著作物にもたらされた商品化（commodification）[32]は、著作権保護の目的ではなく、著作物が管理可能になったことに付随して生じた間接的効果としての地位にとどまるであろう。

いま知的営為の産物は表出主体にオーソライズされなければならないと述べた。著作者人格権の保護法益は、ここにあるのではなかろうか。また著作者は、

---

[31] 相澤英孝＝西村あさひ法律事務所編著『知的財産法概説〔第4版〕』（弘文堂、2010年）216頁〔高木弘明執筆〕。なお、著作者人格権を財産権的に理解する見解の引用元は、本書が基本書または教科書的性格の書物であるからであろう、明記されていない。

[32] commodificationには「商品とはなりえなかったもの」「商品として扱うべきでないもの」の商品化という意味があるようである。松田徳一郎編集代表『リーダース英和辞典〔第2版〕』（研究社、1999年）のcommodificationの項目を参照。

第 2 節　著作権の憲法上の位置

自己所有下にある著作物が言論市場で適切に評価されることに重大な関心を抱いている、と推測できる。ここでの保護対象は、言論市場において適切な評価をうけるという著作者のいわば地位や資格のようなものということになろう。この視点から著作者人格権は、以下のように読み替えることができるであろう。公表権（18 条）は、言論市場への参入のタイミングを、著作者が決定できる権益である。言論市場にいつ参入するかで、著作者の名声、地位、成功が左右されうるからである[33]。氏名表示権（19 条）は、著作物と著作者との結びつきを顕現させ、言論取引に安定性をもたらすであろう。言論市場を豊饒化するためには、著作者が無名でまたは匿名でも当該市場に参入することが許されていると理解できる。また同一性保持権（20 条）は、同意のない著作物の改竄を禁止することで、言論市場における表現の取引を歪曲させないための権益であろう。真実とは違う情報（表現物）で評価されない地位を著作者に保障しているともいえる[34]。

本書は、言論市場との関係性に着目することで、著作権法にいう二つの権益について、一元論的理解を示すことになった[35]。狭義の著作権および著作者人格権は、言論市場での表現取引の適正さを確保するために制度化されている、といえるのではなかろうか。

言論市場における適正な取引の成就という視点からは、言論市場の豊饒化を阻害すること、言論市場における取引を歪曲すること、当該市場への参入を規制することなどが、忌避されなければならないであろう。現行著作権法の各規定の理解も、この観点から再構成される必要があると考えられる。

詳細な検討はここでは措くが、たとえば、なぜ「表現」(expression) に範疇化されるものは保護され「思想」(idea) ならば保護されないのかといえば、

---

[33]　小泉直樹「著作者人格権」民商法雑誌 116 巻 4・5 号（1997 年）584、592 頁参照。

[34]　もっとも著作者の主観的な意思に反する著作物の変更すべてが、同一性保持権の侵害となるとは考えられない。なぜなら「文化的所産の公正な利用」（1 条）という著作権法の制定目的と平仄のあう制限は許されると考えられるからである。三浦・前掲註(26) 論文 103 頁参照。

　　また「文化的所産の公正な利用」の見地からの同一性保持権の制約を表現の自由との関係で捉える視点を提示している小泉・前掲論文（註 33）609 頁も参照。

[35]　著作権法理論でいう従来的な「一元論」は、カント、ヘーゲルに影響されたドイツ人格権論をもとにした一元論だと思われる。しかし本書の「一元論」は、市場論からみた一元論であることを注記しておく。本書は、著作物の創作を促進するために、国家が言論市場を regulate したとみている。著作者人格権も言論取引をめぐる regulation の一部とみているのである。

それは思想の独占が言論市場にとって悪弊であることに加えて、言論市場における取引対象を明確化するためではなかろうか。なにが「表現」にあたり、なにが「思想」であるのかについては、実はそこに在る規範的線引が重要な検討課題であるが[36]、それでもひとたび「表現」として外延が与えられれば、当該「表現」は言論市場における取引対象になるのである。したがって、なにが著作権の対象である「表現」であるのかについては、可能な限り形式的で可視化された法理論で評定されるべきであろう。なにが「表現」であるのかという点は、言論市場の住人である誰にとっても、重要な関心事であろうから[37]。

3 本書の見解

さて上述してきたことから、本書は著作権に対する財産権的理解を示していると評価されるかもしれない。そうすると、当該権益は憲法29条2項に基づく法律（すなわち著作権法）により創設された、という理解に本書も与するとなりそうである。けれども本書はこのようには考えていない。

ある論者は「財産権という概念は文明の成立と同時に成立し」[38]こう考えるなら「財産は法律に先立って存在するとみざるをえない」[39]と適切に指摘している。そうすると、財産権は法律により創設されたものではないのである。では「財産権の内容は、公共の福祉に適合するように、法律でこれを定める」と規定している29条2項の意義は何であろうか。この意義を理解するためのポイントは「財産権の内容」という文言の理解にあると思われる。本書はこの文言を、何が財産権として保護されるのかという財産権の内容そのもののことで

---

[36] ひとまずこの点については、「アイディア・事実／表現形式二分法」というときの「アイディア・事実」および「表現形式」の境界は、著作権法上の保護範囲を画定するための道具概念であるとして、当該二概念の境界について以下のように述べている中山信弘の言説を参照するにとどめておこう。いわく
　「思想と表現の境界は、保護すべきものとすべきでないものとを画する概念であるが、土地の境界とは異なり規範的な要素が強い。侵害事件において、表層的な表現は異なっているが内容は類似しているという場合に、どこまで侵害と認めるべきかという判断であり、単なる事実判断とは異なり、規範的要素が関係してくる」（中山信弘「著作権法における思想・感情」特許研究33号（2002年）5、6頁）。また中山・前掲書（註16）34頁にも同様の記述がある。

[37] 視点を転じていえば、著作権法は、著作権者だけでなく言論市場で表現を取引しようとする者にとっても、重要な権益を規定していると理解できる。

[38] 阪本・前掲書（註8）245頁。

[39] 同書259頁。

第 2 節　著作権の憲法上の位置

はなく「権利者がそれぞれの財産権に依拠してなしうることの範囲・程度」[40]のことであると理解している。本条文は法律により財産権の内容形成を行えと国会に命じているのではなく、本来的に他者および社会関係的であることが想定される財産権の行使においては、当該権益と相対する権益との調整が不可欠になるから、この利益調整のためのルールを法律という形式で定めることを国家に要請しているのである。日本国憲法は立憲主義憲法典であるので、29 条 2 項はさらに、この利害調整のルールが「公共の福祉」に適合的であることも国家機関たる国会に要請している。

　翻って著作権法をみたとき、それは著作権という権利を創設したものと理解することはできない。そうではなく、著作権法は無体財産権の中から著作権を範疇化し、当該権利の発生・取得・交換のルールを定めることで著作物の言論市場における取引を安定させると同時に、対立する権益との利害調整を図ったものなのである[41]。

　ここで憲法学の課題を再度、確認しておこう。著作権法は、著作権者と著作物利用者の相対する権益について、利害調整を施したルールである。このように理解したとき、憲法学は、当該利害調整のルールが適正になされているか否かについて、憲法理論により査定しなければならない。これが著作権を巡る法的問題について憲法学に求められている任務である。

　ところでこの憲法学の関心からすると、著作権が憲法何条に根拠づけられるのかという問題は、実は副次的であるといえよう。憲法学にとっての課題は、著作権者と著作物利用者の利益を調整する国家の行為が「公共の福祉」に適っているか否かを分析することにあるのだから。

　またある論者は、「著作物の基礎構造」あるいは著作物の生成過程に関する分析を施すなかで[42]、つぎのような見解を表明している。いわく、著作物は著作者の精神的内面的形式が、他人によって知覚可能な合理的構造をもつ外面的形式として表出されたものである、と考えられる[43]。この見解によれば、著作物にはそれに「印しづけられた著作者の精神的内容・形式」[44]が内含されてい

40　佐藤・前掲書（註 6）567 頁。

41　大日方信春「著作権の憲法上の地位——合衆国憲法一条八節八項の文理解釈を導きの糸として」姫路法学 45 号（2006 年）1、39 頁参照。

42　阿部浩二「著作権の基礎構造——序説」勝本正晃先生還暦記念『現代私法の諸問題 下』（中川善之助＝打田畯一編集代表、有斐閣、1959 年）625 頁以下。

43　同論文 644-646 頁参照。

44　同論文 632 頁。

ると考えられるであろう。このように考えるなら、著作権について、それを人工的で政策的なものと捉えることはできないように思われる。

第3節　著作権と表現の自由の法理

著作権法を表現行為との関係からみたとき、前節までに論じてきたことは、以下のようにまとめることができる。
 (1)　著作権法は、著作権と表現の自由という両権益が相対している場面における、利害調整のためのルールである。
 (2)　憲法学の課題は、当該利害調整のルールが「公共の福祉」の視点から適正なものであるかを検討することである。
この課題を検討するために、本節は充てられている[45]。

1　表現内容規制／内容中立規制

表現の自由の制約については、純粋言論を事後的に制約する法令の合憲性を判定するための一般論が探究されてきた。この試みの劈頭には「表現内容規制（content-based regulation）／内容中立規制（content-neutral regulation）」を区別する理論モデルを置くことが多い。著作権と表現の自由の関係を論じた多くの論者も、このことに擬えて、著作権の表現の自由に対する規制態様の別を説くことが常態となっている。

では著作権は、表現内容規制であろうか、それとも内容中立規制であろうか。この点に関する議論の蓄積をもつ合衆国の諸論稿からは、その解答に二派あることがわかる。

1998年の M. Lemley（Mark A. Lemley）と E. Volokh（Eugene Volokh）による論文[46]は、著作権が表現の内容に基づく制約であると述べている。いわく「著作権法は確かにイデオロギーをたよりに〔表現を〕区別するものではない」ただ「著作権に関する義務は表示されたものの内容から発している」[47]。

---

[45]　著作権と表現の自由の関係を正面から分析した邦語論文については序章註(55)参照。
[46]　Mark A. Lemley & Eugene Volokh, *Freedom of Speech and Injunctions in Intellectual Property Cases*, 48 DUKE L. J. 147 (1998).
[47]　*Ibid.*, at 186.（但し、〔　〕内は大日方。以下、同じ）。
　　同様に著作権を表現内容に基づく規制と理解している C. Edwin Baker, *First Amendment Limits on Copyright*, 55 VAND. L. REV. 891, 922 (2002) も参照。

これに対して N. Netanel（Neil Weinstock Netanel）は、2001 年の論文[48]で、Lemley & Volokh の上の見解を批判している。Netanel は、彼らの先の言明を引用した後、以下のようにいう。

「ある著作物についてそれが〔先行著作物の著作権を〕侵害するか否かの判定は、それが〔先行〕著作権者のものと同じであると認められるか否かに多くを負っているという彼らは確かに正しい。しかし、著作権法が〔著作物の〕内容に敏感（センシティヴ）であるということは、修正 1 条でいうところの『内容に基づく』を意味するものではない」[49]。

Netalel は著作権法を、表現内容に中立的な規制として理解しているのである[50]。

両説の是非について詳説することも、ここでは措くとしよう。ただ、合衆国でのこの両説の対立は、詰まるところ、何をもって表現「内容」規制というのか、という二分論の概念規定の問題に行き着いているように思われる。ところが「内容／内容中立」の概念規定の問題やなぜ内容規制は原則禁止なのかに関する論拠となると、もともと一様ではないのである[51]。両説分立の遠因は、表現内容に基づく規制（content-based restriction）というときの content のコンセプションの差異にあると思われるが、これ以上の分析は他日に期すとしよう[52]。

---

[48] Neil Weinstock Netanel, *Locating Copyright Within the First Amendment Skein*, 54 STAN. L. REV. 1 (2001).

[49] *Ibid.*, at 48.

[50] 他に著作権法を内容中立規制として理解している Stephen Fraser, *The Conflict Between the First Amendment and Copyright Law and Its Impact on the Internet*, 16 CARDOZO ARTS & ENT. L. J. 1, 10 (1998)；Yochai Benkler, *Constitutional Bounds of Database Protection : The Role of Judicial Review in the Creation and Definition of Private Rights in Information*, 15 BERKELEY TECH. L. J. 535, 588 (2000)；Rebecca Tushnet, *Copyright as a Model for Free Speech Law : What Copyright Has in Common With Anti-Pornography Laws, Campaign Finance Reform, and Telecommunications Regulation*, 42 B. C. L. REV. 1, 50-56 (2000) などを参照。

[51] *See* KATHLEEN M. SULLIVAN & GERALD GUNTHER, CONSTITUTIONAL LAW 1193-1203 (15th ed., 2004).

[52] Lemley & Volokh は、著作権法はたとえば内容のイデオロギー性にかかわりなく適用されるという意味で観点中立性をもつが、だからといって内容中立的であるわけではないという（*see* Lemley & Volokh, *supra* note 46, at 186）。

また C. Baker は "内容中立規制とはその内容に関係なく表現を制限することである" と定義した上で、著作権は言論者による表現内容の選択を規制する法理論であるとしている。なぜなら「仮に法に反することを理由として〔言論の〕内容を検討しなければな

第1章 著作権をみる憲法学の視点について

　表現内容に基づく規制か、それとも内容中立規制かという区分論は、表現の自由を制約する法令の合憲性を判定するための司法審査基準を説く文脈で、合衆国の判例・学説において展開されてきたものである。この議論にのるように、著作権法も表現の自由を制約する法令と構成することで、当該法令の「表現内容規制／内容中立規制」の別を論じたものが、合衆国でもそしてわが国でも散見される。ところが、この区分論をもとに司法審査基準論を展開した裁判書は、管見によれば、存在しない。その理由は本章第1節（著作権と表現権の間隙はなぜ軽視されてきたのか）の1で示したような裁判所の見方（著作権は自由な表現の動力源（エンジン）である）にあると思われる[53]。

　著作権法は、著作権者の利益と利用者の表現行為がもつ価値を調整した、いわば価値衡量の結果として理解されるべきであろう。この価値衡量の適正性を判定するために「表現内容規制／内容中立規制」という分析枠組は適合的ではないと思われる[54]。

　　らないのなら、当該法令は内容に基づいているといえる」（Baker, *supra* note 47, at 922）からである。
　　　後述するように「アイディア・事実／表現形式二分法」は、著作権の客体を後者に限定する法理論である。すなわち、同じ表現形式でなければ、同じアイディア・事実を表現しても、それは著作権を侵害しない表現行為とされている。ところが、表現しようとした（いわばネガの状態にある）アイディアと、それを実際に表出した（ポジの状態になった）表現形式とは、截然と区別できないとするなら、ある人の言論行為にその表出形式の変更を求める法理論は、"表現内容に基づく法規制"といえるのではなかろうか。Lemley & Volokh、Baker がいいたかったのは、こういうことであろう。
[53]　また、M. Nimmer の後掲論文（註65）の末尾はつぎのように注意を促す。いわく「修正1条それ自体、またその基底にある言論の重要性というものも、教育や文化の名の下で authorship の取り上げを正当化することはない」（17 UCLA L. Rev., at 1204）。
[54]　本書は「表現内容規制／内容中立規制」という規制類型論それ自体にも懐疑的である。この規制類型論の要諦は、表現のまさに内容の如何による規制には違憲の疑義がつよく、表現の内容にかかわらない、表現の典型的には「時・場所・方法」といった表現手段の規制なら違憲の疑義が解消される、ということを示すことにあると思われる。ところが後述しているように（第3章第3節3（「表現の選択の幅」論）の**三**と**四**）、表現の自由というのは、表現主体による表出内容の自由だけでなく、その表出手段の自由まで保障する法理論であったはずである。表出手段をかえれば、表現の意味あいまで変わってしまうはずである。それにもかかわらず、表現手段に対する規制なら、違憲の疑義が薄まるという。分離できないはずの表現内容と手段を理論上区別し、後者に対する規制を典型的な言論規制と捉えない視点は、言論規制を正当化しようとするまさに規制者側の論理ではなかろうか。

2　定義的衡量の有効性

一　繰り返しになるが、著作権法をみる憲法学の視点を、ここでもう一度確認しておこう。すなわち、

　著作権法は著作権者と著作物利用者の両権益を調整しようとした国家行為である。国家が相対立する利益の調整を試みたとき、憲法学は当該国家行為が適正になされているか否か、判定しなければならない。

著作権と表現の自由の問題を本書のように構成するなら、ここでわたしたちの分析はつぎの点に向かわなければならないことになる。それは、(1)著作権侵害の成立要件、(2)著作権侵害の違法性阻却事由、これらが憲法理論との関係で適正に定立できているのかを分析することである。

憲法学の課題を右のように枠づけた本書は、著作権法に法定された表現の自由との調整法を分析するための理論モデルとして「定義的衡量テスト」（definitional balancing test）の再検討を提唱する。

二　合衆国最高裁判所は、著作権の保護期間を延長する法改正[55]の合憲性が争われたある事案[56]で、本章が関心を示している著作権と表現の自由の間隙に関する思考法を示している。それは、連邦議会が表現権をいま以上に制限するかにみえる法改正を実施した場合でも、それがつぎのような著作権保護の「伝統的概略」（traditional contours）に変更をもたらすものでないとき、修正1条の審査は不要である、という思考法である[57]。

(1)　著作権法に「内蔵されている修正1条との調整法」（built-in First Amendment accommodations）がいまだ規定されているとき[58]。

ここでいう「修正1条との調整法」として、合衆国最高裁は、つぎの二つの調整法を提示している。

①　著作権法の保護対象は著作物の表現（expression）であり、事実（fact）

---

[55] Sonny Bono Copyright Term Extension Act of 1998, Pub. L. 105-298, §§ 102 (b) and (d), 112 Stat. 2827-2828.（以下、CTEAと略記）。

[56] See Eldred v. Ashcroft, 537 U.S. 186 (2003).

[57] Ibid., at 221.

[58] Ibid., at 219.

や思想（idea）ではないとする「アイディア・事実／表現形式二分法」（idea/expression dichotomy）[59]。
　②　著作物の利用目的、その性格等に照らして、著作物の当該利用態様が「公正である」といえる場合には、当該著作物の著作権の効力を否定するフェア・ユースの法理（fair use doctrine）[60]。
(2)　「伝統的修正１条保護手段」（traditional First Amendment safeguards）である著作権の制限が追補されたとき[61]。

　合衆国の裁判実践は、著作権法に表現の自由と著作権とを調整するこのような伝統的構造が内包されているなら、著作権保護がたとえ表現の自由の制約に当たるとしても、修正１条上の審査は必要ない、というのである。ここに、表現の自由を保護することとそれに対立する著作権を保護することとの間で、著作権法はあらかじめ価値衡量を施していたのだとする、合衆国最高裁の思考法が看取できよう。これは表現の自由の限界を探るときに用いられることのある「定義的衡量テスト」の手法である。
　三　「定義的衡量テスト」（範疇化テストとも呼ばれる）は、一口に言うと、憲法上「保護される表現」と「保護されない表現」の境界を示し、両表現を画するための公式を理論化しようとするものである[62]。
　ある論者は表現の自由の限界を画定する理論モデルとして、このテストの意義をつぎのように説いている。
　「ある表現が一般的にもつ利益（価値）と、それに対立する利益（保護法

59　*Ibid.*
60　*Ibid.*, at 219-220.
61　CTEA で追補された著作権制限規定は、つぎの二条項である。
　①図書館、公文書館およびその他の同様の機関に「保存、学術又は研究の目的のもとで、著作権期間が残り20年となった」著作物の複写物を、一定の条件の下で「再版すること」および「ファクシミリ又はデジタル化の手法を用いて改版、展示又は実演すること」を許容する規定（17 U.S.C. § 108 (h)）。
　②小規模事業者がラジオやテレビなどで流れる音楽を利用する場合に、その利用料を免除する規定（17 U.S.C. § 110 (5)(B)）。
　なお、17 U.S.C. § 108 の詳細については、松川実「米著作権法上の著作権の制限規定：図書館及び文書資料館による複製(1)(2)」青山法学論集49巻4号（2008年）73頁以下・50巻1号（2008年）43頁以下を参照。
62　定義的衡量テストの発祥および各論者の捉え方については、榎原猛『表現権理論の新展開』（法律文化社、1982年）1頁以下に詳しい。

第3節　著作権と表現の自由の法理

益）の本質部分とをあらかじめ衡量して……、一定の要件を公式化したうえで、『保護されない表現』という範疇を求める理論をいう」[63]。

また別の論者は視点をずらしてつぎのようにいう。

「〔このテストは〕個別的文脈の如何を問わず一定の範疇に属する表現は絶対的に保護されなければならないとするもの〔である〕」[64]。

この定義的衡量テストは、表現の自由の優越的地位の理論を実体化する理論展開の中から発生してきた法理論であるだけに、言論保護的性格を有するものとしても理解されている。

ところでこの定義的衡量テストの言論保護的性格に着目し、著作権法に法定された「修正1条との調整法」の分析を試みた論者がいる。それが M. Nimmer（Melville B. Nimmer）である。彼の1970年の論文[65]は、以後、著作権と表現の自由との問題を考察するための導きの糸の役割を果たしたといえよう。それほどこの論文は多くの論者に参照されている。Nimmer が定義的衡量テストを著作権理論の分析に応用して以来、合衆国の裁判所も Nimmer 流の定義的衡量論を踏襲する法理論を展開してきているのである[66]。

さてこのテストの有益性の有無は、これから表現行為をしようとする者にとって、ある程度の確実性をもって、当該表現が憲法上の保護をうける表現か否かが判別可能となる法理論を提示できるかどうかにかかっている。換言すると、ある国家行為が表現行為に制約を課すならば、当該国家行為には定義的衡量論に依拠した以下の点について、明確化することが要請されることになる。それは、①保護される（または保護されない）表現の要件、②保護されない表現行為に対する違法性阻却事由、という二点である[67]。

63　阪本・前掲書（註8）28頁。
64　佐藤・前掲書（註6）524頁。
65　Melville B. Nimmer, *Does Copyright Abridge the First Amendment Guarantees of Free Speech and Press ?*, 17 UCLA L. REV. 1180 (1970). この論文を紹介する阿部浩二「論文紹介」アメリカ法［1974-1］（1974年）134頁以下も参照。
66　横山・前掲（註12）論文37頁参照。
67　Nimmer 論文でも言及されている New York Times Co. v. Sullivan, 376 U.S. 254 (1964) も、ある言論が公職にある者（public officials）に対する名誉毀損に該当するか否かという文脈で、この枠組が分析されている。
　ところで著作権法は、創作者（著作者）Xと、その著作物の利用者Yとの間の利益を調整する法規範である。したがって、伝統的憲法学の思考法によれば、著作権と表現の自由の問題は、XとYとの間における法律関係に憲法の適用があるかということ、すなわち私人間効力の問題ではなかろうか、との疑義が浮かぶ。これは、Xの著作権を保護

第1章　著作権をみる憲法学の視点について

　著作権と表現の自由の間隙を考察する本書の視点から換言すると、著作権法に法定されている表現の自由との調整原理が、定義的衡量論の査定をパスできるかどうかという点が重要になる。したがって、このテストを用いたなら、著作権と表現の自由の調整ルールは、以下の視点から分析されるべきことになろう。

(1)　著作権の保護対象は特定の「表現形式」（form of expression）であり「アイディア」（idea）や「事実」（fact）ではないとする「アイディア・事実／表現形式二分法」は、憲法上の正当な基礎をもつ区分論として成立しているか。

(2)　著作権の権利の種類に関する規定（そこには著作者人格権も含まれる）や著作権の制限規定が、財産権的利益と表現権的利益の調整ルールとして憲法上適正か。

(3)　著作物のある一定の利用態様については著作権の効力を否定するフェア・ユースの法理は、著作権と表現権の両権益を適切に衡量する法理論として成立するか[68]。

すること、Yの権利侵害の認定という法律関係は、民事上の法的紛争であり、政府による言論規制の問題ではないのでは、という疑義に換言できる。

　しかしこれが言論規制の法理をみる適切な思考法でないことも、New York Times v. Sullivan をみることでわかる。

　公務員に対する名誉毀損について「現実の悪意ルール」（actual malice rule）を提示した事例である本件において、合衆国最高裁は、表現者に対して法的責任を負わせている従来の名誉毀損法理が修正1条上の表現の自由の問題を提起しているとの理論構成をしてみせた。それは、コモン・ローとして確立してきた従来の名誉毀損法理が表現者の故意・過失を推定するという手法で厳格責任を課していた、したがって公務員の名誉権をつよく保護するという権利調整法にステイト・アクションを見出して、このような表現の自由を軽視する国家意思を憲法理論の俎上にのせたのである。

　この思考法を下敷きにすれば、著作権法をみる憲法学には、つぎの視点から著作権法理論の検証が要請される。それは、著作権法という議会制定法および著作権に関する判例法理が、公衆または著作物利用者の表現の自由を過剰に規制するものとなっていないか、という視点である。本書はこの視点をつよく意識している。

　なお、ここでの New York Times v. Sullivan に関する理解は、阪本昌成「小島報告へのコメント」全国憲法研究会編『憲法問題[21]』（三省堂、2010年）91頁以下に負っている。

68　わが国の著作権法にはフェア・ユースなる法理論は規定されていない。くわえて30条以下の権利制限規定は限定列挙であるとの理解が一般化されている（フェア・ユースの法理の採用を拒否した判決として、東京高判平6・10・27判時1524号118頁、東京地判平7・12・18判時1567号126頁、名古屋地判平15・2・7判時1840号126頁、東

第3節　著作権と表現の自由の法理

うえの(1)・(2)は、著作権侵害の成立要件の分析に、(3)は著作権侵害の違法性阻却事由に関係している[69]。

それぞれの分析は具体的事案を前にしてのみ成立するものであるので、ここでは扱えない。ただ、著作権と表現の自由を調整する国家行為については「定義的衡量テスト」の分析法に適する問題群に含まれているということを、本書はここで明示しておくことにしよう[70]。

四　先の合衆国最高裁判決は、つぎのようにいっていた。

「連邦議会は著作権保護の伝統的輪郭を変更していないので、これ以上の修正1条上の審査は不要である」[71]。

この判決の思考枠組は、つまり、著作権保護の伝統的構造に変化があれば、当該構造変革については憲法上の査定を受けなければならないということを含意しているとも理解できる。仮にそのような法改正があった場合、憲法理論は、表現の自由規制に対する一般理論に立ち戻って、当該国家行為の正当性を個別的に精査しなければならない。そのときの指針となる理論は本章第3節の1（表現内容規制／内容中立規制）で検討した「表現内容規制／内容中立規制」を区別し、国家行為の目的および当該目的遂行のための手段との関係性から、言論規制の正当性を判断する理論モデルであろう。著作権法に法定された表現権

京地判平15・2・26判時1826号117頁など）。

　これに対して、合衆国連邦著作権法は、17 U.S.C.§107でフェア・ユースの法理を法定した後、17 U.S.C.§108以下では、詳細な権利制限規定を設け、しかもそれらは例示列挙として理解されている。ここでは§108以下の規定に該当しないような著作物利用態様についても、それが§107で規定するフェア・ユースに該当しないか、再吟味されることになる。

　この条文構造から、わが国の著作権法制は権利者の利益保護に傾倒し、合衆国のそれは利用者の利益保護を注視しているように思われる。

[69] また定義的衡量の手法は著作権の保護期間の分析にも利用可能であろう。*See* Nimmer, *supra* note 65, at 1193-1195.

[70] あらかじめ諸権益の衡量をはかるこの手法にとって、つぎに課題となるのが諸権益の均衡点を模索する法理論の分析である。この法理論としては「法と経済学」の手法で著作権と表現の自由という両権益の衡量をはかることができそうである。ただ、これらの検討についても、他日を期すことにしよう。

　著作権の設定と制限についての「法と経済学」の思考法については、さしあたり林紘一郎編著『著作権の法と経済学』（勁草書房、2004年）を、とくに著作権期間については、田中辰雄＝林紘一郎編著『著作権保護期間――延長は文化を振興するか？』（勁草書房、2008年）を参照。

[71] Eldred, 537 U.S., at 221.

との伝統的構造が崩れてはじめて、一般理論の適用を考慮するという二段階アプローチが、本書の著作権法をみる視点である。

3 事前抑制について

一 憲法理論は、表現の自由の実体的保障を求めて、表現行為に対する事前の規制を忌避する法理論を確立してきた。検閲禁止の法理、事前抑制原則禁止の法理がそれである。

ところでわが国の著作権法も、権利侵害に対する民事上の救済のひとつとして、差止請求権（侵害停止請求権と侵害予防請求権）を法定している（112条1項）。ところが表現予定者の著作物を封殺する効果をもつ事前差止は、思想市場を閉塞することで「文化の発展」を減殺してしまわないであろうか。

二 合衆国のある論者は、表現行為の事前抑制にあたる暫定的差止命令（preliminary injunction）[72] の弊害を、大要、以下三点に要約している[73]。

(1) 差止命令は、該当した言論だけでなく、それに類似する形体または内容をもつ言論行為まで抑制する効果をもつ場合がある[74]。「萎縮効果」（chilling effect）と呼ばれている言論抑制効果がそれである。

(2) 暫定的差止命令に特有の問題として、仮に本案訴訟において憲法上保護される言論であるとされた場合には、言論表明時機を逸するか、または、少なくともその時を遅らせてしまう効果をもつ[75]。

(3) 事後規制の場合と違って、暫定的差止命令は、言論の思想市場そのものへの参入を抑制する効果をもっている。それは言論を完全に抑圧する効果ともいえる[76]。

このような言論抑圧効果をもつ暫定的差止命令であるからこそ、憲法理論は、当該国家行為に厳格な正当性を要請し、判例実践は、当該国家行為を正当化する実体的要件および手続的（形式的）要件を確立してきたのである。

暫定的差止命令が正当化される実体的要件としては、以下のものが指摘され

---

[72] preliminary injunction に「暫定的差止命令」の訳語をあてることは些か躊躇われた。injunction は、それが不作為を命じる場合が多いのでこの訳語が使われているけれども、違法状態を排除するために一定の作為を命じる場合も含んでいることがあるからである。だた、ここでは通常の用法によることにした。

[73] See John Calvin Jeffries, Jr., *Rethinking Prior Restraints*, 92 YALE L. J. 409 (1983).

[74] *Ibid.*, at 428-429.

[75] *Ibid.*, at 429-430.

[76] *Ibid.*, at 430.

第 3 節　著作権と表現の自由の法理

てきた[77]。
(1) 仮に差止が否定された場合には回復不可能な損害が発生すること。
(2) 差止命令が発給されないことによる損害が発給されることによる損害に勝ること。
(3) 原告の本案勝訴の見込み。
(4) 差止命令の発給が公衆の関心（public interest）に仕えるものであること。

また、ある裁判例は暫定的差止命令が許容されるための「厳重な手続的ガイドライン」[78]を提示している[79]。それは手続的要件とともに形式的要件をも含むものである。
(1) 差止を求める者（原告）が当該言論を保護されないものであるとする立証責任を負うこと。
(2) 差止命令の有効期間が必要な「最短期間だけ」に限定されること。
(3) 終局判決が迅速にもたらされること。

このように暫定的差止命令発給の是非をめぐる法理論は、それが言論行為にもたらす効果に配慮して、それを謙抑的に発給する理論の構築に努めてきたのである。このことは、一般には〈伝統的に法的に保護されないカテゴリ〉とされてきたような言論（わいせつ表現、違法行為を煽動する言論、喧嘩言葉、名誉毀損表現など）に対してさえ、あてはまる法理論となっている。

ところが、こと著作権による表現規制の場合には、この枠組みから外れている。どうやら著作権侵害が疑われた場合における暫定的差止命令発給要件は、①原告が著作権者であること、②原典（original）の構成要素を copying していること、の二点を原告が立証することに集約されてしまっているかのようである[80]。そういった裁判実践からの帰結であろう、他の表現類型に比して、著作権侵害が疑われる場合には、暫定的差止命令の発給が許容されやすい、と評す

---

[77] See 11A CHALES ALAN WRIGHT ET AL., FEDERAL PRACTICE & PROCEDURE 131-133 (2nd ed., 1995).

[78] Michael W. Shiver Jr., *Objective Limitations or, How the Vigorous Application of "Strong Form" Idea/Expression Dichotomy Theory in Copyright Preliminary Injunction Hearings Might Just Save the First Amendment*, 9 UCLA ENT. L. REV. 361, 364 (2002) の評価。

[79] See Freedman v. Maryland, 380 U.S. 51, 58-60 (1965).

[80] See Feist Publishers, Inc. v. Rural Telephone Service Co., 499 U. S. 340, 361 (1991); see also Shiver, *supra* note 78, at 370.

る者もいる[81]。この二要件のみに収斂させて差止命令の発給を認容するような裁判実践は、憲法理論および合衆国最高裁がこれまで築いてきた言論保護法理を、その意を汲むことなく骨組みまで変えてしまうこととなろう。

　三　著作権侵害が疑われる事案での差止命令については、合衆国では、著作物の事前差止を認容するか否か判定するための諸要件を厳格化する試みが、裁判実践の中で確立してきているようである[82]。ただ著作権が財産権的利益に還元できるならば、著作権侵害に対する救済は、事前の差止ではなく、損害賠償等の事後的救済に依るを原則とすべきでなかろうか[83]。

第4節　おわりに

ある論者のつぎの言説を機縁として、最後の議論を展開しよう。

　「著作権はある者に他者の言論を制限する権能を付与することとよく似ている。それは、Aがすでにそれを（有形の媒体に固定するという仕方で）話していたことを理由に、あるいは、著作権をもつ他者からそれを話す権利を買っていたことを理由に、特定の内容を話しては（あるいは出版または販売しては）いけないと、私人Aが私人Bに命ずることを、潜在的に許している」[84]。

著作権法は、一定の期間とはいえ、表現物に排他的権利を設定している。さらに上記引用と併せ考えると、特定の表現形式（from of expression）の私物化

81　*See* Lemley & Volokh, *supra* note 46, at 158-159.

82　*See* Warren Pub., Inc. v. Microdos Data Corp., 115 F.3d 1509, 1516 (11th Cir. 1997).〔キューバからの不法入国者による exclusion hearing 実施の請求を拒否した INS (Immigration and Naturalization Service. 移民帰化局) の決定に対する連邦地裁の injunction 発給を無効にした Zardui-Quintana v. Richard, 768 F.2d 1213, 1216 (11th Cir. 1985) を参照して、著作権法の領域における injunction 発給の是非についても、(1)本案勝訴の見込み、(2)回復不可能な損害発生の有無、(3) injunction が発給されない損害と発給される損害の大小、(4) public interest の在処、この4要件で判定すべきであるとした〕。

83　著作権侵害に対しては injunction ではなく金銭的賠償に依るべきであるとしている Paul Goldstein, *Copyright and the First Amendment*, 70 Colum. L. Rev. 983, 1030 (1970) 参照。

84　Baker, *supra* note 47, at 893.
　　なお、わが国の著作権法は著作物がなんらかの媒体に固定（fixation）されることを要件とすることなく、当該著作物の著作権を保護している。合衆国では著作物が何らかの媒体に固定されることが著作権保護の要件となっている（17 U.S.C. § 102 (a)）。

第4節 おわりに

を許すことで、その表現形式の商品化を、著作権法は可能にするものである[85]。ある表現形式を私的統制下におくことを許すこの法律を、独占の一形体として議論する者も多い。

ところで、商品の質の向上や多様化にとって独占が悪弊であることは、夙に知られてきた。また商品市場において、独占が公正な取引を損なうものであることも、人口に膾炙されるところである。著作権という権利概念の設定は、言論や情報などの質的向上、多様化に、また思想市場における表現の公正な取引に、弊害をもたらしてはいないであろうか。

先述したように、1998年に合衆国議会は、著作権の保護期間を延長する法改正を実施した[86]。わが国でも「ミッキーマウス"延命"」[87]と報じられたこの法改正は、The Walt Disney 社や AOL Time Warner 社などが保有する世界的に有名なコンテンツの著作権期間が延期されたことで、大手企業の企業利益が結果として保護されたといえる[88]。これは著作権法が「学術の進歩」[89]に仕えようとして、著作物の独占を法認したことの奇禍と割り切ってよいだろうか。

本書は著作権を分析する憲法学の視点を繰り返し確認してきた。そのなかで国家が著作権を保護しようとするとき、反面で、表現権を制約するとき、当該保護／制約要件が「公共の福祉」に適合的であるか否か、精査しなければならないことを説いてきた。この視点は著作権と表現の自由の間隙が問われた際には、著作権と表現の自由のどちらがより重要なのかを明らかにすることを要請するものではない。そうではなく、憲法学の課題はこの問題について、表現の自由が必要以上に制約されていないか[90]、この問いを凝視することである。本書はこのことを問い続けている。

---

[85] *See* Diane Leenheer Zimmerman, *Information as Speech, Information as Goods : Some Thoughts on Marketplaces and the Bill of Rights*, 33 WM. & MARY L. REV. 665, 668 (1992).

[86] Pub. L. No. 105-298, §§102(b) and (d), 112 Stat. 2827-2828 (amending 17 U.S.C. §§ 302, 304).
　本法改正の合憲性が争われた Eldred v. Ashcroft, 537 U.S. 186 (2003) の邦語による判例評釈については、第5章註(2)のリストを参照。

[87] 読売新聞 2003 年 1 月 17 日朝刊。

[88] 大日方信春「1998年『著作権保護期間延長法』の合憲性── Eldred v. Ashcroft, 537 U.S. ──, 123 S. Ct. 769 (2003)」広島県立大学論集 7 巻 1 号（2003 年）169、184 頁およびその註(70)を参照。

[89] *See* U.S.Const. Art I, § 8, cl. 8.

[90] Tushnet, *supra* note 50, at 27.

著作権を表現の私物化、情報・言論の商品化として再構成するなら、著作権を必要以上に保護したとき表現行為が必要以上に制約され、そのことは言論市場に閉塞感が潜在する契機となるであろう。それが既得権益の保護を企図してなされたとき、言論市場に与える弊害はより大となろう。先の著作権期間延長は、表現権を必要以上に制約することでなされた、特定産業の保護政策ではなかったか。論争を呼ぶところであろう。

第1節　序

第2章　著作権の憲法上の地位
―合衆国憲法1条8節8項の文理解釈を導きの糸として―

第1節　序

1　合衆国最高裁判所は、2003年に、「著作権保護期間延長法」(Sonny Bono Copyright Term Extension Act of 1998, CTEA)[1]の憲法上の問題に判定を下している[2]（判決の詳細については、第5章を参照されたい）。改正前連邦著作権法（1976年制定）下における著作権期間を20年間延長する法律に合憲判断を下した Eldred v. Ashcroft は、裁判書を読めば明らかなように、大要、二つの点について、憲法上の疑義が提起されていた。Eldred 裁判に寄せられた *amici curiae* に倣って、CTEA の憲法上の問題を以下に示そう[3]。

①合衆国憲法1条8節8項上の文言、すなわち、「学術および技芸の進歩を促進する」ために連邦議会に power を付与した、という文言は、当該条項の下での立法権限行使に、実体的な制約（substantive constraints）を課すと理解できるか[4]。
②著作権法は「修正1条に基づく正当性の疑いを無条件に免除されている」か[5]。

---

[1] Copyright Term Extension Act, Pub. L. No. 105-298, §§102 (b) and (d), 112 Stat. 2827 (1998) (amending 17 U.S.C. §§ 302, 304).
[2] Eldred v. Ashcroft, 537 U.S. 186 (2003). *Eldred* を紹介する邦語文献については、第5章の註(2)を参照されたい。
[3] *See* Eldred v. Ashcroft, 2001 U.S. Briefs 618 (2001).
[4] *See Ibid*, Question 1.
[5] *See Ibid*, Question 2. なお、本件にはもう一つ、原告および被告からは提起されていないが、*amici* により提起された問題について控訴裁がとりあげることができるか、という争点も提起されている（Question 3）。ただ、ここでは省略した。

著作権法と修正１条との関係については、後で詳述するとして（第３章、第４章参照）[6]、本章では、*amici curiae* によって提示された前者の問題［①］について検討する。

2　本章では、合衆国憲法１条８節８項（仮に「知的財産権条項」としておく）の条文理解を、同条項についての文理解釈でもって示そうと思う。

知的財産権条項の文理解釈を試みようとしたのは、L. Tribe の以下の言説に、感銘を受けてのことである。いわく、憲法典の解釈は「テキストと構造（structure）に重きをおいてなされなければならない。〔すなわち〕憲法典それ自体に用いられた言葉（language）、条項の様式や相互作用といったテキスト中の構造と、憲法典が記述または創出した統治機構の行動様式や相互作用、それが制度化してきた慣行や実践といったテキスト外の構造〔に〕」[7]。この解釈手法は、米国著作権法の古典として名高い COPYRIGHT IN HISTORICAL PERSPECTIVE（1968年刊）の著者 L. Patterson[8] や *Eldred* 最高裁判決を前にしたシンポジウムへの寄稿者 L. Solum[9] と M. Pollack[10] も採用したものであり、知的財産権条項の解釈に一定の成果があげられるものと思われる[11]。

3　合衆国憲法１条８節は、連邦議会に、立法権限を付与している。当該条項は、列挙された事項に関する規制権限を連邦議会に与えると同時に、連邦政

---

[6]　著作権と表現の自由の問題を扱った邦語論文については、序章の註(55)を参照されたい。

[7]　Laurence H. Tribe, *Taking Text and Structure Seriously: Reflections on Free-Form Method in Constitutional Interpretation*, 108 HARV. L. REV. 1221, 1236 (1995)（但し、〔　〕は大日方。以下、同じ）. *See also* MICHAEL CONANT, CONSTITUTIONAL STRUCTURE AND PURPOSES 2 (2001); Akhil Reed Amar, *Intratextualism*, 112 HARV. L. REV. 747, 748 (1999).

[8]　*See* L. Ray Patterson, *Understanding the Copyright Clause*, 47 J. COP. SOC'Y 365 (2000).

[9]　*See* Lawrence B. Solum, *Congress's Power to Promote the Progress of Science: Eldred v. Ashcroft*, 36 LOY. L.A. L. REV. 1 (2002).

[10]　*See* Malla Pollack, *Dealing with Old Father William, or Moving from Constitutional Text to Constitutional Doctrine: Progress Clause Review of the Copyright Term Extension Act*, 36 LOY. L.A. L. REV. 337 (2002).

[11]　また、知的財産権条項が連邦議会の立法行為を統制していることを制憲者の構想や条文の語法から明らかにしようとした論文として、Paul J. Heald & Suzanna Sherry, *Implied Limits on the Legislative Power: The Intellectual Property Clause as an Absolute Constraint on Congress*, 2000 U. ILL. L. REV. 1119 (2000) がある。

第1節　序

府の管轄領域を限定する条項でもある[12]。連邦議会が有する立法権限は、1条8節に列挙された事項に関するものに限定されており、他の事項に関する規制権限は、合衆国憲法によって禁止されているものを除き、州または人民に留保されている[13]（修正10条はこの確認規定である）[14]。知的財産に関する規制権限は、同8項により、連邦議会に付与されており、したがって、連邦政府の管轄下とされている。

著作権に関する規制権限は、上記のことから、合衆国憲法1条8節8項により、連邦議会に付与されている。換言すると、憲法制定により、統治権の一部が copyright power と命名され、それは連邦議会に配分されたのである。以後、copyright power は、議会の行為形式である法律という形式でもって、市井に顕現されてきた。

ところで、近代立憲主義は、憲法（Constitution）により統治権を制約しようという法思想である。権力分立原理により、統治権が複数の行為主体に分属させられているのも、すべての行使主体を法の下に傅かせようとした近代立憲主義の要諦「法の支配」の要請である。copyright power が憲法典（constitutional law）上に規定されている意義も、この文脈で理解されなければならない。

連邦議会に付与された copyright power は、どのような制約に服することが予定されているのであろうか。本章は、合衆国憲法1条8節8項の文理解釈でもって、この問題に解答しようと思う[15]。憲法条文の文理を導きの糸として、本章では、copyright power を統制する憲法教説の構築が試みられている（この点については、第2節で、主に論じられている）。

4　日本国憲法は、合衆国憲法とは異なり、著作権または知的財産権に関する直接的規定をもたない。ただ、他の財物と同様、それが何らかの経済的価値または効用を生み出すという点を注視して財産権の一客体となると考えれば、

12　知的財産権規制に関する連邦政府と州政府との管轄権については、Laurence H. Tribe, 1 American Constitutional Law 1172ff (3rd ed., 2000) を参照。そこでは「連邦法専占論」が説かれている。

13　See Kathleen M. Sullivan & Gerald Gunther, Constitutional Law Chap. 2 (15th ed, 2004).

14　松井茂記『アメリカ憲法入門〔第6版〕』（有斐閣、2008年）30頁参照。

15　もちろん、copyright power を統制する憲法理論は、憲法規定の文理解釈という手法のみによって、明らかにされるものではない。本章の解法は、数多のうちのひとつにすぎない。

29条上の保護を（反面で法律による規制を）受けると考えられる[16]。また、著作権の設定が言論市場の情報量増加につながるという点を注視するなら、21条の法理の下におかれる。ただ、この2つの憲法上の価値は、ときに抵触しあう[17]。この対立利益は、国家が調整せざるを得ない。

　合衆国の「建国の父」たちは、monopoly を強く警戒していたことがよく知られている。彼らの警戒心は、英国生まれの著作権という private monopoly にも向けられていたはずである。もともと著作権をめぐる法理論は、private monopoly に対する警戒の理論であったとも考えられよう。

　この理解を下敷きに合衆国憲法1条8節8項を読むと、同憲法は、連邦議会に private monopoly を規制する権限を付与している、とも読める。合衆国憲法は、著作権を設定する power を連邦議会に付与することで、逆に、彼らに著作権と他の対立する利益とを調整させようとしているのである。憲法学は、国家が相対立している利益を調整している場合、当該調整法が憲法上適正になされているのかについて検討する役割を負っている[18]（この点については、若干の裁判例とともに、本章第3節においても議論されている）。

　著作権法（昭和45年法律48号）は、わが国の国会が「著作物」の使用をめぐる私的利益を調整するために制定した法律である。これを41条権限の直接的行使とみるか、29条2項に含意されている権限または state power（内在的制約）とみるかは措くとしても、〈法律による諸権利の調整〉という面では、合衆国における状況と同じである。本書は、かの国での国家による利益調整の状況を検討することで、わが国の〈著作権と憲法理論の架け橋〉となることを目指している[19]。

16　渋谷秀樹『憲法』（有斐閣、2007年）287頁は、財産権を「経済的・財産的価値を有するすべてのものに対する権利」と定義したうえで、著作権をはじめとする知的財産権も、憲法上の財産権の一部であるとしている。

17　たとえば、ある人の「表現」を財産権の一客体として法律で使用規制する場合、それは同時に、別の人の表現の自由に対する制約となっている。「表現」が文字通りのものを超えて派生的なものまで含むと解されたとき、財産権と表現の自由という両価値の抵触はより鮮明になろう。

18　本書はこの点について、森脇敦史「発言する政府、設計する政府」渡辺武達＝松井茂記責任編集『メディアの法理と社会的責任』（ミネルヴァ書房、2004年）127、142頁と問題意識を共有している。

19　憲法学者が著作権を勉強する必要性について軽快に論じたものに、長谷部恭男「憲法学者はなぜ著作権を勉強する必要がないのか？」法学教室305号（2006年）33頁以下がある。

第 2 節　著作権条項の文理理解

1　「著作権条項」の抽出

　本章は、前述したように、合衆国憲法 1 条 8 節 8 項の文理理解をもとに、著作権保護と表現の自由・学問の自由の間隙にある難問を解きほぐそうとするものである。

　合衆国憲法 1 条 8 節 8 項は、以下のようにいう。

"The Congress shall have Power... To promote the Progress of Science and useful Arts, by securing for limited Times to Authors and Inventors the exclusive Right to their respective Writings and Discoveries."[20]

　本条項を一瞥すると、それには "and" で結ばれた 3 つの相関的語句が含まれていることに気づくであろう。すなわち、① "[s]cience and useful [a]rts"、② "[a]uthors and [i]nventors"、③ "[w]ritings and [d]iscoveries"、である。これらの語句のうち、〈science, authors, writings〉の組み合わせは著作権に、〈useful arts, inventors, discoveries〉のそれは特許権に対応するものとして、理解されてきている[21]。このことは、われわれの日常的な語感からも、理解に難くない。ただ、"science" および "useful arts" の意味あいについては、通常人の言語感覚からすると、不分明もしくは慣例にない用法であるようにも思われる。このことについては、どう理解すべきであろうか。

　まず "science" について。日本語で "science（科学）" といえば、日常的には「自然科学（natural science）」を意味しているように思われる。このように理解すると、"authors（著作者）" の創造するものは「人工的創造物（artistic creativity）」であるという日常的語感とは一致しない。そこで当該条項の "science" を第 1 議会が 1790 年に制定した「著作権法」を導きの糸として理解してみよう。1790 年に第 1 議会は、「学問を奨励するための法律（An act for the encouragement of learning）」（1 Stat. 124 (May 31, 1790)）および「技芸の進歩を促

20　U.S. CONST. art I, § 8, cl. 8.
21　*See*, EDWARD C. WATERSCHEID, THE NATURE OF THE INTELLECTUAL PROPRTY CLAUSE : A STUDY IN HISTORICAL PERSPECTIVE 18 (2002).

進するための法律 (An act to promote the progress of useful arts)」(1 Stat. 109 (April 10, 1790)) を制定している。前者が「著作権法」に対応する法律であると思われる。そこでは"science"にかえて"learning"という言葉が用いられている。"learning"（日本語で「学問」「知識」）といえば、日常的語感から「人工的創造物」を想起することに難くない。合衆国憲法1条8節8項にいう"science"は"learning"の意味で捉えた方がよさそうである。

では"useful arts"についてはどうか。この語意をM. Pollackは、いくつかの論稿に依拠しつつ、"technology"の意味で理解しようとしている[22]。「技芸」と訳出されるこの言葉には、広範かつ包括的な意味あいがもたされているように思われる。ただ、前述したように、特許権の文脈で用いられることの多いこの言葉には、発明物の多様性を想起したとき、むしろ包括的意味あいでの理解が適合的であるようにも考えられる。ここでは、日常的語感を頼りに抽象的議論を展開するよりも、"useful arts"理解については、法律段階における定義づけに任せた方がよさそうである[23]。

本書は、合衆国憲法1条8節8項を、仮に「知的財産権条項」と呼称してきた。当該条項は、上記の分析を前提として、通常「著作権条項」と「特許権条項」とに分説されている。1条8節8項から「著作権条項」を抽出すると、以下のようになる。

"The Congress shall have Power... To promote the Progress of Science... by securing for limited Times to Authors... the exclusive right to their Writings..."
（「連邦議会は（以下の）権限を有する。著作者に対し……一定の期間その著作物……に関する排他的権利を確保することにより、学術……の進歩を促進すること」）

※以下、煩雑を防ぐため、省略記号は表記しない。

著作権条項の抽出に成功した本章ではあるが、本条項が合衆国憲法1条に包摂されているものである、ということの意味あいを忘れたわけではない。この問題については後に顧みることを忘れずに、次項においては、ひとまず著作権条項内の文言の構造に焦点をあててみよう。

---

[22] See Pollack, supra note 10, at 377. See also John R. Thomas, *The Patenting of the Liberal Professions*, 40 B. C. L. Rev. 1139, 1170-1175 (1999).

[23] 本章は、著作権を分析対象にしているので、"useful arts"の検討は、ひとまず措く。

2　構造上の束縛

立憲主義憲法典は、明示的であれ黙示的であれ、国家機関による諸権限の行使を、意図的に限定している。合衆国憲法も、例に漏れず、国家機関が行使する諸権限を、その「構造上の束縛（structural fences）」[24]でもって制限しようとするものである。

(1)　序文（preamble）の理解
もう一度「著作権条項」を確認しよう。それは、以下のような規定であった。

「連邦議会は（以下の）権限を有する。著作者に対し一定の期間その著作物に関する排他的権利を確保することにより、学術の進歩を促進すること」[25]。

この条項を含む知的財産権条項（合衆国憲法1条8節8項）は、しばしば「序文（preamble）」と「本体部分」とに二分されて理解されている[26]。このようにいう論者は、著作権条項を、以下のように書き換えて理解しているようである[27]。

〈学術の進歩を促進することは一般的福祉を増進するので、連邦議会は、著作者に対し、一定の期間その著作物に関する排他的権利を確保する権限を有する。〉

この書き換えは、「民兵条項（Militia Clause）」（合衆国憲法修正2条）の以下の言い回し、すなわち「規律ある民兵は、自由な国家の安全にとって必要である

---

[24] Pollack, *supre* note 10, at 346.
[25] U.S. CONST. art. I, § 8, cl. 8.
[26] *See,* Brief for the Respondent at 19, Eldred v. Ashcroft, No. 01-618；Vincent Chiappetta, *Defining the Proper Scope of Internet Patents: If We Don't Know Where We Want to Go, We're Unlikely to Get There*, 7 MICH. TELECOMM. & TECH. L. REV. 289, 303 n 66 (2000-2001)；Scott M. Martin, *The Mythology of the Public Domain: Exploring the Myths Behind Attacks on the Duration of Copyright Protection*, 36 LOY. L.A. L. REV. 253, 299 (2002)；*see also* Hutchinson Tel. Co. v. Fronteer Directory Co. of Minn., 770 F.2d 128, 130-131 (8th Cir. 1985)；Schnapper v. Foley, 667 F.2d 102, 112 (D. C. Cir. 1981).
[27] *See* Solum, *supra* note 9, at 21.

から、人民が武器を保有しまたは携帯する権利は、これを侵してはならない」[28]を下敷きとするもののようである。著作権条項を書き換える意義は、民兵条項の序文部分、すなわち「規律ある民兵は、自由な国家の安全にとって必要であるから」が法的意味をもたないとの有力な解釈の威を借りて[29]、著作権条項の序文部分、すなわち「学術の進歩を促進すること……」に法的意味を認めないことにある。現に、Eldred 事件の連邦控訴裁判所判決は、当該条項をこう理解していた[30]。

　しかし、本書は、以下の理由により、著作権条項の上記理解は不適切である、と考えている。

　第 1 に、著作権条項の構造からみて、「学術の進歩を促進すること」に法的意味なし、との理解が導けるとは思えないこと。後述するように、1 条 8 節 8 項が連邦議会に copyright power を付与した目的が「学術の進歩を促進すること」にあるとみたとき、当該文言の法的意味を否定することはできない。この理解は、「憲法 1 条〔8 節 8 項〕の指示内容」について、それは「連邦議会が学術および技芸の進歩を促進するための power を有する」ということである、とした Deepsouth Packing Co. v. Laitram Corp., 406 U.S. 518 (1972) での合衆国最高裁の言明とも整合している。

　第 2 に、1 条 8 節の条文は、各項目共通の統語法でもって、連邦議会に諸権限を付与している。すなわち、1 条 8 節は、「連邦議会は（以下の）権限を有する（The Congress shall have Power…）」に続き、直接または間接の目的語を従えた動詞の不定詞形により、連邦議会の power の内容を特定しているのである。著作権条項をみれば、連邦議会に付与された power の内容は、不定詞「促進すること（to promote）」とそれを補う直接目的語「学術の進歩を（the progress of science）」により、特定されているのである。ここは連邦議会の立法権行使を制限する機能をはたしていると考えられるので、仮にこの不定詞句に法的意

---

[28]　U.S. CONST. amend. II.

[29]　合衆国憲法修正 2 条「民兵条項」の"preamble"理解に関する論争ついては、さしあたり以下の文献を参照されたい。Sanford Levinson, Comment, *The Embarrassing Second Amendment*, 99 YALE L. J. 637 (1989) ; Glenn Harlan Reynolds, *A Critical Guide to the Second Amendment*, 62 TENN. L. REV. 461 (1995) ; *See* Randy E. Barnett & Don B. Kates, *Under Fire : The New Consensus on the Second Amendment*, 45 EMORY L. J. 1139 (1996) ; Peter M. Tiersma, *A Message in a Bottle : Text, Autonomy and Statutory Interretation*, 76 TUL. L. REV. 431 (2001).

[30]　*See* Eldred v. Reno, 239 F.2d 372, 378 (D.C.Cir. 2001).

味を認めないなら、国家機関の権限を限定しようとしている立憲主義憲法典の「立憲性」を骨抜きにしかねない。

　第3に、著作権条項は、後述するように、連邦議会に権限を付与している節目（もく）と、当該権限行使の手段を特定している節目の、2つの節目より成り立っていると思われる。制憲者が当該条項内の文言を用いて、議会権限の行使目的と手段を特定していると解するなら、その目的を示している「学術の進歩を促進すること」を法的意味のない文言と解することはできない。

　「学術の進歩を促進すること」の部分を単なる"preamble"と理解して法的意味なしと解釈したEldred事件の連邦控訴裁判決の誤謬を正すために、上記した第2および第3の理由づけについて、つぎにみてみよう。

(2) 【目的－手段】の構造

　著作権条項の本体部分は、2つの節目により成立している。しかも、その関係を注視すると、それらは「目的（end）」と「手段（means）」の関係にあることが分かるであろう[31]。

　1　著作権条項の第1句は「学術の進歩を促進すること（to promote the progress of science）」という。ここで、著作権条項を含む合衆国憲法1条8節の構文構造を分析しておこう。

　合衆国憲法1条8節は、当該憲法典が連邦議会に付与した諸権限の一覧表である。本節冒頭に掲げた1条8節8項の原文を参照されたい。文法上の規則に従えば、第8節に掲げられた諸権限は、すべて以下の統語法のもとで理解されなければならない。まず柱書は、「連邦議会（Congress）は」が主語、直接目的語である「権限（Power）を」を伴う、動詞「有する（shall have）」で構成されている。つづく各項は、前置詞"to"により連結されている。実際には、この統語法に依るからこそ、著作権条項の意味は、晴れて「連邦議会は（以下の）権限を有する。著作者に対し、一定の期間その著作物に関する排他的権利を確保することにより、学術の進歩を促進すること」と固定できるのである。

　合衆国憲法1条8節は、上記したように、「連邦議会は（以下の）権限を有する」という柱書と各項を前置詞"to"で結びつつ、直接目的語を伴う動詞を配置することで、連邦議会に諸権限を付与していると理解できるのである。

31　See Solum, *supra* note 9, at 13. See also Pollack, *supra* note 10, at 367ff.

2 連邦議会に権限を配分した合衆国憲法1条8節に、当該権限を議会が行使する【目的】と【手段】を書き込むことで、当該権限に限界を画そうとしている二つの条項が認められる。そのひとつが「知的財産権条項」（8項）である[32]。

ここでも本節冒頭の著作権条項を思い浮かべてほしい。第1節目の不定詞節は、憲法典が連邦議会に付与した power のひとつが「学術の進歩を促進」させる power である、と規定した節目である。換言すると「学術の進歩を促進する」ために議会には当該 power の行使が憲法上容認されていると、すなわち、議会が行使する power の目的を特定している節目として、その不定詞節は読まれなければならない。

前置詞"by"からはじまる第2節目にうつろう。当該前置詞には多様な意味あいを認めることができるが、Solum に従い、それは「手段や方法を持ち出すこと（introducing the means and instrumentality）」の意味である、との理解が適切であろう。こうして、われわれの日常的な統語法は、第2節目をして、議会権限の行使手段を特定するものとの理解を確かなものとするのである。

以下のように第1節目と第2節目を書き換えれば、【目的－手段】の関係がより鮮明となろう。すなわち、連邦議会は「著作者に対し一定の期間その著作物に関する排他的権利を設定する」という手段で、「学術の進歩を促進する」という目的を遂行する power を、合衆国憲法1条8節8項により付与された、と。

(3) ここまでのまとめ

合衆国憲法1条8節8項は、自ら許容した手段により、自らが付与した権限を連邦議会に行使させようとしている[33]。その意味で、他の同節の条項とは異なる巧みな規定である、といえよう[34]。

ここまで連邦議会に付与された copyright power の内実を、著作権条項の素

---

[32] See, Solum, supra note 9, at 19. もうひとつが「第1民兵条項（first Militia Clause）」と呼ばれている第15項である。いわく「（連邦議会は以下の権限を有する）連邦の法律を執行し、叛乱を鎮圧し、侵略を撃退するために、民兵の召集について定めること」。

[33] See, ibid., at 20.

[34] See, Dan T. Coenen & Paul J. Heald, *Means/Ends Analysis in Copyright Law: Eldred v. Ashcroft in One Act*, 36 LOY. L.A. L. REV. 99, 105-106 (2002).

朴な文言理解と、1条8節の条文構造をもとにして検討してきた。本章のここでの分析により、著作権条項は、「著作者に一定の期間その著作に関する排他的権利を確保する」という手段を用いて、「学術の進歩」を促すという目的を遂行させるための立法権限を連邦議会に付与した規定である、との理解が成立しうるといえよう。

3　連邦議会の裁量

1　立憲主義的憲法典とはいえ、その規定の指示するところは、必ずしも一義的ではない。このことは、憲法の文言に用いられた形容詞句だけをとっても、明らかであろう。立憲主義的憲法典は、国家の統治権を便宜上分割した上で、分割した諸権限を当該権限行使に相応しい国家機関に配分すると同時に、国家機関の「職権の範囲（jurisdiction）」を分属させた権限に限定するものであった[35]。しかし、一義的でない憲法規定のもとで、国家機関には、その「職権の範囲」に属する事柄について、複数の行為選択の可能性が許されているのである。

著作権条項は、連邦議会に、著作権に関係する事柄についての、立法権限を付与している。ただ、その文言からも明らかなように、連邦議会には、複数の行為選択の可能性もまた、許されているのである。問題は、著作権条項が連邦議会にどの程度の「判断の幅」を容認していると読むべきなのか、という点にある。本項では、他の憲法規定と比較対照する方法で、著作権条項に基づく立法裁量の範囲の画定方法を検討したい。この試みは、copyright power を限定しようとする本章の目的遂行の地均しとなるであろう。

2　合衆国憲法は、Reconstruction Amendments として知られる条項のうち8つに、「〔連邦議会は〕適当な立法によって本条の規定を執行する権限を有する」との規定をもっている[36]。この規定は、「必要かつ適切条項（Necessary and Proper Clause）」の制定という制憲者の規定手法を模倣したもの、と理解されている。たとえば、合衆国最高裁は、以下のようにいう。「〔修正14条に〕第5節を設けることで、起草者は、1条8節18項の必要かつ適切条項と同じ広がり（broad）をもつ諸権限を、修正14条上の明文規定によって、連邦議会に

---

[35] *See* Heald & Sherry, *supra* note 11, at 1124.
[36] *See* U.S. Const. amends. XIII § 2, XIV § 5, XV § 2, XVIII § 2, XIX § 2, XXIII § 2, XXIV § 2, XXVI § 2.

付与することを試みたのである」[37]。このことは、修正14条の草案準備において、「適当な立法」の代わりに、「必要かつ適切」の文言が使われていたことにも看取できることである。また、合衆国最高裁は、8つの修正条項に設けられた「執行条項（Enforcement Clause）」の文言が「必要かつ適切」から「適当な」への変更でもって、当該規定により連邦議会に与えられた「権限の幅（breadth of the power）」の範囲に変更をもたらすものではない、との理解にたっている[38]。

われわれは「必要かつ適切条項」の理解が連邦議会の立法裁量の幅を拡大してきた経過を知っている。また、8つの修正条項に用いられた「適当な」という文言も、ある論者の言葉を借りれば「意のままになる言葉（flexible word）」[39]と評価できる。

他方、著作権条項に目を転じると、これほどまでに flexible な文言はない。著作権条項は、8つの修正条項ほど広範な立法裁量権を、連邦議会に付与するものではない、と理解されなければならないであろう。

3 しかし、いくつかの憲法上の規定は、明確で厳格な条件を連邦議会の立法権限に課している。たとえば、18歳未満の者に選挙権付与を禁止した修正26条、最低年1回の連邦議会の集会（assemble）を規定した1条4節2項などの規定は、連邦議会に裁量を認めない規定として理解できる。

著作権条項には、このような明確な条件を連邦議会に課したと理解されるべき文言もみあたらない。

では、著作権条項の下で、連邦議会にはいかほどの立法裁量が許容されるのであろうか。その「判断の幅」を画定するには、当該条項の文言のひとつひとつを、丁寧に分析する必要がありそうである。漸く本書は、著作権条項の各文言の辞書的理解を示す段階に至ったようである。

4 文言の文理解釈

L. Solum は、あるシンポジウムで、著作権条項の文言理解を必要に行っている。彼の分析手法は、THE OXFORD DICTIONARY 片手に、当該条項の文言を逐一、検討分析していくもので、条文解釈における辞書的定義の意義を認めるとして

---

[37] Katzenbach v. Morgan, 384 U.S. 641, 650 (1966).
[38] *See Ibid.*, at 650 n 9.
[39] Pollack, *supra* note 10, at 353.

も[40]、やや煩雑に過ぎる。ここでは、Solum の労作を参照しつつも、本章冒頭に掲げた問題関心（合衆国憲法1条8節8項の文言は、当該条項の下での立法権の行使に、実体的な制約を課しているといえるか）に資する範囲で、著作権条項の文理解釈を行うことにする。

ここで取り上げる著作権条項の文言は、「一定の期間（limited times）」、「促進する（Promote）」、「学術の進歩（Progress of Science）」である。これらの文言の理解は、本章冒頭で amici curiae が発した問題に対する解答を左右するものとなろう。

(1) 「一定の期間（limited times）」

この文言を分析するには、"limited" と "times" とを分説するのが生産的であろう。

Solum は、THE OXFORD DICTIONARY の該当箇所から、"limited" の意味を以下のように特定している[41]。すなわち「一定の範囲を定める、限界のある、制限された」[42] と。つづけて彼は、複数形の名詞 "times" を "terms" と同義語と考えて[43]、その意味を以下のように特定している。すなわち「2つの出来事または行為のあいだ、すなわち、限定された範囲、継続する存在の間隔、または、行動あるいは状態が継続している期間」[44] と。

上記のことから、"limited times" が無限定のものではないことはわかる。とはいっても、著作権条項の文理を理解しようとするとき、当該文言は、たとえば数世紀間とか千年間という選択を連邦議会に許している、と読まれるべきではなかろう[45]。これらがいくら限定された期間であるとしても、個人の創作行為を前提としたとき、それらは無限定の期間と化してしまう。制憲者が"limited"という語を用いた意図を思い量るなら、"limited times" は、単なる

---

[40] See Ellen P. Aprill, *The Law of the Word : Dictionary Shopping in the Supreme Court*, 30 ARIZ. ST. L. J. 275, 335 (1998).

[41] See Solum, *supra* note 9, at 27.

[42] *Ibid.*, at 27 (citing 8 J.A. SIMPSON & E.S.C. WEINER, THE OXFORD DICTIONARY 966 (2d ed., 1989)).

[43] See Solum, *supra* note 9, at 28.

[44] *Ibid.*, at 28 (citing 18 SIMPSON & WEINER, *supra* note 42, at 100).

[45] See Richard A. Epstein, *The Dubious Constitutionality of the Copyright Term Extension Act*, 36 LOY. L.A. L. REV. 123, 126-127 (2002).

"finite term"の意味で理解されるべきではなかろう[46]。では、どのような意味で読まれるべきであろうか。

ここでSolumは、"limited times"の意味として、以下の3つの可能性を提示している。

第1の読み方は、"limited"を「短い（brief）」または「短期間（short in duration）」の意味で捉える読み方である[47]。ここで問題となるのは「短い」という相対性ある言葉の意味の特定方法であろう。

Solumは、この「短い」という言葉の意味も、著作権条項の意図に応じて、理解されなければならないという。彼は、当該条項にある"limited times"を「著作者に与えられた著作物に関する排他的権利の期間」と理解して、以下のように問うている。すなわち、「限定された期間、著書の出版に関する排他的権利を与える」といわれたら、あなたは、どれだけを期待するのが合理的であろうか、と。Solumの答えは、その期間の長さは最大でも人間の寿命に、または、著作物生産可能年数に依存するであろう、という[48]。さらに、彼は、人間の生産的活動可能期間が70年を超えることは希である、ともいう[49]。

Solumのこの見解によれば、著作権期間を著作者の死後50年間（1976年法）ないし70年間（1998年法）存続させる法規定は、著作権条項の意図に則さない法規定である、と評価されるであろう。著者の死後まで著作権を保護することは、その著者個人にとっては、著作権期間が無期限あったのと同じことである[50]。

「70年」という長さの適否は措くとしても、「短い」という語感に訴えて"limited times"の長さを特定しようとするこの方法は、われわれの言語的直覚には合致する分析結果を生んでいるのではなかろうか。

第2の読み方は、"limited"を「固定された（fixed）または確定した（certain）」と理解するものである。Solumは、この読み方が、OXFORD辞書で特定した"limited"の意味「一定の範囲を定める、限界のある、制限された」[51]にもっとも適合的である、という[52]。

---

[46] *See* Solum, *supra* note 9, at 29.
[47] *See ibid.*
[48] *See, ibid.*, at 30.
[49] *See, ibid.*, at 30-31.
[50] *See, ibid.*, at 31.
[51] *Ibid.*, at 33 (citing 8 SIMPSON & WEINER, *supra* note 42, at 966).
[52] *See* ibid., at 33.

第2節　著作権条項の文理理解

　Solumのこの理解によれば、著作権期間を著者の生存期間に依存させるものや更新を認める法規定は、著作権期間を「固定された」または「確定した」期間にしなければならないという著作権条項に反することになる。*Eldred*の原審で示されたSentell裁判官反対意見は、著作権条項の該当箇所をこう理解している[53]。ただ、Solum自身は、著作権期間の更新条件が事前に明示されているなら、更新可能規定をもつ著作権法も、第2の読み方である"limited times"の要件を満たす、との見解を示している[54]。

　「人間の生存（human lives）」年数は、各々に異なる変数である。その長さを予測することはできない。Solumの示した第2の読み方によれば、著作権期間を著者の死を基点に測ろうとしている1976年法や1998年法の規定は、"limited times"だけの著作権保護権限を連邦議会に付与した合衆国憲法1条8節8項に反する、と評価されるであろう。

　第3の読み方は、第2のものの変種である。Solumは、「固定された（fixed）または確定した（certain）」には必然的に「変更できない」との意味が含まれているといい、事後的に著作権期間に変動をもたらすような法改正は、著作権条項が要求している"limited times"に適合的でないという[55]。

　Solumのこの理解は、*Eldred*のStevens裁判官反対意見の正当性を基礎づけている。Stevens裁判官は、既存著作権の著作権期間まで延長する（retroactive extension）ことになる1998年著作権法（CTEA）の該当規定に、違憲の判断を下している。なぜなら、1998年法のこの部分は、連邦議会が、著作物創作後の法改正によって、既にある著作物の著作権期間を延長することになり、したがって当該著作物の創作の誘因とはなっていない、というのがその理由である。

　それでは、Solum自身は、"limited times"をどのように理解すべきだというのであろうか。彼は、上記の検討を踏まえて、"limited"を「短い、かつ、確定した（brief and certain）」の意味で理解すべきだ[56]、という。なぜなら、仮に"limited"を「確定した」の意味だけで捉えるなら、著作権条項は、連邦議

53　*See* Eldred v. Reno, 239 F.3d, 381-382 (D.C.Cir, 2001) (Sentell, J., dissenting).
54　*See* Solum, *supra* note 9, at 34.
55　現に、Eldred v. AshcroftでEldredが主張した点も、著作権期間の当否ではなく、著作権期間の延長が公表済著作物に遡及して適用される法改正の問題点であった（*see* 537 U.S., at 193）。
56　*See* Solum, *supra* note 9, at 37.

会に、500年間あるいはそれ以上の「確定した」期間に著作権期間を設定する権限を付与したことになってしまう。また、仮に"limited"を「短い」の意味だけで捉えるなら、連邦議会は、「短い」著作権期間を何度も更新可能とする規定を設ける、という手法に出るかもしれない。Solumが"limited"の意味を複合的なものとして理解しようとした思考基盤には、このような理由があるのであろう。

　ところで、合衆国最高裁は、*Eldred*において、"limited"を「固定された」または「変更できない」という意味ではなく、より中立的な意味あいで読むべきである、との理解を示している。Ginsberg裁判官による法廷意見は、1998年法は著作権期間を延長する法律であるが、なお「永久の著作権」を認めたものでない、また、著作権期間をどの程度にするかには広範な立法裁量が認められる、との見解を述べている[57]。Solumの試みは、合衆国最高裁の多数意見に受容されるまでには至らなかったのである。

　(2)　「促進する（Promote）」
　「連邦議会は（以下の）権限を有する。……学術の進歩を促進すること」[58]。連邦議会に付与された権限の内容を特定しているこの節目(せつもく)の解釈を提示するキー・ワードは、「促進する（promote）」と「進歩（progress）」である。ここでは前者の意味あいを提示する。後者については、項目を改めて、検討する。
　合衆国最高裁は、ある裁判書の中で、「促進すること（to promote）」の意味について、以下のように解説してみせる。すなわち「〔1条8節8項に用いられている〕術語『促進する』は、以下の言葉、すなわち『鼓舞する（to stimulate）』、『奨励する（to encourage）』または『誘導する（to induce）』と同義である」[59]と。
　合衆国最高裁も、条文理解において、しばしば言語辞典を参照している[60]。そこでここでも英英辞典を見てみよう。SAMUEL JOHNSON, A DICTIONARY OF THE ENGLISH LANGUAGE の "to promote" の項には、こうある。「進歩促進させる（to

---

57　Eldred, 537 U. S., at 199-208.
58　U.S. CONST. art. I, § 8, cl. 8.
59　Goldstein v. California, 412 U.S. 546, 555 & n. 10 (1973) (citing Kendall v. Winsor, 62 U. S. (21 How.) 322, 328 (1859); Mitchell v. Tilghman, 86 U.S. (19 Wall.) 287, 418 (1874) Bauer & Cie v. O'Donnell, 229 U.S. 1, 10 (1913)).
60　*See* Samuel A. Thumma & Jeffrey L. Kirchmeier, *The Lexicon Remains a Fortress: An Update*, 5 GREEN BAG 51, 51-52 (2001).

forward；to advance）」[61]。

　どうやらこれだけでは、1条8節8項が"to promote"に込めた意図を推し量れそうにない。この意味は、つづく「学術の進歩（progress）」に含意されたところのものと、同時に解明する必要がありそうである。

(3)　「学術の進歩（progress of science）」
　ようやく【目的】節目の核心部分を分析する段階にいたった。この部分を理解できれば、著作権条項が連邦議会にどのような権限行使を命じているのか、解き明かせるであろう。
　まずは、確認から。「学術（science）」は、「学問・知識（learning）」と同義語であることは、すでに述べた。また、M. Pollackは、WEBSTER辞典に依拠して、"science"を"knowledge"と理解しようとしているが[62]、ここに有意差はなかろう。
　やはりこの名辞の意味をとらえるために重要なのは、"progress"の理解であろう。
　L. Solumは、ここでもOXFORD辞典片手に、「学術の進歩」の意味を、知識の進歩や継続的な科学研究の意味で、理解している[63]。彼は、著作権条項上の「『学術の進歩』を促進する」という文言について、「科学の前進を奨励すること、または、科学研究を奨励すること」を意味している、というのである[64]。換言すると、本条項で連邦議会に要請されていることは、「人間の知識の質的な改良（qualitative improvement）」に仕える著作権制度を設計すること、こういえるであろう。
　"progress"のこの読み方は、合衆国最高裁における判例実践にも反映されている。たとえば、電話帳に記載されている氏名・町名・電話番号という基本的情報が著作権法上保護されるか否か争われたFeist（後述、第3節6）で、合衆国最高裁は、著作権の要件たる「オリジナル性（originality）」に欠けることを理由に、当該情報は保護されない、という[65]。また、特許権に関する事案でも、

61　2 SAMUEL JOHNSON, A DICTIONARY OF THE ENGLISH LANGUAGE 1534 (1978).
62　See Pollack, supra note 10, at 377.
63　See Solum, supra note 9, at 45.
64　Ibid.
65　See Feist Publications, Inc. v. Rural Telephone Service Co., 499 U.S. 340, 346-347 (1991).

「非自明性（non-obviousness）」が特許権保護の要件であるとしている[66]。合衆国最高裁が「知的財産権条項」下での保護対象にオリジナル性や非自明性を求めたのは、Solum が OXFORD 辞書から引き当てた "progress" の意味で彼らも当該条項の意味を理解していたからであろう。

このような "progress" 理解に対して、Pollack は、独自の見解を提示している。

Pollack も、"progress" は、通常「人間の知識の質的な改良」[67]を意味しているという。ただし彼女は、合衆国憲法制定当時の刊行物 PENNSYLVANIA GAZETTE の中で、"progress" がいまでいう "spread" の意味で用いられていることを引き合いに出して[68]、1条8節8項について、以下のような独自の見解を提示している。すなわち、「わたしは Progress Clause を以下のように解している。それは、人びとのなかに知識および技術を伝播させることを促すような著作権法および特許権法に限り、連邦議会にその制定を許したもの〔である、と〕」[69]。

(4) 小　括

Pollack のこの "progress" 理解によってはじめて、合衆国憲法1条8節8項が、他の憲法条項にない、特別な構造をもつ規定であることの意義が鮮明になる。前述したように、当該条項は、その構造のなかで、連邦議会のもつ立法権限の行使目的と目的達成手段を特定していると読まれるべきである。Pollack の理解に依拠すれば、連邦議会は、著作物が市井に伝播されることを目的とした、著作権法制度を設定しなければならないことになる。

Solum の "limited times" に依拠するならば、著作権条項の【手段】節目は、「短く、かつ、確定した」期間、著作者に排他的権利を確保する、という意味で読まれなければならない。また、Pollack の "progress" 理解は、今日でいう "spread" と同義である。彼らの理解を融合すれば、著作権条項により連邦議会に付与された権限は、【立法目的】著作物が市井に伝播されること、【目的達成手段】「短く、かつ、確定した」期間、著作者に排他的権利を確保するこ

---

[66] *See* Graham v. John Deere Co., 383 U.S. 1 (1966).

[67] Pollack, *supra* note 10, at 377-378.

[68] *See* Malla Pollack, *What is Congress Supposed to Promote?: Defining "Progress" in Article I, Section 8, Clause 8 of the United States Consitution, or Introducing The Progress Clause*, 80 NEB. L. REV. 754 (2001). なお Pollack は、1条8節8項を、Progress Clause と呼んでいる。

[69] Pollack, *supra* note 10, at 378 ; *see also* Pollack, *supra* note 68, at 793.

と、という【目的－手段】構造を内蔵した著作権法制定権限である、との結論が導き出されよう。

いかなる著作権保護制度を設計するのか、ということについては、連邦議会の裁量下におかれているといえよう。しかし、連邦議会の裁量権限も、憲法の統制の下にある。著作権条項の条文理解から、合衆国憲法が連邦議会の copyright power に課した文言上の統制が、明らかとなろう。

第3節　裁判実践

1　総　説

合衆国憲法の制憲者は、著作権の絶対性を危惧して、それを憲法典内に制度化した。さらに19世紀以降、合衆国における著作権の地位は、とくに連邦裁判所の実践により、相対化されている。たとえば、Stowe v. Thomas, 23 F. Cas. 201 (C.C.E.D.Pa. 1853) は、連邦裁判所が著作権の権利性を相対的なものと理解していることを示す初期の代表的判例である。そこでは、UNCLE TOM'S CABIN の独語版が原著者である Harriet Beecher Stowe (1811～1896) の著作権を侵害するものではない、と判示されている。

また19世紀中は、連邦議会も、自らに付与された copyright power を、憲法上制限されたものと捉えていたことがうかがえる。

しかし、新しい著作権素材（subject matter）の発見は、連邦議会に課された憲法上の制約のたがを緩めることになる。以後、連邦議会は、著作権の対象を地図、海図および書籍から他の一定の有体物（たとえば、彫刻、楽譜、絵画など）まで拡張したり、権利の本質が明らかにされるにつれその適用範囲に関する限定も一定の程度で解除（たとえば、実演権や頒布権などを設定）している。

一方、裁判所でも連邦議会の実践に呼応する形で、その copyright power の拡張された行使を追認してきている。とくに、1976年法制定以降の連邦議会および連邦裁判所の著作権理解からは、憲法上当該権限行使に課されている制約のたがが外されてしまったのではないかとの感さえ受ける。

ここはもういちど、著作権に課された制約のたがを締めるために、合衆国最高裁が著作権の絶対性を許さないとの決意を示した諸裁判例を振り返る必要があろう。これらの裁判例から、当初は合衆国最高裁も、著作権の保護対象を限定的に捉えていたことがうかがえるであろう。

2　Wheaton v. Peters, 33 U.S. (8 Pet.) 591 (1834)

1　【前史】合衆国で著作権に関する制定法が誕生したのは1790年5月31日のことである。この1790年法は、英国のアン法典を継受したものであることはよく知られている。1790年法は、著作者またはその権利の譲受人を著作権者と指定し、著作物を地図、海図、書籍と特定して、保護期間を14年間（更新可）に限定する、著作権を保護していた。

また、もともと著作権はコモン・ロー上の権益であったが、英国においては、Donaldson v. Beckett, 4 Burr. 2408 (H.L. 1774) により、コモン・ロー上の著作権は、著作物発行の時点で制定法の規定に服するという判決が下されていた。*Donaldson* 以降、英国では、コモン・ロー上の著作権で著作物の発行はコントロールできるものの、発行済著作物の著作権は制定法の規定による、という法理論が確立していたのである。

Wheaton は、英国における *Donaldson* と同様、合衆国においてもコモン・ロー上の著作権は存在するのか、存在するとして連邦著作権法の制定はコモン・ロー上の権利を廃止するに至ったのか、という点が争われた[70]。

2　【事実の概要】Henry Wheaton は、合衆国最高裁判所の判例集出版者（reporter）であり、Richard Peters は、Wheaton の後任者として、最高裁判所判決の「合本判例集（Consolidated Reports）」の出版を企画していた。この判例集には、Wheaton 執筆による掲載判例の摘要（headnotes）や論評（commentary）も含まれていたために、彼は、連邦著作権法およびコモン・ロー上の権利侵害に対する救済を求めて提訴したのである[71]。

3　【判旨】合衆国最高裁（M'Lean 裁判官法廷意見）は、まず、著作者には未発行の著作物を不法に出版されないというコモン・ロー上の権利が存在するこ

---

[70]　コモン・ロー上の著作権を本件との関係でも検討している、Howard B. Abrams, *The Historic Foundation of American Copyright Law : Exploding the Myth of Common Law Copyright*, 29 Wayne L. Rev. 1119 (1983) も参照。

[71]　最高裁判例集の沿革および原告および被告の間でなされた論戦の詳細については、Craig Joyce, *The Rise of the Supreme Court Reporter : An Institutional Perspective on the Marshall Court Ascendancy*, 83 Mich. L. Rev. 1291 (1985). を参照。

　　なお、本件の原審の判示内容については、本件判決に付された Appendix, No. II を参照。

第3節　裁判実践

とを認めている。その上で、本件で問題となっているのは、ひとたび著作物が発行された場合にまで、コモン・ローは「当該著作物の将来の発行についての永久的かつ排他的な財産的権利（property）」を容認しているかである、という。

英国のコモン・ロー上の権利の性質、それが合衆国にいかに継受されたのかという点、また、Wheaton の著作物が発行されたペンシルヴァニア州の法規範等を検討した結果、合衆国最高裁は、後の著作権の権利概念に大きな影響を与えたある結論に達している。それは、発行済著作物を複製し販売する権利は連邦議会が創設した権利である、というものである[72]。合衆国最高裁は、1774年の英国貴族院判決である *Donaldson* と同様、発行済著作物は制定法により規制される、と判示したのである。

4　【評価】本件は、発行済著作物について、コモン・ロー上の権利性を否定している。もし依然としてコモン・ロー上の権利性を容認していたなら、連邦議会に copyright power を付与することで同時に著作権の権利性を相対化しようとした合衆国憲法の著作権条項の目論見は、事実上否定（effectively negated）されることになったであろう[73]。その意味で、*Wheaton* は、著作権の権利性を憲法上限定的に捉えようとしていた判例実践のひとつとして評価できるであろう。

3　Baker v. Selden, 101 U.S. (11 Otto.) 99 (1880)

1　【事実の概要】Charles Selden は、書式を示しながら彼一流の簿記のシステムを解説する書籍である SELDEN'S CONDENSED LEDGER, OR BOOKKEEPING SIMPLIFIED を執筆し、1859年に法定の手続を終え、当該著作物について著作権を取得していた[74]。また、1860年および1861年に Selden は、このシステムの補遺と改訂を含む書物についても、著作権を取得している。被上告人は、Selden

---

[72] したがって上告人（Wheaton）が頼るべきは連邦著作権法ということになるが、上告人の著作物は、その発行の際になすべき著作権法上の保護手続を欠いていたために、結局、上告人は敗訴を余儀なくされた。また、*Wheaton* は、よく知られているように、裁判所の判決書に著作権を認めなかった判決でもある。

[73] *See*, Patterson, *supra* note 8, at 385.

[74] Selden の本で書かれている簿記システムは、そこで示されている独特に配置された罫線で囲んだ部分や見出しを用いることにより、会計簿の1ページまたは見開きページの上に、1日、1週間または1ヶ月単位での事業をすべて書き込める、というものであった。

73

の相続人である。

　Baker は、Selden と同様の本を出版したが、そこで用いられている帳簿の見出しや欄は、Selden のものとは異なるものであった。Baker は、Selden と実質的には同じといえる簿記システムについて、Selden とは異なる語り口で解説した書籍を出版したのである。

　本件の争点は、簿記のシステムについて、著作権が及ぶか否かである。仮に著作権が保護されるのであれば、Baker は Selden の著作権を侵害したことになり、簿記システムにまで著作権は及ばないのであれば、著作権侵害には当たらないことになる。

　2　【判旨】Bradley 裁判官執筆による法廷意見は、大要、以下のようにいう。
　著作者として Selden は、いわゆる複式簿記による帳簿記帳を、彼独自の特定のやり方で説明している。仮にこのシステムの使用について Selden に排他的権利を認めるならば、Baker の書籍がこの権利を侵害していないとはいえまい。しかし、科学上の真実や技術の方法は、全世界の共通財産（common property）である。どの著作者でも、これを表現し、または、これを自分流のやり方で説明し、利用する権利をもつ。もし著作権侵害を理由に科学上の真実や技術の方法を自由に利用できないとなれば、そのような知識を世界に伝達することができなくなってしまう。Baker は、たしかに Selden と実質的に同じシステムを使用した帳簿を作り出したといえるであろう。しかし、Baker のこの行為が、単に説明的な著作にすぎない Selden の書物の著作権を侵害した、とはいえないであろう。

　簿記をテーマとした著作物も、たとえそれが周知のシステムを単に説明するものであっても、著作権の対象となることに疑いはない。しかしそれは、単に書物として著作権を取得できるにすぎない。書物それ自体と、それが解説しようとしている技術との間には、明確な区別がある。これと同じ区別は、簿記のみならず、すべての技術についてもあてはまる。化合物や薬品の使用に関する論文、鋤、時計、撹乳器の作り方や使用方法に関する論文、塗料や染料の混合の方法と応用についての論文、遠近法の効果を出すような線を描くやり方についての論文、これらはすべて著作権の対象になる。しかし、誰も論文についての著作権がそこで記述された技術や制作方法についての排他的権利を与えるとは主張できない。書物の著作権は、それが他人の著作をコピーしたものでない限り、テーマの新規性の如何にかかわらず保護されるべきである。なぜなら、

記述され説明された技術やものの新規性は、著作権の有効性とは何の関係もないものである。

　Selden は、その書物において、特殊な簿記システムを解説し、この方法を、1つのページないし見開きページで適当な見出しを付けた罫線と空欄を使って図解している。彼の書物自体の全部ないしその主要部分を印刷したり出版したりする権利は誰にもないわけだが、この書物は技術に関する説明を伝達する意図で書かれたものであるから、そこに記述され図解された技術そのものについては、誰でも自由に使うことができるのである。技術の使用は、それを説明する書物の出版とは、全く異なる別の行為である。

　Selden の書物に著作権があるということだけでは、そこに彼が描いた帳簿の作成および使用についての独占権は発生しない。仮に後者が保護されるものであるとすれば、それは特許によってしか保護しえないであろう。

3　【評価】本件で Selden は、簿記システムそれ自体に著作権がある旨の見解を披瀝している。しかし合衆国最高裁は、それを認容せず、逆に著作権保護に関して決定的に重要なある見解を提示している。すなわち、たとえ著作権が認められている書物ではあっても、その書物に書かれた技術の記載は、当該技術自体に関する排他的権利の根拠とはなり得ない[75]。

　最高裁は、技術の「記載（explanation）」は著作権の保護対象ではあるが、技術の「利用（use）」は特許権の対象ではあっても著作権の対象ではない、というのである[76]。この Baker 以降、合衆国では著作権法理の基本原理たる「アイディア・事実／表現形式二分法」（idea/expression dichotomy）が確立されたという[77]。

　本件も、連邦議会の copyright power を制限する裁判実践として理解しうるであろう。著作権の保護が仮に著作物に内在するアイディアにまで及ぶとするなら、それは、連邦議会に著作物で表されたアイディア・思想の独占を法認す

75　*See* Baker v. Selden, 101 U.S., at 105.

76　*Baker* の影響については、Dale P. Olson, *The Uneasy Legacy of Baker v. Selden*, 43 S. D. L. REV. 604 (1998) 参照。

77　*See*, Patterson, *supra* note 8, at 385.
　　See 17 U.S.C. § 102 (b).「いかなる場合においても、オリジナルな原作についての著作権の保護は、アイディア、手続き、プロセス、システム、操作方法、コンセプト、法則ないし発見にまで及ぶものではない。このことは、これらがいかなる形式で記述され、説明され、図解され、あるいは実体化されているかを問わない」。

4　Bobbs-Merrill Company v. Straus, 210 U.S. 339 (1908)

1　【事実の概要】Bobbs-Merrill 社は、自社出版の書籍に小売価格1ドル以下での販売を禁止する旨の注意書を入れ、そこには同時に、当該注意書違反は著作権侵害にあたるとも記載していた。同社のこのような理解の基底には、連邦著作権法の第106条(3)項の「頒布権」規定があった。すなわち、著作権者は「著作権のある著作物を、販売又はその他の所有権移転若しくはレンタル、リース又は貸与によって、公衆に頒布する」ことにつき、排他的権利（exclusive rights）をもっている[78]。この規定のもとで、著作権者は自らの著作物の販売行為についてコントロールすることができ、そこには販売価格の統制も含まれている、と Bobbs-Merrill 社は理解していたのである。

Straus[79] は、Bobbs-Merrill 社刊の書籍を第三者から購入後、この注意書を無視して、Bobbs-Merrill 社の承諾なく、同社出版の書籍を割引販売（89セントで販売）していた。Bobbs-Merrill 社が、自社出版本に関する価格統制権（頒布権に内在する）を侵害されたとして提訴したのが本件である。

本件での争点は、連邦著作権法106条(3)項が、著作権者に、著作物の直接的販売（primary market）だけでなく、当該著作物の間接的販売（secondary market）にまで、頒布権に基づく統制権を容認しているか否かにある。

2　【判旨】合衆国最高裁（Day 裁判官執筆の法廷意見）は、大要、以下のようにいい、「販売する（vend）」をめぐる権利は著作物の最初の販売でしか保護されない、と判示している。

第106条(3)項をどのように解するべきであろうか。それを、著作権の対象物についてその完全な所有権を他人に譲渡し十分な対価を受けとった後にも、当該対象物の再譲渡について、著作権者が書中の断り書や法律の文言に形式的に基づいてコントロールする権利を創設した、と理解すべきなのであろうか。そうではなかろう。著作権のある著作物を何の制約もなく売却した者は、その販売をコントロールする全ての権利を手放したと考えるべきであろう。書籍購入者は、ひとたび著作権者の許諾のもとで販売がなされた以上、当該書籍の新版

---

[78]　17 U.S.C. § 106 (3).
[79]　Isider Straus と Nathan Straus。R.H. Macy & Company を共同で経営していた。

を出版することはできないにしても、当該書籍を再販売することは自由にできるのである。

本件の事実によれば、Bobbs-Merrill 社が販売した本は、直接 Straus により購入されたわけではない。すなわち、当該書籍は、将来の販売について何も合意をしていない者により、購入されているのである。したがって、書籍に1ドル以下での小売禁止の注意書があったとしても、Straus は、それを実行する義務を負わされてはいないのである。

3 【評価】Bobbs-Merrill は、第106条(3)項上の独占的販売権も限定的な権利である、との理解を示している。合衆国最高裁は、直接的販売にて著作権者の独占的販売権を、消尽させたのである。ここにわれわれは、「ファースト・セール・ドクトリン（first sale doctrine）」[80] の確立をみる。

もし Bobbs-Merrill の結論が異なっていたなら、それは、著作権概念と著作物自体の所有権との区別を崩壊させたことであろう。著作物自体の売買をコントロールすることになるその結論は、著作権条項が要請する「学術の進歩」に仕えるはずはない。なぜなら、当該書籍の売買の統制を許すことは著作権者に当該著作物に化体した知識（learning）の排他的使用を容認することにつながるからである。それは知識の伝達を著しく阻害する結果を生むであろう。合衆国憲法上の copyright power は、当該権利まで著作権者に付与するような法律の制定を許してはいない。連邦著作権法106条(3)項は、合衆国憲法1条8節8項に則って、解釈されなければならないのである。

5 Sony Corporation of America v. Universal City Studios, Inc., 464 U.S. 417 (1984)

1 【事実の概要】Universal City Studios は、いくつかの TV 番組の著作権を保有していた。Sony は、Betamax ビデオテープ・レコーダー（VTR）を製造・販売し、一般消費者は、VTR を購入し TV 番組を録画していた[81]。

---

80 この法理は、1976年法により、成文化された（17 U.S.C. § 109）。
「第106条(3)項の規定にかかわらず、適法に作成された特定のコピー若しくはフォノレコードの所有者、又はその所有者の許諾を得た者は、著作権者の許諾を得ずに、当該コピー又はフォノレコードについて、自由に譲渡その他の処分をすることができる。（以下、省略。）」（17 U.S.C. § 109(a)）。
81 被告には Sony の他に、Sony の広告代理店、Batemax の小売店、一般消費者等が含まれている。

本件で Universal City Studio は、以下のように主張している。VTR を使用してＴＶ番組を録画している消費者の行為は、著作権を侵害するものである。また当該 VTR を製造して一般消費者に販売している点で、Sony も著作権侵害の責めを負うものである（寄与責任）。そこで Universal City Studio は、Sony との関係では損害賠償と利益の分配、Betamax VTR の製造および販売の差し止めを求めて、連邦地裁に訴訟を提起した。

なお、証拠記録によれば、VTR の主たる使途は"time-shifting"（時間移動）、すなわち、VTR の持ち主がＴＶ放送時刻にはみられなかった番組をひとまずテープに録画しておいて後にそれを視聴するというもの、である。

連邦地裁は、time-shifting という利用形態は原告の著作物をフェア・ユースしたに過ぎず、したがって Sony の製造・販売行為は、著作権侵害行為に寄与するものではない、と判示した[82]。これに対して、第9巡回区連邦控訴裁判所は、地裁判決を覆し、Sony の寄与責任を認定したので[83]、Sony が上告したのが本件である。

本件の争点は、Universal City Studios の所有している番組を無許諾で家庭内録画することがフェア・ユースにあたるか否かにある。なぜなら、最高裁もいうように、「複製装置を販売することは、ちょうど他の製品の販売と同様、その製品が正当でない害のない目的に広く使用される限りは、寄与侵害となるものではない」[84]からである。

2 【判旨】Stevens 裁判官執筆の法廷意見の要点は、つぎの点にある。

著作権は「有形の表現媒体（medium of expression）に固定されたオリジナルな著作物（works of authorship）に宿る」[85]。ただし、この条文は、著作権者に著作物に対する完全なる統制権を付与したものではない。むしろ連邦著作権法は、5つの定型に限定して、著作権者に著作物に関する排他的権利を付与していると解される[86]。その中には、本件に関係する「複製（reproduction）」という形態

---

[82] *See* Universal City Studios, Inc. v. Sony Corp. of America, 480 F.Supp. 429 (C.D.Cal. 1979).

[83] *See* Universal City Studios, Inc. v. Sony Corp. of America, 659 F.2d 963 (9th Cir., 1981).

[84] 464 U.S., at 420.

[85] 17 U.S.C. § 102 (a).

[86] *See* 17 U.S.C. § 106. 1995年録音物デジタル実演権法（Pub. L. No. 104-39, 109 Stat. 336）により、6定型目が追加されている。

も含まれている[87]。さらに、著作物の複製がすべて著作権者のコントロール下にあるわけではない。あるものはパブリック・ドメイン（public domain）とされているであろうし、また、ある複製はフェア・ユース（fair use）であるとされるであろう。著作権者は、この種の著作物利用まで、コントロールできないのである[88]。

換言すると、以下のようにいえる。まず、「著作権者の排他的権利を侵害した者」とは、「著作権の侵害」として法律上規定された5形態のうちの1つの仕方により、著作権ある著作物に対する著作権者の排他的権利を侵害した者、と評価できる[89]。そうなると、法律で許容された仕方で著作権ある著作物を利用した者、または、フェア・ユースにあたる仕方で利用した者は、その行為により著作権侵害者となることはない。

ここで本件で問われなければならないことが明らかとなる。それは、Batemaxを使用したTV番組の録画および再生が、フェア・ユースの要件に該当するか否かである。

連邦著作権法107条は、著作権のある著作物の利用が「商業的なものか否か」ということを、もちろんこれのみが決定的要素とはいえないが、フェア・ユースの判定要素に掲げている[90]。もしもBatemaxが、商業的目的での複製作成に使用されるとすれば、これはフェア・ユースには該当しないと推定できる。ここで事実審が認定したところをみると、time-shifting目的での家庭での録画は、非営利的活動として評価されるべきであることは明らかである。

ただ、これだけで検討終了というわけにはいかない。連邦議会は、「利用された著作物の潜在的な市場ないし価値に与える著作権ある著作物の利用の影響」を検討するよう求めている[91]。著作権保護の目的は、著作者の創造的行為に対してインセンティヴを作り出すことである。非営利的な複製であっても、著作権者は報酬を得る権利が損なわれるものもある。しかし、著作物の潜在的な市場や価値に影響のない利用であれば、著作者へのインセンティヴを理由として、当該複製を禁止する必要はない。これについても事実審の認定したところに目を転じると、time-shiftingが、もともと無料で観ることのできるTV番

87　*See* 17 U.S.C. § 106 (1).
88　17 U.S.C. § 106と同§ 107とを比較対照せよ。
89　*See* 17 U.S.C. § 501 (a).
90　*See* 17 U.S.C. § 107 (1).
91　*See* 17 U.S.C. § 107 (4).

組を録画後再生するだけのことであることがわかる。time-shifting は、著作権ある著作物の潜在的な市場や価値に影響を与えるものではない、と評価できる。

当裁判所は、家庭での非営利的な time-shifting は著作権ある著作物に対するフェア・ユースに該当する、と判断する。したがって、当該 time-shifting を可能にする装置である Batemax の製造・販売も、著作権侵害行為に寄与するものとはいえない。

3　【評価】本件の結論も、copyright monopoly の不適正な拡大を防いできた合衆国最高裁の判例実践に一致するものである。

ところで、本件で合衆国最高裁は、TV 番組を私的に複製する行為が著作権ある著作物のフェア・ユースにあたると判示している。「フェア・ユースの法理」は、裁判実践の中で培われてきた判例法理であるためか外縁の不分明さは確かに残ってはいる。しかし、それは、本来的には、私的な著作物使用とは関係の薄い法理である。というのも、この法理は、著作者が他者の著作物を利用して新しい創作物を生み出すことができるように、裁判実践の中で培われた法理であるのだから[92]。

ただ、合衆国最高裁が曖昧な判決手法に拠ったからとって、本件の判示事項の要諦を揺るがすべきではない。それは、著作権のある著作物の私的使用は著作権を侵害するものではない、という点である。仮に逆の結論に至っていたなら、著作物の個人的使用まで著作権者の統制を受けることになる。それは、著述が体現された有体物その物の使用にまで著作権者の統制権を容認することと同義となるであろう[93]。

もちろん、著作権条項は、当該権限の創設まで許すような copyright power を連邦議会に付与している、と解することはではない。

6　Feist Publication, Inc. v. Rural Telephone Service Company, 499 U.S. 340 (1991)

1　【事実の概要】Rural 電話会社は、カンザス州北西部地域への電話サーヴィス供給を業務とすることを認可された公共事業体（public utility）である。

---

[92] この点については、はやくも 19 世紀の書物の中で、指摘されている。See EATON S. DRONE, A TREATISE ON THE LAW OF PROPERTY IN INTELLECTUAL PRODUCTIONS IN GREAT BRITAIN AND THE UNITED STATES 386-387 (1879).

[93] See Patterson, supra note 8, at 386-387.

カンザス州で営業しているすべての電話会社には、毎年最新の電話帳を発行しなければならない、という州規則が課されていた。Rural 社も、個人別電話帳（white pages）と職業別電話帳（yellow pages）を、毎年発行していた。Rural 社刊の電話帳は、典型的な電話帳であり、個人別電話帳は Rural 社の加入者氏名がアルファベット順に町名と電話番号と並列されて記載されており（個人宅の住所は掲載されていなかった）、職業別電話帳は Rural 社の回線に加入している事業所を業種ごとにアルファベット順に配列したものであった。

　Feist 出版社は、広域電話帳を専門的に刊行している出版社である。特定の地域だけを扱っている Rural 社刊のもののような典型的な電話帳とは異なり、Feist 社のものは地理的に広大な範囲を取り扱っていた。

　本件の事実関係の要点は以下の点にある。Feist 社は、広域電話帳を作成するために、カンザス州北西部で営業している 11 の電話会社に対して、個人別電話帳のリストの利用許諾を申し入れた。しかし、他の電話会社とは異なり、Rural 社だけが、この申し入れを拒否したのである。Rural 社から利用許諾を受けられなかった Feist 社は、Rural 社の許諾なしに同社の個人別電話帳のリストを利用し、そのデータの裏づけを行った上で、個人宅の住所を追加した広域電話帳を出版した。ただ、Feist の電話帳（1983 年版）の番号リスト 46,878 個のうち 1,309 個は Rural 社の個人別電話帳（1982～1983 年版）と全く同一であり、しかも、そのうち 4 個は、無断利用を見つけるために Rural 社が挿入した架空のものであった。

　以上の事実に基づき、Rural 社は、Feist 社による自社電話帳の無許諾利用は著作権侵害にあたるとして、カンザス州連邦地方裁判所に訴えを提起した。

　連邦地裁は、いくつかの下級審判決を引用した後、「裁判所は電話帳が著作権で保護されていると一貫して判示している」[94] という summary judgment により、原告 Rural 社の主張を認容している。Feist 社による控訴を受けて、第 10 巡回区連邦控訴裁判所は、「連邦地裁の理由づけは本質的である」として、控訴棄却の判決を下している[95]。

　合衆国最高裁は、Rural 社の電話帳の著作権が、氏名や町名、電話番号まで保護を与えるものか否かを判断するために、certiorari を受理した[96]。本件の争

---

[94] Rural Telephone Service Company, Inc. v. Feist Publications, Inc., 663 F.Supp. 214, 218 (D.C.Kan. 1987).
[95] App. to Pet. for Cert. 4a, judge order reported at 916 F.2d 718 (1990).
[96] Feist Pub., Inc. v. Rural Tel. Serv. Co., Inc., 498 U.S. 808 (1990).

点は、この点にある。

2 【判旨】O'Connor 裁判官執筆による法廷意見は、大要、以下のようにいう。

著作権の必要要件（sine qua non）は、オリジナル性（originality）である。「著作権がある」というためには、著作物が著作者のオリジナルなものでなければならない。

著作権法にいう「オリジナル」とは、著作物が著作者によって独自に創作されたものであるということ（他人の著作物をコピーしたものではないこと）、かつ、少なくとも最低限の創作性（creativity）があること、を意味している。必要とされる創作性の水準は、極めて低く、ほんの僅かなそれでも足りる。ほとんどの著作物は、この「創作性の基準」を容易に満たせるであろうし、またそれが「どんなに未熟で、地味で、見え透いた」[97] ものであっても構わない。また、オリジナルということは、新奇性（novelty）を意味してもいない。仮に他の著作物に類似していたとしても、それがコピーではなく、偶然の符合である限り、オリジナルであるといえる。たとえば、2人の詩人が互いに知らないうちに、まったく同じ詩を作った場合がそれである。どちらの作品も新奇性に欠けるが、両方ともオリジナルであるから、共に著作権を取得することができる[98]。著作権取得のためにオリジナル性がいることは、憲法上の要件である。その根拠は、連邦議会に著作権法制定権限を付与した合衆国憲法1条8節8項にある[99]。

一方、事実（facts）には、著作権性がない。なぜなら事実は、「創作行為（create）」に由来するものではないからである。

しかし、事実の編集物（compilations）には、著作権性を認めることができる。なぜなら、事実の編集物を作成するとき、編集者は、事実・データを取捨選択し、それらを読み易さなどを考慮して配列する作業を行うであろうが、その選択（selection）および配列（arrangement）は、編集者により独自に行われるものである。最低限の創作性を伴うものである限り、著作権保護の対象となるオリジナル性を備えているといえるのである[100]。但し、ここでも著作権の対象と

97　1 M. NIMMER & D. NIMMER, COPYRIGHT §1.08 ［C］［1］(1990).

98　See Sheldon v. Metro-Goldwyn Pictures Corp., 81 F.2d 49, 54 (2d Cir. 1936).

99　See The Trade-Mark Cases, 100 U.S. (10 Otto) 82 (1879); Burrow-Giles Lithographic Co. v. Sarony, 111 U.S. 53 (1884).

100　See NIMMER, supra note 97, §§2.11 ［D］; Robert C. Denicola, Copyright in Collec-

なるのは、当該著作者にとってオリジナルな部分に限定される。すなわち、当該著作者による特定の選択や配列についてだけである。そこで使用されている「生の事実（mere fact）」自体は、著作権保護の対象ではない。

　本件 Rural 社の電話帳に掲載されている氏名・町名・電話番号は、元々 Rural 社に由来するものではない。それらは「既存の素材（preexisting material）」といえる。これらに著作権は認められない[101]。Rural 社は、「生の事実」を編集しているわけであるが、問題は、ここにオリジナル性を認めることができるか否かにある。

　本件で問題となった Rural 社の個人別電話帳は、典型的で基礎的な情報について、苗字をもとにアルファベット順に配列したものである。氏名・町名・電話番号という情報は、電話帳掲載に最も基本的な情報であり、そこに originality といえるほどの「選択」があったとみることはできない。また、アルファベット順の分類というのも、古くから根づいている慣例的配列であり、決まり切った配列法といえる。Rural 社による選択、整理および配列も、著作権保護の憲法上の最低基準を満たすものではない。

　当法廷は、以下のように、結論する。Rural 社による選択、整理および配列は、著作権保護の憲法上の最低基準を満たすものではないので、Feist 社による情報利用は、著作権侵害にはあたらない。

3　【評価】 本件で合衆国最高裁は、事実の編集物に関する著作権保護を基礎づけてきた「額に汗（sweat of the brow）理論」を否定した。この理論は、事実を収集・編集したその努力に報いて著作権を付与する、という考え方であるが、合衆国最高裁は、Baker を引用しつつ、以下のようにこの考え方を喝破している。いわく「著作権はオリジナル性に報いるものであって、努力に報いるものではない。当法廷が 1 世紀以上前に述べたように、『大いに賞賛すべきは原告がこの印刷物を発行した勤勉さと企画力かもしれないが、法はこれに報いることを予定してはいないのである』」[102]。

　この判決の眼目は、以下の点にある。すなわち、著作権で保護された著作物内にある著作権なきもの（materials）を利用する権利は、憲法上の権利である

---

　　tions of Facts: A Theory for the Protection of Nonfiction Literary Works, 81 COLUM. L. REV. 516, 523 n 38 (1981).
101　See 17 U.S.C. §103 (b).
102　Baker v. Selden, 101 U.S., at 105.

ということである[103]。また、この判決の効果は、以下の法理論を生み出しているともいえよう。それは、事実の所有は許されないので、事実の私物化を容認する法律は、違憲の疑いある法律と評価すべきである、という法理論である。

本件もまた、連邦議会の copyright power を限定する裁判実践として読み解ける。

7　小　　括

ときに著作権は、自然権的権利として理解されている。この理解は、しばしば、著作権者の copyright monopoly を拡大する根拠に用いられてきた。また、連邦議会の copyright power も、時折、著作権を憲法上の限定を超えて、拡大する傾向の下で行使されている。

本節で見てきた裁判実践は、この2つの不適正に対する、合衆国最高裁の矯正理論である。第1判例 Wheaton v. Peters は、自然法に依拠したコモン・ロー上の著作権に制定法の限定を課したものとして、第2判例 Baker v. Selden は、アイディアの著作権性を否定したものとして、第3判例 Bobbs-Merrill Co. v. Straus は、ファースト・セール・ドクトリンを確立したものとして、第4判例 Sony Corp. v. Universal City Studio は、私的利用の非著作権侵害性について、第5判例 Feist Publication v. Rural Telephone Co. は、事実の私的所有を禁止したものとして、いずれも、著作権を制限する法理論を確立している。

合衆国憲法1条8節8項は、連邦議会に copyright power を付与した。連邦議会は、この権限に基づく法律制定作業を通じて著作権を確定する作業を継続的に行ってきている。たしかに、当該権限にも、他の議会権限と同様、一定の裁量権が付随しているといえよう。しかし、近代立憲主義は、この裁量権限を統制する法理論を必要としているのである。本節の諸判例は、この要請に対する合衆国最高裁による回答の一部とみることもできるであろう。

第4節　結

1　本章では、合衆国憲法1条8節8項の文言およびその構造から、当該条項の文理解釈を試みてきた。その結果、同条項が連邦議会に与えた権限は「著作者に一定期間その著作物に関する排他的権利を確保する」という手段を用い

---

[103] See Patterson, supra note 8, at 387.

第4節 結

て、「学術の進歩」を促すという目的を遂行するための立法権限であることがわかった。このことに含意されていることを、われわれは深慮しなければならない。著作権条項内にある【目的－手段】の構造は、連邦議会に付与した copyright power を制限する意図を体現している、と解されなければならないのである。本章の要諦はここにある。

もちろん、合衆国憲法1条8節が、連邦制国家における連邦の管轄権を示す条項（power granting clause）であること。そのことを本書は否定するものではない。このことは、同8項に付された James Madison のよく引用される注釈（1877年発表）からも明らかである。いわく「この権限の有用なことは疑問の余地はない。英国においても、著作者の著作権は、コモン・ロー上の権利であると、厳粛に判決されているところである。有用な発明に関する権利も、同様な理由で発明家のものとみなされるべきである。そのどちらの場合も、個人の要求と公の利益（public good）とが完全に一致する。各州まちまちでは有効な措置が講じられないので、大部分の州では、この件についての判断は、連邦議会の提案によって前もって制定されていた法律に従って処理されることが望まれている」[104]。

しかし、第8項は、他の条項とは異なり、連邦の管轄権を示しただけではないのである。第8節の他の条文とは異なり、第8項は、【目的】節と【手段】節を内蔵している。この条文構造は、決定的に重要だ、と本書はいいたいのである。当該条項の「特殊性」は、多くの論者の指摘するところでもある[105]。

2 著作権条項の下で連邦議会は、ある power を付与されると同時に、その power を制限されている。同一条項内に権限行使の目的と手段を指定した条文を同時に含めた制憲者たちの意図が、ここにある。

元来、ある権能を憲法上規定することには、それをある機関に帰属させるこ

---

[104] HAMITON, MADISON, AND JAY, THE FEDERALIST, No. 43, (Madison) (Terence Ball ed., Cambrige University Press, 2003). なお、Madison は、当時の英国における著作者の権利の性質について、正確には理解していなかったのであろう。1774年の英国貴族院判決 Donaldson v. Beckett, 4 Burr. 2408 (H.L. 1774) で、著作者の権利は制定法（State of Anne）により制限される、と判断されている。

[105] See e.g. Lawrence Lessig, *Copyright's First Amendment*, 48 UCLA L. REV. 1057, 1062 (2001); Edward C. Walterscheid, *To Promote the Progress of Science and Useful Arts: The Background and Origin of the Intellectual Property Clause of the United States Constitution*, 2 J. INTELL. PROP. L. 1, 32-33 (1994).

とだけでなく、当該権能の強度（strength）に憲法の桎梏をはめることも同時に意図されている[106]。とくに著作権条項については、合衆国憲法が copyright power を規定したのはその限界を明記するためだった、と評価する論者もいる[107]。

ではその桎梏とはなにか。制憲者は、1条8節8項上の表現形式により、copyright power に限定を画そうとしていた。本章ではそのことを、Solum の "limited times" 理解および Pollack の "progress" 理解に依拠しつつ示してきた。

著作権は、その性質上、著作物を「独占（monopoly）」することである、と考えられる[108]。ところが、合衆国が建国期以来この「独占」形態を忌避してきたこと、とくに通商に関する議会権限が常に「独占」に警戒的であり続けていることは、よく知られているところである[109]。このような憲法実践の中で、著作権条項は、読まれなければならない。「独占」に警戒的な憲法理論により、一面で政府が設定した独占形態（government-supported monopoly）ともいえる著作権は、憲法上制度化された財産権として理解されなければならないのである。Solum や Pollack が著作権条項に文理解釈を施したのは、本書と同様、連邦議会の copyright power を、そしてなによりもそれにより規定される著作権の相対性を、制憲者の意図から読み取ろうとしたためであったと思われる。

3 合衆国最高裁が著作権に注いだ眼差しも、警戒的であった。本章第3節（裁判実践）では、設計された独占形態である copyright monopoly に限界を画そうと努めてきた、合衆国最高裁の裁判実践を瞥見した。合衆国憲法の制憲者は、著作権の絶対化を危惧して、それを憲法上制度化し、1787年以降の憲法実践は、議会および裁判所でも、copyright monopoly を相対化しようとしてきたことを、本章の随所で示してきた。

---

[106] *See* Pollack, *supra* note 10, at 380；Heald & Sherry, *supra* note 11, at 1124.

[107] *See* WILLIAM WINSLOW CROSSKEY, POLITICS AND THE CONSTITUTION IN THE HISTORY OF THE UNITED STATES, vol. I, at 486 (1953).

[108] *See* ROBERT A. GORMAN & JANE C. GINSBURG, COPYRIGHT : CASES AND MATERIALS 5 (6th ed. 2002). 彼らは、著作権侵害の立証責任を著作者側に負わせている理由を、著作権の性質が「法の下にあっては、憎むべき」独占であることに見出している。

[109] *See* LINDA LEVY PECK, COURT PATRONAGE AND CORRUPTION IN EARLY STUART ENGLAND 220 (Routledge, 1990)；Michael Conant, *Anti-Monopoly Tradition Under the Ninth and Fourteenth Amendment:* Slaughter-House Cases *Re-Examined,* 31 EMORY L. J. 785, 797-801 (1982).

第 4 節　結

　ところが、20 世紀終盤になって、この憲法実践は揺らいでいる。

　本章冒頭でふれた *Eldred* では、その表現の自由に与える萎縮効果も勘案することなく、「アイディア・事実／表現形式二分法」(idea/expression dichotomy) や「フェア・ユースの法理」(fair use doctrine) により、著作権と修正 1 条上の問題は、調整されているとされた。つまり、著作権法内のこの 2 つの"内在的調整原理 (built-in First Amendment accommodations)" により、著作権法は修正 1 条上の争点を現出させない、というのである。合衆国最高裁は、著作権の相対化に歯止めを掛けようというのであろうか。

　さらに、著作権法のこの「伝統的構造 (traditional contours)」は、Digital Millennium Copyright Act（DMCA）の制定により、その基盤が失われつつある。

　1998 年制定の DMCA の最大の特徴は、デジタル化された情報媒体にとられた技術的保護手段回避の禁止 (anti-circumvention) 条項に現れている[110]。当該条項は、著作権者に、著作物使用に関する新しい権能を付与したものであり、その効果が著作物のフェア・ユースや対象著作物内のパブリック・ドメインにまで影響を与えるものであるために、それは「著作権保護の伝統的構造を変更した」ものである、と評価する論者もいる[111]。

　本章第 3 節で取り上げた諸判例の有効性に変わりないなかで、連邦議会は、合衆国最高裁の判例実践と対立するようにみえる、DMCA を制定している。たとえば、単純なデータにまである種の利用規制を課すことになる DMCA の規定は、*Baker* や *Feist* の結論と適合的でなく、また公表後の著作物に著作者のコントロールを及ぼそうとする点で *Bobbs-Merrill* や *Sony* の結論に適合しない。合衆国最高裁は、この法規定を、どう評価するのであろうか。あらゆる形態での monopoly に警戒的であった憲法実践は、DMCA の評価をめぐって、混迷しはじめているのではなかろうか（DMCA について詳述した第 6 章も参照されたい）[112]。

110　17 U.S.C. § 1201.

111　*See* Siva Vaidhyanathan, *After the copyright smackdown : What Next?*, http://www.salon.com/technology/feature/2003/01/17/copyright (last visited in March 14, 2011).

112　DMCA は、デジタル著作物に設定されたアクセス・コントロール装置を回避する行為を規制している。ただこの法令が、デジタル形式で表出された著作物の利用に関するフェア・ユースあるいはパブリック・ドメインといった権利制限法理とどのような関係にあるのかについては、議論がある。つまり、フェア・ユースあるいはパブリック・ドメインという著作権制限法理も、デジタル形式で表出された著作物をデジタル形式のままで利用することを許容するものではない、と考えるならば、DMCA はなお、従来の

第2章　著作権の憲法上の地位

　4　わが国の憲法典は、著作権を保護すべことを要請していない。ただ、国会は、41条上の権限を行使して、著作権法（昭和45年法律48号）を制定し、無体財産の中から「著作権」を範疇化した。このことは、「著作権」という財産の発生・取得および当該権利の市場における交換を安定させる、という29条2項の要請によるものとも説明できる。いずれにしても、著作権は、財産権の一類型として憲法上の保護を受けるとはいえ、「著作権」という概念は、法律上創設された権利概念であるといえる。

　「著作権」概念を創設した著作権法には、第1条に、その制定目的が掲げられている。いわく「この法律は、著作物並びに実演、レコード、放送及び有線放送に関し著作者の権利及びこれに隣接する権利を定め、これらの文化的所産の公正な利用に留意しつつ、著作者等の権利の保護を図り、もって文化の発展に寄与することを目的とする」。すなわち、著作権法は、「文化の発展に寄与する」ために、「著作権者等の権利の保護を図」るというのである。そこには、【目的―手段】の関係が、明記されている。

　ところで、ここにいう「著作物」とは、「思想又は感情を創作的に表現したものであって、文芸、学術、美術又は音楽の範囲に属するものをいう」（著作権法2条1項1号）。著作権者等は、著作物等に関する複製権、上演権、公衆送信権等を専有する。「専有する」というのは、「著作権者は、他人に対し、その著作物の利用を許諾することができる」（同63条1項）ことを意味している。すなわち、著作権者は、自らが所有する思想又は感情の創作的表現について、他者の利用をコントロールすることができるのである。著作権法は、特定の表現を「所有」する権利を、特定人に付与しているのである。それは、国家による特定の表現についての利用制限である[113]。すなわち、著作権法は、government-supposed monopoly を、規定している。

　一方、われわれは、憲法21条および23条により、表現行為につき国家による強制を受けないこと、知的営為に従事するにつき国家による強制を受けないこと、を保障されている。ところが国家は、表現の自由・学問の自由を保障す

　　著作権制限法理になんら影響を与えていないと評価することも可能となるのである。この点について第6章では詳述している。
[113]　山口いつ子「表現の自由と著作権」中山信弘先生還暦記念『知的財産法の理論と現代的課題』（相澤英孝ほか編、弘文堂、2005年）365、365頁も、著作権をこう評価している。

第4節　結

る反面で、表現および知識のひとりじめを容認しているようにもみえる。「著作権」規定をもたない、日本国憲法上、著作権保護をめぐる問題の処方箋は、どのように描かれるべきであろうか。

　本章は、上記の問題関心について、合衆国憲法上の著作権の地位を精確に示すことで答えようとしてきた。かの国では、CTEA や DMCA の制定により、近年「著作権法と憲法理論の関係」が衆目の的となっている。わが国との法制度の違いを捨象しても、なお、合衆国の法理論は、参照するに値するものであると思われる。

はじめに

第3章　アイディア・事実／表現形式二分法

はじめに

　一　不法行為の判定をうける表現行為のことを tortious speech という[1]。プライヴァシーを侵害する表現、名誉を毀損する表現、肖像権を侵害する表現などは、この類型に属する表現行為である。憲法学は、これらの表現行為について、その対立法益との調整法を、これまでに随分と分析してきている。換言すると、これらの表現行為を規制する法理論や判例法理は、憲法問題とされてきたのである。

　ある表現行為を不法行為であると判定する法理論のどこに憲法問題が潜んでいるのであろうか。本書は、tortious speech の憲法問題をつぎに引用する C.E. Baker と共有している。

　「言論に向けられた（directed）法令には、たとえば、ある人に他の人の言論を本質的に支配する権能を与える法令などには、より大きな憲法上の疑義が含まれている。この種の法令は、ある人が選択しようとしている本質的には言論に、他の人の所有権または個人的利益を設定しようとするものである。この問題領域は、たとえば、名誉毀損やプライヴァシーという文脈で、名誉が毀損されたという者、または、プライヴァシー保護を求める者が、他者の言論選択に制限を課す権利を主張するように、不法行為法による修正1条の限界として構成できる」[2]。

　1970（昭和45）年制定（法律第48号）の著作権法は、著作者にその手による「創作的表現」から演繹された支分権を「専有」させ（21条ないし28条）、また、著作権者に著作物の利用許諾権を付与している（63条1項）。「著作権もまた、

---

[1]　tortious speech という概念については、ひとまず David A. Anderson, *Tortious Speech*, 47 WASH. &. LEE L. REV. 71 (1990) 参照。

[2]　C. Edwin Baker, *First Amendment Limits on Copyright*, 55 VAND. L. REV. 891, 892 (2002).

ある人に他の人の言論に限界を画する法的権能を付与している」[3]のである。著作権も tortious speech の問題領域にあるといえよう。

　二　著作権法は表現行為を制限している。「それは、あなたが記述すること、描くこと、みんなの前で演じること、その他のあなたがしたいと思う表現行為（communicating）を制限している」[4]。ところがなぜかそこからは「言論規制のフレーバー」[5]が感じられない。M. Lemly と E. Volokh はその理由を詳細に検討し、以下の 12 点を指摘している[6]。（それぞれについて Lemly & Volokh は批判的見解を表明しているが、ここでは措く）。

(1)　著作権法は財産権を保護していると思われている。それは表現の自由の法理の枠組にないのだ。第一、表現の自由だって、表現行為のために他人の不動産に無断で立ち入ることを許してはいない[7]。

(2)　著作権法は多くの場合に民事訴訟によりエンフォースされている。政府による言論規制の枠組で語られることは少ない[8]。

(3)　著作権法は表現内容に中立的な規制である。

(4)　著作権に関する問題は、その典型例において、政治的言論と関係がない。

(5)　著作権法は表現の自由の価値を高めている。「著作権それ自体が自由な表現の動力源（engine）なのである」[9]。

(6)　合衆国憲法 1 条 8 節 8 項は、著作者に著作物に対する排他的権利を保障する法律の制定を、合衆国議会に要請している[10]。著作権法の制定は憲法上の指図（constitutional directive）に連邦議会が従ったものである[11]。

---

[3]　*Ibid.*, at 893.

[4]　Mark A. Lemley & Eugene Volokh, *Freedom of Speech and Injunctions in Intellectual Property Cases,* 48 DUKE L. J. 147, 165-166 (1998).

[5]　*Ibid.*, at 182.

[6]　*See ibid.*, at 182-197.

[7]　*See* Dallas Cowboys Cheerleaders, Inc. v. Scoreboard Posters, Inc., 600 F.2d 1184, 1188 (5th Cir. 1979). *See also* Hudgens v. National Labor Relations Board, 424 U.S. 507 (1976).

[8]　*See* New York Times Co. v. United States, 403 U.S. 713, 731 n 1 (1971) (White, J., concurring)（著作権という私法的な司法上のエンフォースメント (private judicial enforcement) は、統治に関する問題 (government affairs) の情報公開禁止を求めて政府が訴訟を提起する場合と比べれば、同程度の修正 1 条上の危険を発生させるわけではない）。

[9]　Harper & Row, Publishers, Inc. v. Nation Enterprises, Inc., 471 U.S. 539, 558 (1985).

[10]　*See* U.S. CONST. art. I, § 8, cl. 8.

[11]　*See* Cable／Home Communication Corp. v. Network Prods., Inc., 902 F.2d 829, 849 (11th Cir. 1990); *see also* Harper & Row, 471 U.S., at 558.

(7)　思想（idea）の伝播の誘因を提供するという著作権法の目的は、憲法上重要な価値をもつといわれている。それを「やむにやまれぬ」（compelling）との術語で表そうとする者さえいる[12]。

(8)　裁判所はときに著作権侵害は「回復不可能な損害」を発生させると判示している[13]。

(9)　思想（idea）は他の方法でも表現できる。著作権法は、思想や事実（facts）ではなく、ある表現の形式（modes of expression）それ自体の利用を制限しているのである。

(10)　著作権法は公衆が言論に触れる機会を奪うものではない。「そこで問題とされているのは誰が発表するかということだけである」[14]。

(11)　映画や書籍での公表に対する injunctions は、新聞や実演に対するそれに比して、時機に過敏になる必要がない。

(12)　著作権の問題は、伝統的に言論の自由の問題とはされてこなかった。

Lemley & Volokh が指摘した理由などにより、著作権法が憲法問題を提起しているとして真摯に検討する試みは、長らく行われてこなかったように思われる。ところが、tortious speech の枠組にあてはまるであろうこの問題は、憲法理論の枠組でも分析されなければならない諸問題を提起しているように思われる。

　三　ある判決に対する補足意見に付した註で W. Brennan 裁判官は、大要、以下のようにいっている。

　〈著作権法は言論の自由を制約するものではない。なぜなら著作権は表現の形式（form of expression）のみを保護しており、表現された思想（ideas expressed）を保護するものではないのだから〉[15]。

　また合衆国最高裁は *Harper & Row* で「著作権法は保護される表現と保護されない思想や事実を区別している」[16] といった後、以下のようにいう。

　「学問と論評のための自由はフェア・ユースにより与えられている」[17]。

　両引用部分の基になっている法理論は、ともに判例法理の集積のなかで生

12　Lemley & Volokh, *supra* note 4, at 191.（具体的引用元は明記されていない）。

13　*See, e.g.*, Cadence Design Sys., Inc. v. Avant! Corp., 125 F.3d 824, 826-827 (9th Cir. 1997).

14　Zacchini v. Scripps-Howard Broad casting Co., 433 U.S. 562, 573 (1977).

15　New York Times Co. v. United States, 403 U.S., at 726 n. (Brennan J., concurring).

16　Harper & Row, 471 U.S., at 560.

17　*Ibid.*

成されたものである[18]。前者の法理論を「アイディア・事実／表現形式二分法」[19]（idea/expression dichotomy）と、後者のそれを「フェア・ユースの法理」（fair use doctrine）という。

　かの国の最高裁判決は、ある表現行為がtortious speechであるか、即ち、著作権を侵害するか否かについて、表現の自由との関係で、以下の判定方法を提示したものとして読み解くことができる。それは、

(1) 他者の表現を利用することとそれに内在する思想を使用することを区別し、前者の場合は不法行為に該当し、後者の場合は表現の自由により保護される。

(2) 公正な利用形態とその他の利用形態を区別し、前者の利用形態は表現の自由により保護される。

ところで合衆国の連邦著作権法は、両法理の規定をもつ[20]。著作権と表現の自由という両法益の調整を行うこの二つの規定を、後世の合衆国最高裁は「〔著作権法に〕内蔵されている修正1条との調整法」（built-in First Amendment accommodations）と呼んでいる[21]。この二つの理論が法定されていることをもって「著作権は修正1条に基づく正当性の疑いを、無条件に免除されている」[22]というのは、確かに「言い過ぎ」（spoke too broadly）であったであろう[23]。ただ、そ

---

[18] 「アイディア・事実／表現形式二分法」については、たとえば「著作権は『思想の市場』を制限するものではない。なぜなら、著作権は表現を保護するだけであるから」というSid & Marty Krofft Television Productions, Inc. v. McDonald's Corp., 562 F.2d 1157, 1170 (9th Cir. 1977) を参照。

　また「フェア・ユースの法理」については、たとえば「修正1条で保護された価値と著作権法で保護された価値との抵触は、これまでフェア・ユースの法理により解決されてきている」としたWainwright Securities, Inc. v. Wall Street Transcript Corp., 558 F.2d 91, 95 (2d Cir. 1977) を参照。

[19] 序章第2節（著作権者と著作物利用者の権益調整）の註(30)で述べたことだが、"idea/expression dichotomy" は、通常では「アイディア／表現二分法」、「思想／表現二分法」などと表記されている。ただ「表現」とはアイディアや思想が表出されたものであること、合衆国の裁判例を読むと著作権者に排他的権利が認められるのは、アイディアや事実が表出されたある特定の「表現形式」（form of expression）であるので、本書ではやや煩瑣かもしれないが「アイディア・事実／表現形式二分法」との表記方法を用いている。

[20] See 17 U.S.C. § 102 (b) & 17 U.S.C. § 107.

[21] Eldred v. Ashcroft, 537 U.S. 186, 219 (2003).

[22] Eldred v. Reno, 239 F.3d 372, 375 (D.C.Cir. 2001).

[23] Eldred., 537 U.S., at 221.

れでもこれら二つの理論が法定されているということは、著作権法から「言論規制のフレーバー」をかき消すには十分であった。そのことは裁判所の視線がこの二法理の正当性そのものには向かっていないことに看取されよう。

本書の関心は「アイディア・事実／表現形式二分法」および「フェア・ユースの法理」という著作権法に内在する表現の自由との調整原理が、著作権と表現の自由という両法益を調整する正当な法理論として成立しうるか否かにある。以下、本章では「アイディア・事実／表現形式二分法」について論述する。「フェア・ユースの法理」については、章を改め第4章で、詳述することにしよう。

第1節　M. Nimmer の功績と課題

1　tortious speech の分析枠組

　一　わが国の憲法学の通説的理解は、tortious speech により侵害されるとされてきた保護法益（プライヴァシー権、名誉権、肖像権など）を、憲法13条から導き出してきている。そこにはそれらの私権の淵源を憲法上の規定に求めることで、当該諸権益を憲法上の権益であるとする思考法がある。この通説的見解によるならば、tortious speech の問題は、表現の自由の主体である私人Aと、たとえば名誉権の主体である私人Bとの間での、すなわち、憲法上の権益に関する私人間での法的紛争へと還元される。tortious speech に関する当該分析枠組のもとでは、この法的紛争は「等価的利益衡量」で、その解決が説かれる傾向にあったとされる[24]。

　ただこの分析枠組は適切ではない。

　二　自由は法なくして存在しない。自由な言論も、それを regulate する法なくしては存在しえない。市民社会における言論市場も、それが法による制度化を経て、はじめて自由な言論市場となり得るのである。ここで制度化された法益が表現の自由であり、名誉権・プライヴァシー権であろう。自由な社会の基盤を提供するこの法を、維持し運営するのは国家の役割である。憲法学の役割は、この国家行為の適正性を判定することにある。

　この本書の視点からすれば tortious speech を分析する枠組は以下のように

---

[24]　阪本昌成『憲法理論Ⅱ』（成文堂、1993年）251頁。

なる[25]。
　⑴　tortious speech の保護法益が法的保護に値するか。
　⑵　当該法益と表現の自由との調整にあたって、国家は、一般性・抽象性・普遍性の要請を満たした議会制定法（法律）によっているか。「法律の留保」の要請を満たしているか。
　⑶　その法律は憲法上の正当な基礎をもっているか。「公共の福祉」の観点をもつか。

　ここで tortious speech を分析する憲法学の視点からは、とくに⑵および⑶が重要である。なぜなら、ポイントは、プライヴァシーや名誉を保護する憲法上の根拠条文を探究することではないからである。tortious speech 論の分析は「表現の自由を規制する国家行為が、憲法上の正当な基礎をもっているか否か」[26] に向かわなければならないのである[27]。

　三　本書が関心を寄せている著作権法は、著作者と著作物利用者の両権益を調整しようとした国家行為である。著作者の著作権と利用者の表現の自由という相対する権益を、国家が法律を通して調整しようというのである。ここに憲法上の問題がある。本書は、著作権と表現の自由の問題を tortious speech の枠組で捉えようとするものである。

　本書のこの視点からすれば、著作権による表現規制の問題は、以下の観点から分析されなければならない。

---

[25]　同書 249-250 頁を本書の視点からパラフレーズした。
[26]　同書 251 頁。著作権をめぐる憲法学の分析枠組については、拙稿「著作権をみる憲法学の視点について」熊本法学 114 号（2008 年）1 頁以下および本書の第 1 章第 2 節の 3（本書の見解）も参照されたい。
[27]　公務員に対する名誉毀損について「現実の悪意ルール」（actual malice rule）を提示した New York Times Co. v. Sullivan, 376 U.S. 254 (1964) は、ここでの tortuous speech の分析枠組に適合的な事例である。
　　本件で合衆国最高裁は、ある言論が名誉毀損となる言論（defamatory speech）であったとしても、それが公職にある者（public official）に向けられたものであるときには、以下のことを当該言論の違法性を主張する側が立証しなければならないとした。それは、当該言論の表出者がその言論内容を虚偽であると知っていたか、または虚偽であるか否かということを無謀にも無視して公表したということである。原告側が当該要件の立証に失敗すれば、上記言論は、名誉毀損となる言論であったとしても、修正 1 条により保護されるというのである。これが「現実の悪意ルール」の要諦である。
　　本件において合衆国最高裁は、ある言論を不法行為として制約することが憲法上正当な基礎をもつか、と理論構成している。tortious speech の分析枠組がここに顕現している。

(1) 著作権は法的保護に値する権益か。著作権を保護する理由はなにか。
(2) 著作権と表現の自由を調整するにあたり、国家は、一般性・抽象性をもつ議会法形式によっているか。また当該法律（著作権法）は、表現規制法令に求められる形式的要件を満たしているか。
(3) その法律は表現の自由を規制する正当な理由によるものか。また表現行為を自由にすることの意義を汲むものになっているか。

憲法理論との関係でとくに重要になるのは(2)および(3)の視点であると思われる[28]。

わが国の著作権法は、思想または感情の創作的表現（2条1項1号）に利用規制を課している。ここで問われなければならないのは、著作権法上「保護される表現」、換言すると、表現の自由が「保護されない表現」の外延が何処にあるか、という問題である。これは上記(2)の課題と関係している。また、著作権法の制約にもかかわらず表現の自由の要請がまさる表現行為の類型は何か、当該表現行為の存在に著作権法が適切な配慮を示しているかという問題もある。これは上記(3)の課題と関係している。この二つの課題を煎じ詰めていえば、著作権をみる憲法学の視点は、①表現行為による著作権侵害の成立要件、②著作権侵害の違法性阻却事由、この二点を探究することに向けられなければならない。

これは憲法学が分析すべき tortious speech 論の一般的分析枠組から演繹された視点である。

2　1970年の M.Nimmer 論文の影響

著作権と表現の自由の関係を分析する本書の視点と同様の議論枠組でこの関係を探究した論者がいる。M. Nimmer（Melville B. Nimmer）である。

一　合衆国最高裁は、2003年の判決のなかで、以下のようにいう。
「連邦議会は著作権保護の伝統的概略を変更してはいない。〔したがって〕修正1条の審査は不必要である」[29]。

---

[28] 著作権がいかなる権益であるのか、また、著作権保護はなにを目的としているのか、ひとことでいうと、著作権がいかなるコンセプトの下にあるかということは、非常に興味深いものである。この点については、著作権というコンセプトを proprietary concept と regulatory concept の対比を用いて検討している L. Patterson の議論を導きの糸として、他日、再検討を期したい。*See*, L. Ray Patterson, *Free Speech, Copyright, and Fair Use*, 40 Vand. L. Rev. 1, 2-13 (1987).

[29] Eldred, 537 U.S., at 221.

この「著作権保護の伝統的概略」(traditional contours) とは、著作権法に修正１条との調整法が内蔵されていること (built-in First Amendment accommodations) と、著作権を制限する「伝統的修正１条保護手段」(traditional First Amendment safeguards) が規定されていることを指している。ここでの関心は、著作権法に内蔵されている著作権と表現の自由を調整する法理論にある。
　"著作権と表現の自由を調整する法理論"。合衆国最高裁にこう評価された法理論が先述した（はじめに三）つぎの二つの法理である。
(1)　著作権法で保護されるのは、著作物の特定の表現形式 (form of expression) であり、事実 (fact) や思想 (idea) ではないとする「アイディア・事実／表現形式二分法」(idea/expression dichotomy)。
(2)　著作物の利用目的やその性質に照らして「公正である」と評価できる著作物利用について、著作権の効力を否定する「フェア・ユースの法理」(fair use doctrine)。
　この「アイディア・事実／表現形式二分法」および「フェア・ユースの法理」の意義について、合衆国最高裁の裁判書では、以下のように述べられている。
　「アイディア・事実／表現形式二分法は、修正１条と著作権法の間での定義的衡量 (definitional balance) である。それは、著作者の表現 (author's expression) をなお保護する一方で、事実 (facts) の自由なコミュニケーションを許容している」[30]。
　「『フェア・ユース』という抗弁は、著作権のある著作物に含まれている事実や思想 (facts and ideas) ばかりでなく、ある種の状況下では表現それ自体 (expression itself) の使用も一般に (the public) 許容している」[31]。
　著作権の保護が表現の自由との関係で問われたときにかの国の裁判所がよく使うこの二法理は「元を辿れば、1970 年代に、Nimmer が、憲法学の『定義付け衡量論 (definitional balancing)』を著作権法の正当化根拠に応用したことに端を発するものであ〔る〕」[32]。
　二　Nimmer が 1970 年に発表した論文「著作権は言論やプレスの自由を保

---

[30] Harper & Row, 471 U.S., at 556 (quoting Harper & Row, Publishers v. Nation Enters., 723 F.2d 195, 203 (2d Cir. 1983)).

[31] Eldred, 537 U.S., at 219.

[32] 横山久芳「著作権の保護期間延長立法と表現の自由に関する一考察──アメリカの CTEA 憲法訴訟を素材として」学習院大学法学会雑誌 39 巻 2 号（2004 年）19、37 頁。

第1節　M. Nimmer の功績と課題

障する修正1条に反しないのか？」[33]は、彼が他の表現規制の文脈で展開していた「定義的衡量テスト」(definitional balancing) の手法を[34]、著作権と表現の自由の分析に適用しようとした先進的試みと評価できる。そこには著作権と表現の自由の問題について「常にパイオニア的役割りを果たそうとする」[35]論者の手による堅実な理論構成が施されていた。

「定義的衡量テスト」とは、一言でいうと、憲法上「保護される表現」と「保護されない表現」の境界を定式化しようとする試みである。このテストは、ときに「ある表現が一般的にもつ利益（価値）と、それに対立する利益（保護法益）の本質部分とをあらかじめ衡量して……〔憲法上〕『保護されない表現』という範疇を求める理論」[36]と紹介され、ときにその意義として「個別的文脈の如何を問わず一定の範疇に属する表現は絶対的に保護されなければならないとするもの」[37]であると理解されてきている。

さて、Nimmer がこの定義的衡量テストを著作権の問題に適用するときに留意しなければならないとしたことがある。彼の口に語ってもらおう。

「仮に定義的衡量アプローチが著作権の範囲に適用されるとしても、著作権法のもとで禁止される言論と、その法律にもかかわらず、修正1条の命令により削減できない言論との線引が必要になる」[38]。

Nimmer によれば、著作権法で利用が規制される言論（表現）と、法律の規定にもかかわらず、表現の自由の要請により著作権侵害とならない言論（表現）とを、峻別することが必要となる。この点は重要なので丁寧に換言しておくと、つぎのようになる。著作権法にいう「表現」(expression)の「フェア・ユース」には該当しない利用行為だけを、憲法は著作権法による表現制限として許しているのである[39]。ここでまず注視されるべきなのが、本章の関心である「アイディア・事実／表現形式二分法」、より具体的には、著作権法で無断

---

[33] Melville B. Nimmer, *Does Copyright Abridge the First Amendment Guarantees of Free Speech and Press?*, 17 UCLA L. REV. 1180 (1970).

[34] *See* Melville B. Nimmer, *The Right to Speak from Times to Time : First Amendment Theory Applied to Libel and Misapplied to Privacy*, 56 CAL. L. REV. 935 (1968).

[35] 1970年の Nimmer 論文を紹介する阿部浩二「論文紹介」アメリカ法［1974-1］(1974年) 134、135頁。

[36] 阪本昌成『憲法理論Ⅲ』(成文堂、1995年) 28頁。

[37] 佐藤幸治『憲法〔第三版〕』(青林書院、1995年) 524頁。

[38] Nimmer, *supra* note 33, at 1185.

[39] 横山・前掲論文(註32)38頁参照。

99

利用が禁止される「表現」とはなにか、という点である。

3 「アイディア・事実／表現形式二分法」と著作権を保護すべき「表現」

　一　合衆国議会は、1790年5月31日に、連邦著作権法（The Copyright Act of 1790）を制定している。この法律は、著作権が保護される物（copyrighted medium）を「地図、海図および書籍」（map, chart, book and books）に限定していた。ただこの限定されたcopyright mediumは、1802年の改正における新聞、雑誌等の印刷物の追加に端を発し、1831年に楽曲、1856年に演劇著作物、1865年に写真、1870年には絵画、図画、彫刻、美術的な作品のためのモデルないしデザイン……というように、次つぎに拡張されていった。

　また1790年法でのいわゆる支分権は、「印刷、増刷、出版および販売」に限定されていた。これも演劇著作物がcopyright mediumに追加された1856年に上演権（right of public performance）が加えられたのを皮切りに、1897年には楽曲の実演権（right of public performance）が追加されるというように、以下、陸続と拡張されている。

　このようなcopyright mediumおよび支分権の拡張傾向は、反面で、表現行為の自由度を相対化することでもあった。ただそのなかでも一貫して守られた表現の自由保護理論がある。それが「アイディア・事実／表現形式二分法」である。

　でも、そこでいう"アイディア・事実"と"表現形式"は、截然と区別できるのであろうか。

　二　合衆国著作権法に「アイディア・事実／表現形式二分法」が法定されたのは、1976年の法改正においてのことである。そこでは以下のように規定されている。

【17 U.S.C. § 102 (b)】

　「いかなる場合においても、オリジナルな原作（authorship）についての著作権の保護は、アイディア、手続き、プロセス、システム、操作方法、コンセプト、法則ないし発見にまで及ぶものではない。このことは、これらがいかなる形式で記述され、説明され、図解され、あるいは実体化されているかを問わない」。

　1880年の合衆国最高裁判決[40]は「アイディア・事実／表現形式二分法」の黎

40　Baker v. Selden, 101 U.S. (11 Otto) 99 (1880).

明を告げる典型的判例としてよく引照されることがある。簿記システムを解説した書籍の著作権が争われたこの事例で、合衆国最高裁は、以下のように述べた（第2章第3節〔裁判実践〕の3参照）。

「たとえ著作権が認められている書物ではあっても、その書物に書かれた技術の記載は、当該技術自体に対する排他的権利の根拠とはなり得ない」[41]。

技術の記載それ自体（expression）と記載された技術そのもの（idea, system）を区別するこの裁判書からは、著作権法により保護される"表現"と保護されない"思想"とが明確に区別できるという立論の成立を想起させる。

　三　後述するように、往時の芸術観の影響を受けて当時の法理論は、idea概念を限定的にとらえていた。それによれば「思想」（idea）とは無形の表出されざるコンセプト（intangible unexpressed concept）であり、それは著作者・作者の心のなかだけにあるとされていた。このidea概念は「アイディア・事実／表現形式」の区分に大きく影響していたようである。「著作権は著作者が思想を表現するために選んだ言葉の特定の配列だけを保護するものであった」[42]。

ところがこの定式化はいまでは崩壊している。

著作権法の保護対象は、著作者の「思想」（idea）そのものではなく「思想の表現」（expression of idea）である。ところが、著作権法の保護対象である「表現」概念について、明確にはされてきていない。実は、著作権法の保護対象は、著作者が発した文言と同一の逐語的文言（exact words）に、現在では限定されていない。そこには、著作権法で"保護すべき表現"と"保護すべきではない表現"とを区別する、規範的判断が介入しているのである。

本節で取り上げたNimmer論文も、彼の法理論を敷衍してきた合衆国の諸判例も、なにが保護されるべき表現であるのかについて、なにも語ってきていない。この点について節を改めて探究することにする（第3節〔保護されるもの／保護されないもの〕）。その前に、著作権法が保護する「表現形式」（form of expression）について、詳述する必要がある。

---

[41] *Ibid.*, at 105.
[42] Amy B. Cohen, *Copyright Law and the Myth of Objectivity : The Idea-Expression Dichotomy and the Inevitability of Artistic Value Judgments,* 66 IND. L. J. 175, 201 (1990).

第3章　アイディア・事実／表現形式二分法

第2節　表現の形式

　著作権がおよぶ「表現」（expression）は、逐語的表現（exact expression）に限定されていない。本節の考察はここに焦点をあてている。

1　複製概念から

　一　わが国の著作権法をみてみよう。複製とは「印刷、写真、複写、録音、録画その他の方法により有形的に再製すること」をいう（2条1項15号）。この複製概念を巡っては二つの見解がある。この定義規定をできる限り厳格に理解しようとする「厳格説」と、著作権法の他の条文と平仄のあうように理解しようとする「ゆるやか説」である。

　厳格説によれば、複製とは、原著作物を「有形的に再製すること」に限られる。この説によれば、複製とは、いわゆるデッドコピーに限定されることになる。そこでは僅かな改変でもそれは翻案として理解され、創作性のない改変であっても、それが複製に含められることはない[43]。

　これに対し、原著作物の有形的再製という複製概念を相対化して理解するのがゆるやか説の眼目である。この説によれば、創作性のない改変はなお複製の範囲に置かれ、改変に創作性が認められてはじめて翻案として理解されることになる[44]。

　両説の法的効果としての相違は、創作性のない改変を、翻案とするかなお複製に留め置くかにある。この点については、創作性のない改変は、著作権法上の保護客体でないこと、したがって、現行著作権法は創作性のない改変に関する法規定をもたないこと、厳格説のように「翻案」のなかに創作性のない改変まで含めてしまうことは理論の精度を落とす原因となることなどに鑑みれば、創作性のない改変という中間概念を設けて論じる実益に欠けていると思われる。ゆるやか説が妥当であろう。

　複製概念に関するゆるやか説によれば「翻案」とは「創作性のある改変」のことである[45]。

---

[43] 野一色勲「同一性保持権と財産権」紋谷暢男教授還暦記念『知的財産権法の現代的課題』（発明協会、1998年）641、646頁参照。
[44] 同論文647頁参照。
[45] 著作権法27条は著作者に翻案権を与えている。この条文の文言上は翻案に創作性が

第 2 節　表現の形式

　二　原著作物を「翻案することにより創作した著作物」のことを二次的著作物という（2 条 1 項 11 号）。上述しているように「翻案」を創作性のある改変のこととして理解したので、二次的著作物にも創作性が認められることになる[46]。二次的著作物も著作権法の保護客体である。換言すると、二次的著作物の著作者にも、当該著作物に関する著作権が認められる。

　では二次的著作物のもとになっている原著作物の著作者は、彼の著作物から派生した著作物[47]である二次的著作物との間では、どのような法関係に立つのであろうか。

　著作権法 28 条は、以下のようにいう。

　　「二次的著作物の原著作物の著作者は、当該二次的著作物の利用に関し、この款に規定する権利で当該二次的著作物の著作者が有するものと同一の種類の権利を専有する」。

　ここで二次的著作物には、当該二次的著作物の著作者と原著作物の著作者の著作権が「併存」[48]していることがわかる[49]。ここでの疑問は、二次的著作物について、なぜ原著作者の著作権まで保護されるのか、という点である。その謎解きは原著作物の翻案が二次的著作物であるというときの、「翻案」の捉え方

　　求められてはいない。ただ、本文で論じたように、「翻案とは創作性のある改変のことを指す」と理解した方が、著作権法の他の条文理解との関係で平仄があうと思われる。野一色・前掲論文（註 43）648 頁も「現行法及び判例はゆるやか説に属している」と評価している。

[46]　もっとも、二次的著作物の著作者とその利用者との間での紛争が少ないためか、原著作物にどの程度の創作性が付加されると二次的著作物の生成をみるのかについては、不分明である。島並良「二次創作と創作性」著作権研究 28 号（2001 年）28、34 頁参照。

[47]　二次的著作物は、原著作物から派生した（derivative）著作物なので、「派生的著作物」（derivative work）と呼ばれることもある。野一色・前掲論文（註 43）652 頁参照。

[48]　中山信弘『著作権法』（有斐閣、2007 年）131 頁。原著作物と二次的著作物とは別個の著作物である。二次的著作物が共同著作物（2 条 1 項 12 号）に該当しないことはいうまでもなかろう。

[49]　この点については、一連の「キャンディ・キャンディ事件」で確認されている。東京地判平 11・2・25 判時 1673 号 66 頁、その控訴審である東京高判平 12・3・30 判時 1726 号 162 頁、さらにその上告審である最一判平 13・10・25 判時 1767 号 115 頁参照。
　　原著作者が二次的著作物の著作者と同じ内容の権利をもつように読める 28 条の規定（原著作者が二次的著作物の著作者と「同一の種類の権利を専有する」）について、中山信弘は、「原著作物の著作者が二次的著作物に関して権利行使できる範囲は、原著作物の表現が感得できる範囲と考えるべきである」として、原著作者の権利の範囲を限定する見解を表明している。中山・前掲書（註 48）134 頁。

にある。多くの著作権法解説書には以下のような記述をみることができる。「翻案とは……原著作物の内面的な表現を維持しつつ、外面的な表現を変えることを指す」[50]、「既存の著作物の内面形式は維持しながら、外面形式を大幅に変更することをいう」[51]。

著作物の表現の「外面的形式」／「内面的形式」とはなにか。

2　表現の外面的形式／内面的形式

一 わたしの研究室の机の上にある書籍は、高名なA先生の著書である。A先生の手によるものであるが、この有体物にはわたしの所有権が及んでいる。

ところでこの書籍は、A先生の「著作物としての表現」を有形化したものともいえる。その著作物としての表現は、A先生の思想および感情が外部に表出されたものである。この非物質的な存在にわたしの所有権は及ばない。では、A先生の所有権は及ぶのであろうか。

著作物としての表現は、著作物の「内容」とそれを外部に表出するためにとられた「形式」に、概念上区別できる。この概念上の区別に最初に気づいたのがJ・フィヒテ（Johann Gottlieb Fichte, 1762〜1814）であった[52]。彼は、1791年に物した「書物再販の不当性の証明」の中で、制作者のBegriffが定められているFormを、制作者の所有に帰す議論を展開している[53]。

著作・作品（Werk）のなかに制作者に固有のものと、そうでないものが存在していることを認識させたフィヒテの功績は大きいといえよう[54]。ただ、彼の議論は、著作物としての表現を「形式」と「内容」にあまりにも単純に分けて

50　中山・前掲書（註48）130頁。

51　半田正夫『著作権法概説〔第14版〕』（法学書院、2009年）98頁。

52　Johann Gottlieb Fichte, Beweis der Unrechtmässigkeit des Büchernachdrucks (1793), in Reinhard Lauth und Hans Jacob (Hg.), *Werke*, Bd.1, 1964, S.409. このことを指摘している半田・前掲書（註51）75頁以下も参照。

53　Ebd., S 418ff.

54　フィヒテのInhalt／Form区分論がヘーゲルやショーペンハウアーの理論に受け継がれていることを指摘している、Heinrich Hubmann / Manfed Rehbinder, Urheber- und Verlagsrecht, 8. Aufl., 1991, S.14-15 を参照。Hubmannは、フィヒテの理論が後のJ. Kohlerの無体財産権論にも影響しているとしている。これらの点を指摘している、河中一學「著作者人格権について──カントの論考を中心として」成田賴明先生横浜国立大学退官記念『国際化時代の行政と法』（松田保彦ほか編集代表、良書普及会、1993年）879、923-924頁も参照。

しまったところに欠点があったと批判されている[55]。フィヒテに投げかけられた批判の要諦を、半田正夫は、以下のように要約している。
　「フィヒテのごとく著作物の外部的な『形式』だけが保護されると解するならば、たとえ著作物の同一性が認められる場合であっても、多少順序・配列を変え異なる『形式』を使用するかぎり、それぞれ別個の著作物として保護しなければならない」[56]。
　これでは著作物という概念は、著作権法の保護客体として、無価値に帰すだろう。なぜなら、これでは先述した「創作性のない改変」を新規著作物として、または少なくとも二次的著作物の産出とみなしていることになるからである。そこでは、著作権者には、いわゆるデッドコピーを排除する利益しか与えられていない。
　二　表現を「形式」と「内容」に区分する理論は、表現形式をさらに「外面的形式」と「内面的形式」に区分する理論の礎をなしている。
　表現の「外面的形式」とは、ある論者によれば、それは「著作者の思想を文字、言語、色、音等の他人によって知覚されうる媒介物を通して客観的存在たらしめる外部的構成」[57]のことである。これは、通常の用語として「表現」と呼んでいる、外部に現れた客観視できる構成のことである。
　表現の「内面的形式」とは、同じ論者によれば、それは「『外面的形式』に対応して著作者の内心に一定の秩序をもって形成される思想の体系」[58]のこととされている。別の論者は「外面的表現の背後にある表現の流れ、あるいは表現のための詳細な構成」[59]との表現で、「著作物の思想感情の体系」[60]を指すこの概念を説明している。
　表現形式を外面的形式と内面的形式に区分したところで、重要な一言を述べよう。著作権法で保護される「表現」（expression）は、外面的形式に限定されていない。
　著作権法で保護されるのは、外面的表現形式と、その保護に必要な範囲にお

55　半田・前掲書（註51）75-76頁参照。
56　同書76頁。半田正夫はフィヒテの議論に対する批判を2点に要約している。そのうちの一点については本文で指摘した通りである。もう一点については本書の関心の枠外なので割愛した。
57　半田・前掲書（註51）77頁。
58　同書同頁。
59　野一色・前掲論文（註43）651頁。
60　中山・前掲書（註48）48頁。

ける内面的表現形式である[61]。「創作的な外面的表現に対する法的保護を全うするためには、外面的表現の背後にある表現の流れ、あるいは表現のための詳細な構成をも保護する必要が認められている」[62]のである。この理解によれば、さきほど少し議論した二次的著作物は、内面的表現形式を維持しつつ外面的表現形式のみを変更したものといえる[63]。

　三　ではそろそろ、なぜ二次的著作物には、その著作者の著作権とともに、原著作者の著作権が併存するのかについて探究してみよう。

　著作権法は、著作者に翻案権を認めている（27条）。これは、著作物に翻案行為を認めるか否かについて、当該著作物の著作者に決定権を付与していることを意味している。なぜ法はこのような規定をもっているのであろうか。翻案行為を著作者がコントロールしてよいのはどのような理由からであろうか。

　この問題について、野一色勲は、以下のような解法を提示している。

　「翻案権を著作者の権利の一つとして掲げ、翻案行為を著作権のコントロールに服せしめる理由は、外面的表現に対して創作的改変が加えられても直ちに新たな著作物が作られることにはならずに、原著作物の表現が残留しているからである」[64]。

　この見解を下敷きに、二次的著作物に関する著作権の併存状況を説明すれば、つぎのようになろう。まず二次的著作物の著作者に当該著作物に対する著作権が認められることに疑義はなかろう。二次的著作物も創作的表現行為であり、そこには著作権の保護客体の要件といえる創作性が具備されているからである。では二次的著作物に対する原著作者の著作権はどうか。上記引用の見解によれば、原著作物の表現が残留していることを理由に、原著作物の著作者にも二次的著作物についての著作権が認められることになる[65]。

　本節冒頭では複製概念についての二つの理解を検討した。そこでは原著作物をword-for-word, line-for-lineに再製することだけでなく、原著作物に創作性のない改変を加えることも複製の範囲に留め置かれることを確認した。また創作性のある改変を翻案とすることもすでに論述している。複製は原著作物の有

61　野一色・前掲論文（註43）651頁参照。
62　同論文同頁。
63　中山・前掲書（註48）48頁。
64　野一色・前掲論文（註43）651頁。
65　二次的著作物に関する「重畳的な権利関係」が情報の流通にとって阻害要因として働くことについて、島並・前掲論文（註46）30-31頁参照。

第2節　表現の形式

形的再製であり、翻案には原著作物の表現の残留を見ることができるという理由で、原著作物の著作者の著作権が認められていた。ではどの段階になると、原著作物の著作者のコントロールから離れるのであろうか。それは「新著作物」が生成されたときである。翻案から新著作物生成の漸次的移行（gradation）を、先述の野一色は、以下のように表現している。

　「改変や増減修正の創作性の度合が大きくなるにつれ、表現における原著作物の残留の度合は薄くなり、表現に原著作物の残留が無くなった段階で新著作物が生まれることになる」[66]。

翻案か、それとも、別著作物か。この境界線は奈辺にあるのであろうか。

3　先行著作物と後続著作物との関係　翻案それとも別著作物？

　一　後続著作物が先行著作物の翻案であると判定されれば、先行著作物が原著作物の地位を獲得し、後続著作物は原著作物の著作者のコントロールをうける（27条）。

平成6年3月23日に東京地裁は「ぼくのスカート」事件と称される事案に判決を下している[67]。原告の著した脚本と被告のTVドラマの脚本の類似性が争われた本件の裁判書のなかで「翻案」概念を詳述している部分を引用してみよう。

　「『翻案』とは、翻訳、編曲、変形、脚色又は映画化と同じように、いずれか一方の作品に接したとき、接した当該作品のストーリーやメロディ等の基本的な内容と、他方の作品のそれとの同一性に思い至る程度に当該著作物の基本的な内容が同一であることを要するというべきであり、また、本件のようなドラマやその脚本においては、主題、ストーリー、作品の性格等の基本的な内容が類似することを要する」。

本件で東京地裁は、両作品の設定を抽象化して示せば、両作品に接する者においては、いずれか一方に触れたとき他方の存在を想起する場合があるかもしれないとしながらも、「単に抽象化された設定が同一ないし類似であったり、単に、一方の作品に接したときに他方の作品の存在を思い浮かべうるといった程度では、翻案したものということはできない」として、後続著作物が先行著作物の翻案であるか否かの判定基準として、二つの要件があることを示唆して

66　野一色・前掲論文（註43）651頁。
67　東京地裁平成6年3月23日民事第29部判決（判時1517号136頁）。

いると思われる。第一の要件が両作品の「内容の同一類似性」である。第二の要件が「原著作物特定可能性」である[68]。

ところでこの翻案性該当基準の二要件に該当するか否かの判定は、とどのつまり、「平均人の感性または悟性」[69]を基準に判断されると思われる。原著作物特定の成否は、作品内容[70]の同一類似性の有無に多くを負っていると思われるが、先行著作物と後続著作物との同一類似性の有無という相対的概念を、客観性が擬制されているとはいえ「平均人の感性または悟性」という相対的基準で判定することに、どれだけ合理性が期待できるのであろうか。

「ぼくのスカート」事件で争われたのはTVドラマなどの脚本についてであった。翻案か、それとも、別著作物であるかの判定は、また著作物の性格を勘案しながら探究されなければならない。上記東京地裁の裁判書は、先行著作物と後続著作物の関係が翻案と別著作物を色分けるグラデーションの奈辺にあるのかを判定する基準を、幾ばくかでも示しているといえるのであろうか。

二　同様の思考法は合衆国においてもみることができる。戯曲 Abie's Irish

---

[68] 言語著作物等の翻案の有無を判定する要件を定式化する渋谷達紀「翻案の概念」民商法雑誌137巻1号（2007年）1、18-19頁参照。

渋谷論文は、言語の著作物における翻案行為について、平成13年6月28日の最高裁第一小法廷判決（江差追分事件上告審判決、民集55巻4号837頁）が、従来の定義（「ぼくのスカート事件」などにおけるそれ）を以下のように変更していると指摘している。いわく「言語の著作物における翻案とは、既存の著作物の『表現上の本質的な特徴の同一性を維持しつつ、具体的表現に修正、増減、変更等を加えて、新たに思想又は感情を創作的に表現することにより、これに接する者が既存の著作物の表現上の本質的な特徴を直接感得することのできる別の著作物を創作する行為』（民集55巻4号840頁）をいう」（同論文14頁）。

ここにいう、表現上の特徴の直接感得性について、渋谷は、従来の定義でいうところの「作品の内容の同一類似性」要件の「置き換え」(15頁) であると評価している。そうであるなら、翻案行為該当性判断についての基準としては、従来型のものと近時のそれとで、決定的な違いはないといえそうである。

最高裁による翻案概念の再構成は、言語等による著作物（渋谷はこれを「悟性により認識される著作物」という）と美術や写真、音楽の著作物（彼はこれを「感性により認識される著作物」と呼んでいる）で異なっていた翻案概念に、統一的理解を構成する狙いがあったようである。渋谷論文の要諦は、最高裁の試みが翻案の概念を分析する「理論的研究の障害」(26頁) となっていると主張するものであるが、これ以上の深入りはここでは自重しなければならない。

[69] 渋谷・前掲論文（註68）5頁。

[70] 作品の内容とは、言語の著作物の翻案に関する従来の判例によれば、作品の筋書きや構成のことである（渋谷・同論文15頁）。

第 2 節　表現の形式

　Rose の著者が劇映画 The Cohens and the Kellys の制作会社を相手取って、当該劇映画は自己の著作物を無断で借用したもの（taken from it）であると訴えた事案[71]で、第 2 巡回区連邦控訴裁判所は、有名な以下の裁判書を提示している。
　「どの著作物でもそうだが、とくに演劇については、付随的なものをつぎつぎに取り除いていくと、高度の一般性をもつ多くのパターンが見つかるであろう。最後にはその演劇がどのようなものなのかという非常に高度に一般化された言明しか残らないかもしれない。場合によってはタイトルだけになるかもしれない。しかし、一連のこの抽象化過程において、それらはもはや保護されないという地点が存在している。さもなければ、劇作家は、彼の表現（expression）を除いて、彼の権利が及ぶはずのない『思想』（ideas）の使用を妨害できることになってしまう」[72]。
　L. Hand 裁判官の「思想の表現」部分を探究するこの試みを、後世は「抽象化テスト」（abstractions test）と呼んでいる。
　Hand 裁判官は、同裁判書のなかで、著作権の客体は「逐語的テキストに限定されない」ことを明示している。なぜなら「さもなければ僅かな変更で剽窃者は〔著作権侵害を〕のがれられる」からである[73]。
　著作権の客体が逐語的な表現に限定されないとしても、そこに思想それ自体は含まれていない。そうであるなら、どこかに法上保護されない「思想それ自体」と保護される「思想の表現」を分かつ境界線があることになる。Hand 裁判官は「その境界線を確定できた人は誰もいない」[74]としながらも、原作品全体の抽象化の過程において「もはや保護されないという地点」（where they are no longer protected）があるというのである。
　さて「保護されないもの」と「保護されるもの」の境界線が両者間のグラデーションの奈辺あるのかを求める Hand 裁判官の試みの成否は、どのように評価すべきであろうか。ある論者は、「アイディア・事実／表現形式」の境界線を求めた Hand 裁判官の試みについて、皮肉なことだが、以下のようにいう。「Hand 裁判官が Nichols で明らかにしたことは、ここまでが思想でここからが表現であると正確に断定できるいかなる点も存在しないということである」[75]。

---

[71]　Nichols v. Universal Pictures Corporation., 45 F.2d 119 (2d Cir. 1930).
[72]　*Ibid.*, at 121.
[73]　*Ibid.*
[74]　*Ibid.*
[75]　Cohen, *supra* note 42, at 220.

第3章　アイディア・事実／表現形式二分法

　「アイディア・事実／表現形式」の境界線を求めようとしたHand裁判官の試みは、結局は、両概念を定義することの困難性に絡め取られて、不首尾に終わってしまったと思われる。後にHand裁判官が「抽象化テスト」について以下のように心情を吐露していることもよく紹介されている。「権利侵害をめぐるそのテストは、必然的に曖昧となり……判定はそのために不可避的にアド・ホックなものにならざるを得なかった」[76]。

　三　この他にも言語による著作物のパラダイムでは、Z. Chafeeの「パターン・テスト」（pattern test）も、「アイディア・事実／表現形式」の境界線を求める試みとしてよく知られている[77]。彼は「著作者の思想と彼が書き記した正確な形式（precise form）との間のどこかにその線が存在していることは疑いない」[78]との言明に続けて、以下のようにいう。

　「〔著作権の〕保護は、出来事の因果的連鎖（sequence）や登場人物たちのやり取りの展開などといった……著作物の『パターン』（pattern）まで含まれている」[79]。

　著作物の思想をコピーすることは許されているのであり、登場人物やシチュエーションについての若干の類似性は避けられない。そうならば、著作物の思想とそれに付随するcharacters and situationは、思想のパターンであり、それらのコピーも許容される。Chafeeのパターン・テストの着想は、このことを定式化することにあったと思われる。

　ただここでもこのパターンの外延を求める基準は依然として明らかにされていない。これでは、基本的思想の表現のためにはもはや必須なものとは考えられない部分がグラデーションの奈辺からはじまるのか、判定不能である[80]。

　本項（先行著作物と後続著作物との関係）では翻案／別著作物の境界線を求める試みを瞥見してきた。この問題の発生因は、著作権がおよぶ「表現」が逐語的表現に限定されていないことにある。先行著作物の表現がどの程度の残留を見せれば、後続著作物は翻案とされ、どの程度の霧散をもって別著作物となるのか。この問題を解決するためには、どうしても「アイディア・事実／表現形

---

[76]　Peter Pan Fabrics, Inc. v. Martin Weiner Corp., 274 F.2d 487, 489 (2d Cir. 1960).

[77]　See Zechariah Chafee, Jr., *Reflections on the Law of Copyright* Ⅰ・Ⅱ, 45 COLUM. L. REV. 503ff, 719ff (1945).

[78]　*Ibid.*, at 513.

[79]　*Ibid.*, at 513-514.

[80]　同様の指摘をするCohen, *supra* note 42, at 220 n. 188を参照。

式」の境界線の在処を探究しなければならないようである。

第3節　保護されるもの／保護されないもの

　「アイディア・事実／表現形式二分法」は、著作権法により「保護されるもの」を「表現」(expression)とよび「保護されないもの」を「思想」(idea)とよぶ、純理論的な構造を内含している。この線引きの客観性の有無を判定するのが第3節の課題である。

1　総　　説

　思想それ自体を著作権法は保護していない。著作権法の保護客体たるためには、思想が具体的な表現の形式を備えたものとなっていなければならない。先述しているように、著作権法理論は、法上保護される表現を「外面的表現」に限定していない。表現を「外面的形式」と「内面的形式」に概念上区別し、前者ばかりでなく後者の残留をも、著作権保護の契機として認めてきている。二次的著作物に著作権が併存するのは、この理屈に拠っていた。

　ところが、著作権が"保護されない思想／保護される表現"という区別について、中山信弘は以下のように評している。いわく「一見麗しい分類のように見えるが、所詮は言葉の遊びにすぎず、思想と表現の線引きの判断基準としてはほとんど機能しない」[81]。この線引きは、要は「保護すべきでない領域を思想とし、保護すべき領域を表現と結論づけている」だけで、著作権保護の有無を判断する基準としては「余りに茫漠としすぎている」のである[82]。

　「思想／表現」の線引きに客観性が失われたのはいつからなのだろう。それはなにに基因しているのであろうか。たしか著作権に関する初期の合衆国判例は、翻訳[83]ですら、新規著作物と同視していたはずである。換言すれば、翻訳は原著作物の著作権者にコントロールされなかったのである。そこでは法上「保護されるもの」は客観的であった。つまり「正確な一字一句の再生」(exact word-for-word or line-for-line reproduction)[84]のみが禁止されていたのである。

81　中山・前掲書(註48)48頁。
82　同書47頁。
83　See Stowe v. Thomas, 23 F.Cas. 201 (No. 13, 514) (C.C.E.D. Pa. 1853).
84　Robert Yale Libott, *Round the Prickly Pear : The Idea-Expression Fallacy in a Mass Communications World*, 14 UCLA L. REV. 735, 743 (1967).

ところで、著作権法上保護されないもの、すなわち「思想」がなんであるのかを探究するこころみもあった。ところがそのサブ・カテゴリの保護適格性 (protectability) をめぐる裁判所の混乱や、そのあまりにも場当たり的な判定から、なにが法上保護されない思想であるのかをめぐる探究に生産性はないと思われる。

そこで、ここでは著作権法で保護される表現形式を探究する視点で、「思想／表現」の間に客観的判定基準がなくなった経緯を分析することからはじめようと思う。さらに法上「保護される表現」に客観的外延なきとき、では「保護すべき表現」の定式についてはどう構成すればよいのかを探究していく。

2 「思想／表現」境界線の混乱原因

一 R. Libott は「思想／表現」境界線が不分明になった原因をつぎの二要素が同時に発生したことにみている[85]。それは、

(1) もとの著作物の文字通りの意味では複製ではないものまで権利侵害に含めるという方法で、著作権の客体の範囲を拡大したこと。Libottによれば、これは後述するような、芸術観の変容に遠因があるようである。
(2) 増え続ける非言語の著作物の変種を法適用の範囲に追加していること。
　　産業革命以降、言語著作物の派生的産物の市場が生成され拡張されている。
以下、それぞれ論究してみよう。

二　Libottは、「思想／表現」境界線の溶解が、芸術観の変容に基因しているという（上記(1)）。

18世紀から19世紀初期の段階までは、なにが優れた芸術作品（good art）または優れた文学作品（good literature）であるかについての客観的基準があったとされている。その当時においては、芸術はすべて実在（reality）の模造（imitation）であると考えられていた。そこでは「優れた作品」であるか否かも、制作者が普遍的真理（universal truths）や自然（nature）をいかに正確に模造しているかによりはかられていた[86]。

このような芸術観のもとでは、作者の創作行為が有形化した作品そのものが、芸術そのものであると理解されることであろう。そこでは作者の創作的表現の外延は容易に判別可能である。表現の「外面的形式」が作者の創作行為のすべ

85　*See ibid*.
86　*See* Cohen, *supra* note 42, at 184-186, 198-199.

てとなるからである。著作者の創作的表現を保護するという著作権法の文脈に引き寄せれば、芸術観についての古典的理解（classical view）のもとでは、著作権の保護客体は、"表出されたそのもの"（exact expression）に限定されることになる。

　ところがこの芸術観は、19世紀以降、ロマン主義（Romanticism）の強い抵抗にあう。芸術観におけるロマン派の見解の特徴は、芸術を、感情や個性を反映させた作者の自己表現として捉えたところにある[87]。

　このような芸術観は、芸術の成否を、原対象（original object）との関係ではかることはしない。芸術を感性の発露とするこの思考法では、作者の創作行為を、その「外面的形式」に限定することはできない。なぜならロマン主義は芸術を有形の客観的形象として捉えることはしないからである。ここでは創作的表現はその"表出されたものそのもの"に限定されないので、著作権の保護客体も、それに応じた変容を求められることになる。

　芸術観の変容は、著作権の保護客体を"表出されたものそのもの"に限定しない思考法を生成したといえよう。外面的表現形式だけでなく内面的表現形式まで「保護される表現」であると理解する表現の二層化論をそこにみることができる。「思想／表現」境界線の溶解現象がこうして発生したのである。

　三　「思想／表現」のなかにある境界線の溶解現象は「保護適格性のある著作物のカテゴリが拡張され、著作権者に与えられた権利の範囲も拡大されていく」[88]潮流と呼応してもいる（Libottが指摘した(2)について）。

　ある論者は「著作権法の歴史は、著作物の範囲の拡張の歴史であったともいえよう」[89]という。このことは合衆国の著作権法の歴史にもあてはまりそうである。合衆国議会の著作権法改正史を追うなかで、このことを探究してみよう。

　1　合衆国では1909年の法改正まで、著作権のある著作物（copyrighted works）の異なる媒体（different medium）への変形（transformation）について、実に限定的な制限しか施していなかったといえる[90]。

　連邦著作権法は1790年に制定されている。その法律は「地図、海図、書籍」の著作者のみに、当該著作物の「印刷、重刷、出版、販売」の権利だけを

---

[87] See ibid., at 186-187.
[88] Ibid., at 204.
[89] 中山信弘「著作権法の動向」鴻常夫先生古稀記念『現代企業立法の軌跡と展望』（落合誠一ほか編、商事法務、1995年）873、874頁。
[90] Cohen, *supra* note 42, at 201 n 106.

付与していた[91]。

　著作権が保護される著作物のカテゴリに1802年法は新聞・雑誌等（prints）を含めている。但し、その著作者に与えられた権利は、1790年法で規定されていた「印刷、重刷、出版、販売」に限定されたままであった[92]。

　1831年法は、楽曲（musical compositions）を著作権の客体にくわえている[93]。しかし、それでもその著作者にまだ実演に対する独占権は付与されていない。著作者に付与された権利は「印刷、重刷、出版、販売」のままであった。

　少なくとも18世紀中は隆盛であった古典的芸術観の思潮のなかで、当時はまだ、著作者の思想（idea）は、特定の外面的形式や様式のなかだけで表出されていると考えられていたのであろう。著作権法は、著作者の思想が表出されているその形式や様式の再製（copying）だけを禁じていれば、十分だったのである。こういった法の意識は、著作者に付与する権利を「印刷、重刷、出版、販売」に限定していたことに、明確に見て取れるであろう。

　但し、19世紀も中盤となると、著作権法のなかにも、芸術観についてのRomanticismの影響が見受けられるようになる。1856年に、連邦議会は、著作権保持者の権利の性質を、徐々に拡張しはじめている[94]。

　2　1856年の法改正で、連邦議会は、著作権の客体に演劇の構成内容（dramatic composition）を含めている。当該法律は、演劇著作物の著作権者にその「実演、上演、再演に対する独占権」を与えると同時に、「何れかの舞台や公共の場で実演された、上演された、再演されたことを理由とする訴訟手続」を規定していた[95]。但し、他の著作物の著作権者に与えられている権利は、依然として限定されたままであった。したがって、ある書籍のドラマ化や翻訳は、なお、著作権を侵害するものではなかった。

　1870年には、絵画、図画、彫刻などの美術的作品が、著作権の新しい客体に加えられている。しかも著作権者には著作物に対する「印刷、重刷、出版、完全な複製、制作、仕上げ、販売」の独占権が与えられた。また演劇著作物の実演・再演については、「著作物をドラマ化するか、また、翻案するか〔決定

91　Act of May 31, 1790, ch. 15, 1 Stat. 124 (repealed 1831).

92　*See* Act of Apr. 29, 1802, ch. 36, § 2, 2 Stat. 171.

93　*See* Act of Feb. 3, 1831, ch. 16, § 1, 4 Stat. 436.

94　*See* Cohen, *supra* note 42, at 204.

95　Act of Aug. 18, 1856, ch. 169, 11 Stat. 138.

する〕権利を、著作者に留保させる」規定を置いた[96]。

1831年に著作権の客体になった楽曲については、1897年の法改正で、その実演権まで保護対象に含められている（楽曲の実演はここに来て、著作権のコントロールに服するようになったのである）[97]。

上記したことから、19世紀末までには、物理的形体（physical format）の正確な再製（literal copying）の範囲を超えて、著作権のコントロールが及ぶようになっていたことがわかるであろう。但し、その範囲は限定的だった（表現物を制作すること（executing）や仕上げること（finishing）、また、実演すること（public performance）に限定されていた）。ところが1909年法で連邦議会は、著作物の異媒体間での変形に対するより完全なる独占権を、著作権者に付与している[98]。

3　1909年法は、著作権で保護された著作物（copyrighted works）を異なる様式（formats）に変形することに対する排他的権利（exclusive right）を著作権者に付与している。ここでたとえば、言語の著作物（literary works）のドラマ化や翻訳、あるいは「それらにいずれかの他の翻案をすること」（to make any other version thereof）[99]まで、著作権者のコントロールに服することになる。同様に、営利・非営利を問わず演劇作品の実演、音楽作品や非演劇作品の営利的実演も、著作権者の許諾を要することになった[100]。

さらに1909年法の§1(e)には、以下のような規定がある。楽曲の著作権をもつ者は「いかなる記譜システムを用いたとしても、それ〔楽曲〕や主旋律を編曲すること、また、いかなる録音形式に拠ろうとも、著作者が録音しようした思想（thought）やそれを解釈して演じたり複製したりすること……」について排他的権利を有する[101]。

上述したことから、1909年法からは、その表現物を構成している諸要素 conceptual elements まで著作権の客体になるとの思考法に彩られていることが覚知できる。そこでは表現の基本をなしている conceptual elements を異なる媒体（medium）や様式（format）に変形（translation）することまで、著作権

96　Act of July 8, 1870, ch. 230, § 86, 16 Stat. 198, 212.

97　Act of Jan. 6, 1897, ch. 4, 29 Stat. 481 (amending Title 60, ch. 3, § 4966 of the Revised Statutes).

98　*See* Cohen, *supra* note 42, at 204 n 110.

99　Act of Mar. 4, 1909, ch. 320, § 1(b), 35 Stat. 1175.

100　*Ibid.*, at §§ 1(d),(e).

101　*Ibid.*, at § 1(b).

を侵害するものと評価されることになる[102]。したがって C. Collins の以下のような要約は正鵠を得ているといえよう。著作権の客体が文字どおりの表現（literal expression）に限定されていた往時に成立していた、思想（ideas）は著作権の客体ではないという著作権の原則は、時代遅れで退化した（obsolete）といえる。新しい法律からは、ドラマ化、翻訳、または、要約に反対する権利を著作権者に与えたことで、事実上、思想の使用を防止する効果が生成されている[103]。

映画、レコード、ラジオ、TV その他の映像・音声送信技術や視聴覚収録技術の発達、および、それと並行して変転していくそれらを取り巻く商業手法や商慣行に対応しようと、連邦議会は必死に著作権法制を洗練しようとしていく。ところが、そこに顔をみせはじめた著作権保護の目的と手段の転倒に絡め取られるように、著作権と表現の自由をめぐる法理論は、混乱の状況下にその身を置くことになってしまった。

4　1976 年法は、「著作権で保護された著作物によって派生的著作物を作成する（prepare）権利」を著作権者に付与している。このことはとくに銘記されなければならない。「派生的著作物」（derivative work）とは「たとえば、翻訳、編曲、要約など、ひとつ以上の既存の著作物をもとに作成された著作物のことで、改作、変形、翻案その他の方法で作られた著作物の形式」[104] のことである。

著作物は異媒体間で相互に生成されている。創作的表現は「作品を伝える乗り物」[105] を変えながら、表現市場内を縦横無尽に行き来しているのである。この状況を踏まえた著作権保護の考え方が、1976 年法では、一般化されているといえよう。すなわち「近年の法により、著作権で保護された表現について誰かがその意味をとり（take）それを異なる媒体に変形したとしても、それが著作権で保護された〔先行〕著作物と本質的に類似している（substantially similar）と見なされたらいつでも、著作権が侵害されたことになる」[106]。

「アイディア・事実／表現形式二分法」は、表現されたもの（expression）が

---

[102]　See Cohen supra note 42, at 204 n 111.
[103]　See Charles B. Collins, Some Obsolescent Doctrines of the Law of Copyright, 1 S. Cal. L. Rev. 127, 139 (1928).
[104]　17 U.S.C. § 101.
[105]　宮武久佳『知的財産と創造性』（みすず書房、2007 年）86 頁。そこでは、古代ギリシアやローマの英雄物語については吟遊詩人が、『平家物語』については琵琶法師が、それぞれの「作品を伝える乗り物」とされている。
[106]　Cohen, supra note 42, at 204 n 111.

第3節　保護されるもの／保護されないもの

その媒体を変えながら表現市場を往来する現況に、対応可能な法理論であろうか。

　四　Libottは芸術観の変容と著作権の客体（copyright work）の拡張に、「思想／表現」の境界が溶解した原因を見取っていた。「もとの著作物（original work）からとった形式（form）からコンセプト（concept）に注意が移ってから、思想／表現概念の瓦解（breakdown）は不可避だったのである」[107]。これが彼の結論である。

　「思想／表現」の境界線は溶解している。では著作権法で「保護されるもの」と「保護されないもの」とを区別しようとする理論は、もはやなんの規準も定立できない空論なのであろうか。

3　「表現の選択の幅」論

　一　つぎのことを確認しておこう。

　著作権法で「保護されるもの」を「表現」（expression）と「保護されないもの」を「思想」（idea）とよぶ「アイディア・事実／表現形式二分法」は、著作権の客体を特定するための道具的理論である。ここで探究されるべきは、なにが著作権法の客体であるのかという点である。著作権法で「保護されないもの」を探究することは、先述したように生産的でもなければ、それを網羅的に記述することも不可能であろう。では著作権法が「保護するもの」とはなにか。

　著作権法は、創作的表現を保護客体としている。ここでいう「表現」の形式について、それが外形的なものにとどまらないことについては、すでに論述している。では「創作性」とはなにか。本章の残された紙幅を、創作性概念の探究にあてようと思う。

　二　従来から、著作物は人の「精神的創作物」である、とされてきた。著作物は、作者の人格的価値を表象するもの、と捉えられていたのである。そのことは、著作物に「思想又は感情を創作的に表現したもの」との定義を与えている著作権法にも見て取れる（2条1項1号）。そこにいう「創作的」とは、一般には、創作者の個性や独創性の現れとして捉えられている。だから「例えば富士山自体は事実であり、何人も富士山を表現することの独占はできないが、富士山を描いた絵は事実そのものではなく、事実である富士山の描き方に画家の思想・感情が注入され、その結果、具体的な絵という表現物に思想・感情が現

---

[107]　Libott, *supra* note 84, at 749.

れているため著作物たりうる」[108]のである。

　これまでは、創作者と著作物の結び付きが極めて強い著作権法制度が、設定され運用されてきたといえよう。そこでは著作物の創作性に人格的要素が求められていた。ところが、この理論構造に変化が生じてきている。

　わが国の著作権法は、1985（昭和 60）年に、ある決定的な方向転換を示している[109]。同年のコンピュータ・プログラムおよび翌 1986（昭和 61）年のデータベースを著作権の客体に含めた法改正は「人格的要素という意味での創作性の程度が低いもの」[110]まで著作権法の客体、すなわち創作的表現に含めようとするものであった。そこでは「創作性を個性の発露」[111]とみる創作性観が希薄化しているといえるであろう。

　創作性概念に新基軸を提示しようとして、ある論者は、著作物の多様化状況をうけて新たな統一的創作性概念を模索している。新たな創作性概念をみてみよう[112]。

　　「著作権法の目的は文化の発展にあるが（1条）……著作権法の構造から、文化の発展とは思想・感情の表現である情報の豊富化にある……。情報の豊富化が著作権法の目的であるとするならば、その趣旨に従い、創作性概念を、思想・感情の流出物としての個性ではなく、『表現の選択の幅』と捉えるべきであろう。即ちある作品に著作権を付与しても、なお他の者には創作を行う余地が残されている場合に、創作性があると考えるべきである」[113]。

108　中山・前掲書（註 48）37 頁。
109　中山・前掲論文（註 89）874-875 頁参照。
110　潮海久雄『職務著作制度の基礎理論』（東京大学出版会、2005 年）203 頁。
111　中山・前掲書（註 48）51 頁。
112　著作権法学会は 2001 年に「創作性」と題するシンポジウムを実施している。このシンポジウムの模様は、著作権研究 28 号（2001 年）で review できる。パネリストの報告をうけて行われた討論において、この新創作性概念の提唱者は、著作権法のなかにプログラムやデータ・ベースという異質なものが挿入された 1985 年を「エポック」としてとらえ、著作権法における創作性を統一的に把握するために、この発想が出てきたという（同 43 頁の中山発言参照）。
113　中山・前掲書（註 48）52-53 頁。
　　また「情報の豊富化」との関係はさておくとしても、同様の思考法は、合衆国においても見受けられる。以下の言説を参照されたい。
　　「表現上の類似性は、創作されたものの性質上、類似性の発生が避けがたい限度において、権利侵害には該当しない」（Gund, Inc. v. Smile International Inc., 691 F.Supp. 642, 645 (E.D.N.Y. 1988)）。
　　「思想（idea）やそれを叙述するとき必然的にあるいは共通に使用される要素（ele-

第3節　保護されるもの／保護されないもの

　これを要約するなら、他の者に同じことを表現する余地が残されている場合には、当該著作物に著作権を保護してもよいということであろう[114]。創作性を「表現の選択の幅」と捉えて、この「幅」がある場合には、著作権法の客体として認めるというのである。「選択の幅」のあるものなら、たとえ排他的利用権を付与したとしても、その表現（expression）で伝えようとしたことは別の表現（another expression）で伝えることができるのだから、表現市場における「情報の豊富化」への弊害はないというのであろう。

　三　「創作性」を「表現の選択の幅」と再構成するこの議論は、「創作性」という日本語に付着している意味内容を想起するなら、若干の違和感を覚えずにはおかない。ただ、著作権法が保護するもの＝「表現」（expression）を客観化しようとするその試みは、これから確実に洗練され受け継がれていくものと思われる[115]。この思考法の当否を判定する準備は本書にはない。したがって、ここでは若干の疑問点を付記しておくに留める[116]。

---

ments）は、そのことを理由として、著作権性がないと考えられる。基本的思想の選択により必然的に決定されるものではなく、芸術家の個々の選択が表されている描写（detail）が、著作権で保護できるものと考えなければならない」（Cohen, *supra* note 42, at 219）。

[114]　中山信弘「著作権法における思想・感情」特許研究33号（2002年）5頁以下には、いくつかの例が用いられ、このことが説明されている。
　たとえば、著作権法10条2項は、事実の伝達にすぎない雑報や時事の報道の著作物該当性を否定している。これは「雑報・時事の報道については、誰が書いても同じようなものにならざるを得ず、選択の幅が狭いという観点から創作性が否定される結果、著作物性が否定される」からである（同論文9頁）。
　また「地球は回っている」という自然法則自体の表現には著作物性が否定されるが、「自然法則を説明した文章でも、その表現自体に個性が現れていれば、換言するならば、他の者が同じ自然法則を他の文章で表現できる選択肢を残しているならば、著作物たりうる」としている（同論文10頁）。

[115]　事実やデータなどの編集物の著作物性（著作権客体性）を分析する、横山久芳「編集著作物に関する基礎的考察——職業別電話帳は果たして著作物なのか？」コピライト475号（2000年）2頁以下、同「編集著作物概念の現代的意義——『創作性』の判断構造の検討を中心として」著作権研究30号（2003年）139頁以下参照。上述の論文は、編集著作物の著作権保護対象は、編集物という具体的な著作物ではなく、編集者の編集方法や編集体系であるという、興味深い見解を表明している。この見解は、事実やデータ等を選択・配列する一種のアイディアを保護客体に含めるものであり、著作権の保護客体に関する既存の見解（アイディアは著作権の客体ではない）に、理論のさらなるソフィスティケートを求めるものでもある。

[116]　先述した著作権法学会のシンポジウム（註112）のなかで、小泉直樹は「著作権は相対

第3章　アイディア・事実／表現形式二分法

　創作性概念を上述のように転換したとしても、やはりある特定の「表現形式」（同様の意味を表すために「選択の幅」のある表現）の無断利用は禁止されることになる。すなわち、そこでは表現の形式とその内容とは、峻別されていることになる。ところが、この区分論は、はたして成立させてよいものであろうか。表現された内容は、その表現形式と密接な関連性をもちながら、その受領者のもとを訪れてはいまいか。L. Kurtz はつぎのようにいう。

　「著作物の形式と内容とを明確に分離することはできない。話し方は話した内容ときちんと分離することなどできないのである。言語の著作物で使用された言葉を変えれば、そこで言われた内容の意味あいまで変えてしまうであろう」[117]。

　「完全なる同義語は、すべてのセンテンスで相互交換可能性を示す」[118] といわれることがある。ところが表現行為の効果は、表出者と受領者という実存間での相互作用のなかに現れるものである。そこでは感性の作用を受けるであろう。同義語（synonymous words）の有効性も、そのなかで計られなければならない。表現形式を変えれば、Kurtz のいうように、その意味内容まで変わってしまわなであろうか。

　改めて、新創作性論に戻ると、それは創作者に「表現の選択の幅」を条件として、ある表現の独占を是認している。ところが、同じ意味を表す表現が（同意語が）あるとしても、それが同じ表現効果をもたらすとは限らないように思われる。表現効果に関心をもたない表現者はいないであろう。表現の自由という憲法理論は、表出者がどのような表現形式を用いて表現行為に従事するかについてまで、自由に選択できるとする法理論ではなかったか。

　四　表現の自由の限界をさぐる理論モデルとして、合衆国の判例・学説では、表現行為を規制する国家行為が、表現の「内容に基づく規制」（content-based

---

的独占権ですから、本来、既存のものと同じ表現であっても、独自創作される限り保護してよいことになるはずです」としたあと、中山信弘の新創作性概念（「表現の選択の幅」論）についての批判とも受け取れる報告を展開している。それは以下のように要約できる。中山理論によると言論市場での表現の豊富化、多様化が著作権保護の目的となる。そうすると、独自創作されたものであっても、既存の表現と同じものについては、創作性を否定することになる。これは著作権法の前提と合致しないのではないか。小泉直樹「機能的著作物の創作性」著作権研究 28 号（2001 年）12, 18 頁参照。

117　Leslie A. Kurtz, *Speaking to the Ghost : Idea and Expression in Copyright*, 47 U. MIAM L. REV. 1221, 1228 (1993).

118　WILLIAM P. ALSTON, PHILOSOPHY OF LANGUAGE 44 (1964).

regulation）かそれとも「内容中立規制」（content-neutral regulation）かという区別を設けて、当該国家行為の憲法適合性を判定するという法理論が確立されてきた。国家行為を類型化するこの理論の眼目は、表現行為を直接規制する前者は違憲の推定に比肩するような裁判所の審査が要求されるのに対して、表現行為を間接的に規制する（あるいは表現行為に間接的な影響を与える）にすぎない後者の場合には、憲法適合性審査にのぞむ裁判所の構えも相対的に緩和される、という違憲審査基準論を提起することにある。この思考法の基底には、憲法が保障する表現の自由は、なによりもまず表現内容の自由、すなわち"誰がなにをいうか"の自由であって、それを"いつ・どこで・どのように"という表現の手段のことではない、という表現の自由観があるように思われる。

　ところが、表現の"時・場所・方法"の選択は、表現主体が表出内容でもたらそうとした表現効果と密接不可分な関係にあるはずである。ある論者は、表現行為を表出者と受領者間でのコミュニケイション行為ととらえて、つぎのようにいう。「コミュニケイション行為の全体像は、誰が誰に向かって、いかなる文脈のもとで何をいったか、という全体的な視野にたってはじめて明らかになる」[119]。表現の自由とは、このコミュニケイション行為の全体について、すなわち、表現主体による表出内容だけではなく、表出手段まで含めた表現行為の全体を、それを一体として国家介入から防御しようという法理論なのである。さきの論者は、つぎのように言葉をつないでいる。「表現行為の意味あいは、内容・テーマが決定的重要性をもつのではない。表現の自由は、私が、なぜ、いつ、どこで、誰に対して、どんな方法で表出するかの選択に及ばなければならない」[120]。

　「アイディア・事実／表現形式二分法」は、表現の基底にある内容・思想ではなく、それを表出した表現形式に対する規制理論であるといえよう。それは合衆国そしてわが国でも受容されている、上述した表現規制類型論によく似ていないであろうか。国家による表現規制を類型化して分析する意図はなにか。その類型論は、前者に対する規制を忌避しようとしつつも、後者に対する規制は容認されやすいという[121]。表出内容の有効性は表出手段と切り離してはかれ

---

[119] 阪本・前掲書（註36）23頁。
[120] 同書同頁。
[121] 言論規制類型論を詳細に分析している、Geoffrey R. Stone, *Free Speech in the Twenty-First Century: Ten Lessons from the Twentieth Century*, 36 PEPP. L. REV. 273 (2009) 参照。

ないならば、手段を規制することは内容を規制したわけではないといったとしても、それはまさに表現行為に対する規制を正当化する理屈にしかならないのではなかろうか。ある表現形式の基底にあるアイディアでも、他の表現形式で表出することを著作権法は禁止していない。このことでもって著作権は表現の自由を制約するものではないという。このように軽々に論じてよいのであろうか。

第4節　小　　括

　一　1　比較的近年まで、著作権法が表現行為を制約していると理解されることは少なかったように思う。その原因を Lemly & Volokh は 12 項目にわたって詳述していた（本章はじめに二参照）。

　ところが著作権法は、何を言ったかによって、法律上の責任を負わす（liable）ものである。それは表現されたことそれ自体を、権利侵害の要因（element of the offense）と理解している[122]。本章では、この点を注視して、著作権保護を表現の自由論の重要な論点として構成しようと試みてきた。冒頭で展開したtortious speech 論は、著作権保護を、憲法学の伝統的分析枠組で論述するための準備作業である（はじめに参照）。

　2　合衆国最高裁は、著作権と表現の自由とが対立したとき「アイディア・事実／表現形式二分法」（idea/expression dichotomy）と「フェア・ユースの法理」（fair use doctrine）を拠り所にして、合憲判断を導いてきている[123]。この二法理が著作権法に法定されていることをもって、著作権と表現の自由との両権益は、立法段階において既に衡量済みであるといいたいのであろう。ではそれぞれの「修正１条との調整法」は、表現の自由を保護しようとして憲法学により探究されてきた理論的要請を満たしているであろうか。

　3　国家は、表現の自由と著作権という両法益を、議会制定法でもって利益調整している。著作権法である。tortious speech 論の枠組みで著作権法をみるとき、そこでとくに探究されなければならない問題は、以下の二点に収斂されるであろう。

---

[122] See Jed Rubenfeld, *The Freedom of Imagination : Copyright's Constitutionality*, 112 Yale L. J. 1, 26 (2002). *See also,* Rubenfeld, *The First Amendment's Purpose*, 53 Stan. L. Rev. 767, 776-784 (2001).

[123] *See e.g.*, Harper & Raw, 471 U.S., at 556, 560 ; Eldred, 537 U.S., at 219-221.

第4節 小　括

(1)　どのような表現行為が不法行為としての著作権侵害行為となるのか。著作権侵害の成立要件として法定されていることが、表現規制法令に求められる形式的要件を満たしているか。

(2)　著作権法は、著作権を制限する規定や違法性阻却事由などを法定することにより、表現の自由が憲法上の重要な法益であることに十分な配慮を示しているか。

　本書は、「アイディア・事実／表現形式二分法」について(1)の要請を、「フェア・ユースの法理」について(2)の要請を、それぞれ適切に満たしているかとくに注視している。

　二　上述したように、合衆国最高裁は「アイディア・事実／表現形式二分法」および「フェア・ユースの法理」が著作権法に法定されていることをもって、著作権と表現の自由の両権益は立法段階で調整済み、との姿勢を示している。この思考法の淵源にあるのが、M. Nimmer が1970年に発表した論文である。そこで彼は、著作権と表現の自由という両権益を定義的衡量（definitional balancing）したその果実が、上記の二法理であると述べたのである。また彼は表現の自由の憲法上の価値に配慮して、「フェア・ユース」に該当しない表現（expression）の利用形態のみが、著作権法で禁止された表現行為であると明記することを忘れなかった。

　著作者の利益に配慮し著作権保護の意義を説くと同時に、表現の自由の価値も重要視した Nimmer の論文は、以後の合衆国の裁判所において、絶大なる信頼を集めたといえよう。なぜなら、学界における批判的評価とは打って変わって、裁判所の判決のなかで、上記二法理の成立そのものを疑問視する見解は、管見によれば、あまり表明されていないようであるから。

　ところが、この二法理は、表現の自由を規制する法令に対する憲法上の疑義を回避するための理論として、適切に設えられているであろうか。二法理自体の正当性を探究する試みを、合衆国裁判所は、これまでお座なりにしてきていないであろうか。

　ここ第3章では、「アイディア・事実／表現形式二分法」について、その理論自体の正当性を探究してきた。その際の本書の視線は、当該法理論が憲法上「保護される表現」と「保護されない表現」の明確な区分を提示できているか、この点に注いできた。

　三　著作権は、ある要件を具有する表現を、その客体としている。ただ、これは「逐語的表現」（exact expression）に限定されてはいない。

第3章　アイディア・事実／表現形式二分法

　J・フィヒテは、著作権の客体である創作的表現を、その内容と形式に区別する視点をわれわれにもたらした。彼の着想の眼目は、著作・作品のなかで、著作者の所有を認める部分とそうではない部分とを、区別することにあった。フィヒテのこの発想が、創作的表現の外面的形式は著作者の所有を認めるけれども、その内容については、万人の共有に帰するべきであるという二分論となって結実したことは、容易に想像できる。表現を内容と形式に単純に区分するフィヒテの議論には、多くの批判が寄せられたようである。それでも、彼の議論は、創作的表現の形式を、その外面的形式とさらに内面的形式に区分する理論の呼び水となっているといえよう。

　創作的表現をその外面的形式と内面的形式に区分する立論の有意性は何処にあるであろうか。それは、この理論を下敷きにすれば、表現の外面的形式に僅かな変更を施しただけの「創作性のない改変」に、著作権の客体性を否定する法理論が生成できることにある。このことは裏を返せば、この「創作性のない改変」はなお複製の範囲に留め置かれるので、それは原著作物の著作権にコントロールされることになる。外面／内面区分論の有意性は、原著作物の外面的形式は勿論のこと、その内面的形式の残留をもって、後続著作物を二次的著作物と認定する法理論を生成したことにもある。原著作物から派生して表出されたこの二次的著作物には、原著作物の表現が残留しているので、その範囲で原著作物の著作者と二次的著作物の著作者の著作権が併存することになる。

　ところがこの議論は、「思想」と「表現」の間に明確な境界を画定することが不可能であることを、逆に想起させないであろうか。中山信弘は、著作権法で保護される表現と保護されない思想との線引きは、要するに、著作権を保護すべき表現とはなにかを画定する規範的線引きである、という[124]。表現を外面的形式／内面的形式に区分し、後者まで著作権の客体に含める通説的理解は、中山の言い方でいえば、創作的表現の内面的形式まで著作権法で保護すべき表現の内延に包摂させたことになる。このような立論は、どうして生成されてきたのであろうか。

　四　本書では、表現を外面／内面の二形式に区分する立論の成立背景を、19世紀末から20世紀はじめにかけてみられた芸術観の変容に求めた。

　芸術観についての古典的見解 (classical view) からロマン主義 (Romanticism) への変容は、「思想／表現」の境界画定作業にとって決定的ともいえる影響を

---

[124]　中山・前掲書(註48)48頁。

第4節 小　括

与えたと思われる。

　それまでの芸術性は、事物の理や聖書の一場面を正確に描写できているか否かで判定されていた。みな原対象（original object）をいかに正確に描写するかに腐心していたのであり、聴衆にモチーフをいかに正確に想起させるかで、作品の成否が計られていたのである。そこには作者の内面にとどまる「思想」と、その外的有形化である「表現」との間には、明確な区別が可能であったといえるのではなかろうか。著作権の対象が、作品の評価対象である"表出されたものそのもの"（exact expression）に限定されていたとしても、それで十分だったのである。

　ところが19世紀以降のロマン主義の芸術観は、芸術性を原対象の正確な描写とは捉えなかったのである。そこでは作品の外形的形象は、なによりも、作者の内面的心情の発露であると理解されている。その影響は、芸術性の評価対象が作品から感受される作者の感性・心情にまで拡大されることになって現れたといえよう。こうなると、著作権の対象を作品の"表出されたものそのもの"に限定する理論では、作品の財産的価値の保護も、作者のさらなる創作の誘因となることも、ままならない。表現の「外面的形式」に限定されていた著作権の客体は、表現の「内面的形式」にまで拡張されていったのである。

　ところで、著作者の思想または感情それ自体は、著作権の客体ではない。ではこの思想感情それ自体と、この具体的形象である表現の内面的形式との境界は、奈辺にあるのであろうか。この境界確知の困難性を認識させたのが、「ぼくのスカート」事件の東京地裁による翻案定義であり、Nichols事件でのHand裁判官の抽象化テストであり、Chafeeのパターン・テストであった（本章第2節の3〔先行著作物と後続著作物との関係〕参照）。「思想／表現」の境界を求める試みから派生した「内面的表現／思想感情それ自体」の境界を求める試みは、まるで循環小数の値を永遠に書き続けるかのようである。

　芸術観におけるロマン主義を契機に、「アイディア・事実／表現形式二分法」は、「死にぎわの」（moribund）[125]法理論に追いやられてしまったといえよう。

　五　本書のはじめから述べてきたように、著作権は表現の自由を制限する法概念である。この二つの権益を調整するために制定されたのが、著作権法であるといえよう。その著作権法に、著作権と表現の自由の両権益を定義的衡量した帰結が内蔵されているというなら、当該調整原理は、表現規制の文脈で伝統

125　Libott, *supra* note 84, at 772.

第3章 アイディア・事実／表現形式二分法

的に確立されてきた憲法理論の要請を満たさなければならない。

では本章で論述してきた「アイディア・事実／表現形式二分法」(idea/expression dichotomy) についてはどうであろうか。

憲法学は、表現行為に抑制効果をもつ法規制を忌避してきた。それは表現行為を抑制することが、表現内容に対する正当性なき干渉や発揮されるはずだった表現行為の有効性を減殺する効果を生むからである。ひるがえって「アイディア・事実／表現形式二分法」をみてみよう。そこでは著作権の客体である「表現」は利用規制されるものの、その範疇に含まれない素材（material）については、自由利用が認められていた。先行著作物に影響をうけた場合でも、その表現形式の外面的形式および内面的形式の残存が認められない場合には、後続著作物は新著作物としての地位を獲得するとされている。ところで著作権の客体である「表現」について、換言すると、著作権法で利用規制される「表現」について、その概念は確定的に提示できたであろうか。本章では、著作権法により「保護される表現」は不確定要素に苛まれ、当該概念を定式化することはできないことを論述してきた。「アイディア・事実／表現形式二分法」という elastic rule は、表現規制を正当化する論拠にできないであろう。

「アイディア・事実／表現形式二分法」は、もともと著作権の客体を記述するための説明の法理だったのではなかろうか。それならば、著作権法により保護されるもの／保護されないものを説明する一般的スタンダードとしては成立するが、あるマテリアル（素材）がどちらのカテゴリなのかを決定するルール（法準則）とはなりえないであろう。

六　さらにこの「二分法」は、著作権法で規制するのは「表現形式」だけであるという。したがって、その表現形式のもとをなすアイディア、事実は、依然として自由に利用できるのである。後続表現者に課された利用規制は、先行表現者がした特定の表現形式を用いての表現行為だけである。だから「アイディア・事実／表現形式二分法」を規定する著作権法は、表現の自由との関係では憲法適合性を有するという。

ところが後続表現者の表現行為の効果は、その表現の内容だけでなく、それを表出しようとした方法・形式に大きく依存するであろう。もともと表現の基底にある"思想"と、それを表出した"表現形式"を区別することは、論理的ではないのである。それを〈表現形式だけに課された利用規制は、表現の自由の侵害ではない〉といったのでは、このダイコトミーは著作権の表現制約的側面を見失わせる理論ではなかろうか。本書の疑問はここにもある。

126

第4章　フェア・ユースの法理

第1節　2つの判例と four factors

1　17 U.S.C. §107

「修正1条で保護されている利益と著作権に関する法令が保護している利益との矛盾は、フェア・ユースの法理の適用によりこれまで解決されてきている」[1]。

　これは、連邦著作権法にフェア・ユース条項が法定されて間もない1977年の、第二巡回区連邦控訴裁判所による言明である。ここまで適宜指摘してきたように、判例法理として生成されてきたフェア・ユースの法理は、1976年の法改正により、連邦著作権法に明文で規定されるにいたっている。まずは連邦著作権法107条（フェア・ユース条項）の確認からはじめよう。17 U.S.C. §107は、つぎのように規定している。

　「第106条及び第106条Aにかかわらず、著作権のある著作物のフェア・ユースは、著作権侵害にはあたらない。フェア・ユースには、批評、論評、ニュース報道、教授（教室内使用のための複数のコピー作成を含む）、学術、研究等の目的のための、コピーないしフォノレコードによる複製、その他の上記規定の方法による複製行為が含まれる。ある著作物における既存著作物の利用がフェア・ユースにあたるか否かの判断にあたっては、つぎのファクターが考慮されるべきである。
　(1)　利用の目的と性質。これには、その利用が商業的なものか非営利の教育的なものかといった考慮も含まれる。
　(2)　利用される著作物の性質。
　(3)　利用された著作物全体に占める、利用された部分の量と実質的な価値。
　(4)　利用された著作物の潜在的な市場ないし価値に与える利用の影響。

---

[1]　Wainwright Securities, Inc. v. Wall Street Transcript Corp., 558 F.2d 91, 95 (2d Cir. 1977).

著作物が未発表であるということ、そのこと自体は、仮にその認定が前記のファクターすべての検討の下でなされていれば、フェア・ユースの認定を禁ずるものではない」[2]。

合衆国の裁判所は、1976年法以前の段階でも、フェア・ユース概念に何度も言及してきている。しかしその概念の定義には成功してきていない。この点について、下院報告書[3]は、つぎのような評価を下している。「実際のところ、『フェア・ユースの法理』は衡平法（equity）上の合理性の原則に根ざしたものであるから、一般的に適用できるような定義というのは不可能なのである」。それでも裁判所が継続的な裁判実践のなかで生成してきた「衡平のバランスをとる規格（gauge）」は、上記の4ファクターに還元できるという。さらに同報告書は、第107条について、これは著作物利用がフェア・ユースに該当するか否か判定するための「ある種のガイドライン」であるとする。この言説の意図するところは、なにがフェア・ユースにあたるかということについては、具体的な事案において、制定法上の要件ごとの個別的な検討を経て、総合的に判定されなければならないということである。本書が序章第2節で連邦著作権法107条（17 U.S.C. §107）を「議会が裁判所の裁量的判断に委ねることを意思表示した規定」であるとしたのも、下院報告書を参照したからである（序章第2節〔著作権者と著作物利用者の権益調整〕の末尾参照）。

では合衆国裁判所は、「フェア・ユースの法理」の法定後、同条項をどのように理解し、具体的事案にどのように適用してきたのであろうか。それは、著作権と自由な言論の価値に折り合いをつけるものとして、適正な裁判実践であったと評価できるものであろうか。以下、事案に即して論述していこう。

ただ、フェア・ユース条項の解釈適用が争われた事例は、枚挙に暇がないほどある。ここでは、前記の4ファクターを検討する上で最小限参照されるべき

2　この一文は、1992年の法改正で追加されたものである（Pub. L. 102-492, 106 Stat. 3145 (1992)）。

　　第2ファクターからすれば、事実的著作物はフィクションや物語と比べて、フェア・ユースが認定されやすいはずである。ところで、本章第1節の2で詳述している *Harper & Row* では、それは事実にもとづいた自伝の利用が問題になったものだが、著作物が未発表であることが、フェア・ユース該当性を否定する決定打になっていた。ただ、著作物が未発表であること自体が、フェア・ユースを否定する理由にはならないことを、1992年改正法は確認したものであると思われる。

3　*See* ROBERT A. GORMAN & JANE C. GINSBURG, COPYRIGHT : CASES AND MATERIALS 615-616 (6th ed., 2002) (quorting H.R.Rep. No. 94-1476, 94th Cong., 2d Sess. 65-66 (1976)).

第1節　2つの判例と four factors

二つの事案を取り上げ、4 ファクターの理解に資するにとどめざるを得ない。その二つの事案とは、フォード元大統領の未発表回顧録を無断で利用したことの違法性が問われた Harper & Row, Publishers, Inc. v. Nation Enterprises, 471 U.S. 539 (1985) と、"Oh, Pretty Woman"（映画「プリティ・ウーマン」の主題歌）のパロディに関する事案である Campbell v. Acuff-Rose Music, Inc., 510 U.S. 569 (1994) である。いずれも事実の概要を紹介した後、争われた著作物の利用行為がフェア・ユースに該当するか否か判定する際に用いられた4つのファクターの検討を中心に行論を進めていく[4]。

2　Harper & Row, Publishers, Inc. v. Nation Enterprises, 471 U.S. 539 (1985)[5]

1　【事実】 大統領退任後まもない 1977 年 2 月、Gerald R. Ford は、原告（被控訴人、上告人）Harper & Raw 社及び Reader's Digest 社との間で、これから執筆にとりかかる回顧録（"A Time to Heal : The Autobiography of Gerald R. Ford"）の出版に関する契約を結んだ。この契約には、フォード元大統領の回顧録を書籍として出版する権利とともに、出版前のこの回顧録からの抜粋記事（excerpts）を掲載することについての許諾権が含まれていた。この権利は first serial right と称されていた。ちなみに、この回顧録には、ウォーターゲート事件に関する「いままで公表されていない重要な事柄」[6] も含まれていた。

その 2 年後、回顧録の完成が間近に迫っていた時期に、原告は、出版前のフォード回顧録から抜粋された記事の掲載について、週刊誌 Time 社（訴外）との間で交渉をしていた。この交渉の結果、Time 社はフォードがニクソンを恩赦する場面から 7,500 字の抜粋を 25,000 ドルで掲載する権利を得て、その支払いについては、12,500 ドルを前金で、残りの 12,500 ドルを抜粋記事掲載時に支払うことになった。ただ Time 社は、仮に抜粋記事を発表する前に回顧録の内容が漏れてしまったときには、後金の支払額については再交渉する権利

---

[4] 「フェア・ユースの法理」に関する優れた邦語文献として、曽我部健「著作権に関するフェアユースの法理」著作権研究 20 号（1994 年）97 頁以下がある。そこでは、Sony Corp. v. Universal City Studios, 464 U.S. 416 (1984) および *Harper & Row* を取り上げて、同法理が分析されている。

[5] 本件の分析には、その事実と判旨を詳細に紹介している、ロバート・ゴーマン＝ジェーン・ギンズバーグ共編『米国著作権法詳解 原著第 6 版（下）』（内藤 篤訳、信山社、2003 年）658 頁以下も参照した。

[6] Harper & Row, 471 U.S., at 542.

第4章　フェア・ユースの法理

を留保していた。

　Time の記事が発表される予定になっていた 2、3 週間前に、The Nation 誌の編集者 Victor Navasky のもとに、身元を秘匿した者により、フォード回顧録の原稿の一部が持ち込まれた。Navasky は、この原稿を自身が保持していることは無許諾の保持にあたるので、この原稿をその「出所」(source) に返却すべきであることはわかっていたという[7]。ただ彼は a real hot news story であると思われる部分について、この原稿のみからの引用や言い換え（paraphrases）、事実などから手早く記事に仕立ててもいる。ここに彼の論評や調査したことなどは加えられていない。それは「フォード本に先んじて発表する」ことで「ニュースにする」ためには、なによりもスピードが重要であったからだという[8]。

　Nation 社（被告、控訴人、被上告人）発行の雑誌に掲載された 2,250 字からなる記事（"The Ford Memoirs-Behind the Nixon Pardon"）は、1979 年 4 月 3 日に発表されている。Nation 社のこの記事により、Time 社は、自誌への記事掲載を取りやめ、原告への後金 12,500 ドルの支払いも拒否している。

　本件は、1976 年法のフェア・ユース条項（17 U.S.C. §107）が、public figure の未発表原稿からの引用をどこまで許すか、という点について争われている。第一審（ニューヨーク南部地区連邦地方裁判所）は、Nation 誌の引用を、連邦著作権法 106 条 1 項ないし 3 項（17 U.S.C. §106 (1)［複製権］・(2)［派生著作物の許諾権］・(3)［first publication の権利］）に違反するとの判断を示している[9]。控訴審（第二巡回区連邦控訴裁判所）は、原告勝訴の地裁判決を一部覆し、結論として Nation 誌の記事はフェア・ユースにあたると判示した[10]。Harper & Row 社らの上告をうけた合衆国最高裁判所（O'Conner 裁判官執筆の法廷意見[11]）は、結論として Nation の記事は著作権侵害行為であると認定するなかで、その行論の過程でフェア・ユース条項の 4 factors について、つぎのような検討を行っている。

2　㈠【第 1 ファクター】著作物利用の目的

---

[7] See Harper & Row, Publishers, Inc. v. Nation Enterprises, 557 F.Supp. 1067, 1069 (S.D.N.Y. 1983).

[8] See 471 U.S., at 543.

[9] See 557 F.Supp. 1067.

[10] See Harper & Row, Publishers, Inc. v. Nation Enterprises, 723 F.2d 195 (2d Cir. 1983).

[11] 6 対 3。O'Conner 裁判官執筆の法廷意見には、Burger 首席裁判官、Blackmun、Powell、Rehnquist、Stevens の各裁判官が同調している。これに対して、Brennan 裁判官執筆の反対意見があり、White、Marshall の両裁判官がこれに同調している。

控訴審が正当に認定したように、Nation 誌の著作物利用は、ニュース報道の目的での利用であるといえる。但し、そうであったとしても、当該利用が当然に「フェアな」利用であるとの推定がはたらくわけではない。「起草者たちは、フェア・ユースが推定されるカテゴリを作ろうとした、特定の利益集団の圧力を阻止しようとした。そのことは、ケース・バイ・ケースの分析が求められる積極的抗弁（affirmative defense）規定を構築させたことに表れている」[12]。したがって「第107条の第一文がいう利用行為が具体的事案でフェア・ユースであるか否かの判定は、第二文に述べられていることを含めた決定力あるファクターの適用いかんにかかっている」[13]のである。

Nation 誌の著作物利用が商業的利用であることは、当該利用形態がフェア・ユースであることについて、否定的要素としてはたらく。合衆国最高裁は別の事案でも「著作権のある素材の商業的利用は、すべて、著作権者に帰属する排他的特権のアン・フェアな利用であるとの一応の推定がはたらく」[14] といっている。Nation 社は、ニュース報道の目的は商業的なものではない、という。しかしそうとはいえない。営利／非営利の区別に肝腎なことは、当該利用の目的がただ一つ金銭的利得にあるか否かではない。そうではなく、利用者が著作権のある素材を利用したことからの利益を、通常の費用を支払うことなく得ているか否かにある[15]。

㈡ 【第2ファクター】著作物の性質

"A Time to Heal" は、歴史的叙述または自伝という性格を有する未発表の著作物である。著作権法は、フィクションやファンタジーと比べて、事実にもとづいた著作物を広める必要性が高いという認識のもとにある[16]。但し、「事実にもとづいた著作物のなかにも、〔その記述が〕事実の部分と想像の部分との比重に濃淡がみられる」[17]。

本件で争われているフォード回顧録からの引用のなかには、事実の伝達に必要な限りでの引用といえる部分もたしかにある。たとえば、フォードがホワイ

---

[12] H.R.Rep. No. 83, 90th Cong., 1st Sess., 37 (1967).

[13] Senate Report No.94-473, at 62 (1975)(hereinafter Senate Report).

[14] Sony Corp. of America v. Universal City Studios, Inc., 464 U.S. 417, 451 (1984).

[15] See Roy Export Co. Establishment v. Columbia Broadcasting System, Inc., 503 F.Supp. 1137, 1144 (S.D.N.Y. 1980) ; 4-13 Nimmer on Copyright § 13.05.

[16] See Robert A. Gorman, *Fact or Fancy ? The Implications for the Copyright*, 29 J. COPYRIGHT SOC. 560, 561 (1982).

[17] Ibid., at 563.

トハウス・テープを評して smoking gun といった部分を Nation 誌は引用しているが、これなどは、表現されているアイディアとその表現とが不可分であるものであり、事実の伝達に必要な限度での引用といえるであろう。しかし Nation は、著者フォードの個性的な表現（author's individualized expression）を引用して、public figure の主観的な叙述や描写を構成している。このてのものは、著作物の特徴的表現を引用しているので、事実の伝達に必要な範囲の引用を超えているといえる。

　さらに、未発表（unpublished）であったということは、著作物の「性質」にとって決定的に重要なことである。「未発表著作物についてのフェア・ユースの範囲は相対的に狭い」[18]。発表済著作物からならば、そこからニュース価値のあるものを相当量引用した場合でも、フェア・ユースに該当する場合があるかもしれない。しかし、発表前に著作者がもつ著作物の first public appearance をコントロールする権利は、その著作物を発表前に利用してニュース価値のあるものを取り出すことよりも、より重要な価値をもっているのである。「first publication の権利には、出版するか否かだけでなく、いつ、どこで、そしてどのような形体でそれを最初に公表するのかを選択することまで、含まれているのである」[19]。

　㈢【第3ファクター】利用された著作物の量および実質的価値

　連邦地裁は「Nation 社はその本〔A Time to Heal〕の本質的で重要な部分を取り出している」[20] と認定している。これに対して、連邦控訴裁は、Nation 社の行為の質的評価についての地裁の判断を破棄している。しかし、これは控訴審での判断が誤っている。

　盗んだところが、著作物でいかに些細なところであるかを示しても、責任を免れるわけではない。Hand 裁判官は、説得力ある言葉で、つぎのようにいう。「盗作者は、自分の作品がどれだけ盗作でない部分をもっているかを示すことで、自らの悪行を逃れることはできない」[21]。また逆に、侵害作品（infringing work）の重要なところが逐語的複製で構成されているなら、そのことは複製された material の質的価値が高いことの証である。

18　*Ibid.*, at 564.

19　*Ibid.*

20　557 F.Supp., at 1072.

21　Sheldon v. Metro-Goldwyn Pictures Corp., 81 F.2d 49, 56 (2d Cir. 1936), *cert. denied*, 298 U.S. 669 (1936).

第1節　2つの判例と four factors

　本件では、未発表原稿から直接引用された部分は、侵害作品（Nation の記事）の少なくとも 13% を占めている[22]。また Nation の記事は、未発表原稿からの引用を中心に、それをドラマティックな focal point として構成したものであった。引用部分の表現としての価値および侵害作品におけるそれらの重要な役割に鑑みるとき、「〔Nation〕誌は、フォードのオリジナルな言葉を、ごく僅か、実際にはごく微量しか利用していない」[23] とする控訴審の判断には同意できない。

　㈣【第 4 ファクター】市場ないし価値に与える影響
　第 4 ファクター「利用された著作物の潜在的な市場ないし価値に与える利用の影響」は、フェア・ユースの判定にあたって、もっとも重要な要素である。
　本件においては、Nation の記事が出されたことにより、Time がフォード回顧録について予定していた連載を取りやめたため、Harper & Row 社らは、後金とされていた 12,500 ドルの支払いを拒否されている。これは Nation の著作権侵害行為からの直接的影響であると認定できる。著作権侵害の事件でこれほど明白な実害の証拠があるのも珍しいことである。原告側は実際の損害について、一応の立証を尽くしている。これに対して、被告側は、それを反駁できていない。
　また、フェア・ユースを否定するためには、著作物の問題とされている利用行為が「仮に広く行われたなら、著作権のある著作物の潜在的な市場に悪影響がもたらされる」[24] ということを立証するだけでよい。本件で問題となった Nation の記事の事実の部分は、未発表のフォードの原稿にあるニクソンに対する恩赦の章から抜き出されたものである。そしてこの抜粋部分は、Nation の記事のなかで、ニクソンの恩赦に対する特別なエピソードとして使われている。ここはまさに原告が Time 社にライセンスしようとしていた利用形態である。また、Nation 誌の記事が未発表原稿の丸写し（verbatim quotes）であるということは、それはフォードが語っていることであり Nation のものではないことを、読者にわからせている。上院報告書はつぎのようにいう。
　「特別な例外を除いて……著作権のある著作物の典型的な市場における代用となる（supplants）使用は、権利を侵害していると普通は推測されるであ

---

[22]　Meeropol v. Nizer, 560 F.2d 1061, 1071 (2d Cir. 1977)（引用された部分は侵害作品のなかのわずか 1% にすぎなかったが、そこはすぐれた表現であるとされていた部分だった）。
[23]　723 F.2d, at 209.
[24]　Sony, 464 U.S., at 451.

ろう」[25]。

　フェア・ユースの法理が、仮に著作権者の同意なく未発表原稿からの引用を広範に認める理論なら、first serialization rights が市場において成立すること（marketability）に対する潜在的な損害を実際にもたらすことになるであろう。

　3　【結論】合衆国最高裁は、上記したように4つのファクターを検討して、未発表のフォード回顧録を利用したことについて、フェア・ユース該当性を否定している。著作権侵害者はみな、著作権のある著作物について、自らの行為が公衆のアクセスを増加させたとの理屈をいうことはできる[26]。しかし、このような、未発表の、著作権の成立している public figure の表現に対して、無制限のアクセスを認めるような「強制許諾」的なものを裁判で義務づけることについては、連邦議会の意図するところではなく、またわれわれとしても何の正当化理由も見出せない。

3　Campbell v. Acuff-Rose Music, Inc., 510 U.S. 569 (1994)[27]

　1　【事実】R. Orbison と W. Dees は、1964年にロック・バラード "Oh, Pretty Woman" を制作し、それを Acuff-Rose Music, Inc. に譲渡した。Acuff-Rose Music 社は、この楽曲を著作権登録している。

　上告人の L. R. Campbell、C. Wongwon、M. Ross、D. Hobbs は、2 Live Crew というラップ・グループのメンバーである。1989年に、Campbell は、"Pretty Woman" と題する楽曲の作詞をしている。これは「コミカルなリリコを用いて、原曲をあざけること」を意図してのものであるという[28]。

　1989年7月5日、2 Live Crew のマネージャーは Acuff-Rose 社に対して、以下の内容を文書で通知している。それは、①2 Live Crew が "Oh, Pretty Woman" のパロディを作ったこと、②原曲の ownership と authorship が Acuff-Rose、Dees、Orbison にあるとのクレジットを表示すること、③上記楽曲のパロディを制作したことについての使用料を支払う用意があること、これらである。そこには、2 Live Crew 作成の歌詞と楽曲の録音が同封されていた。

　これを受け取った Acuff-Rose 社は、代理人を通して、つぎのように上記申

25　Senate Report, at 65.

26　See, Pacific & Southern Co. v. Duncan, 744 F.2d 1490, 1499–1500 (11th Cir. 1984).

27　本件の分析にも、その事実と判旨を詳細に紹介している、ゴーマン＝ギンズバーグ・前掲書（註5）639頁以下を参照している。

28　See 510 U.S., at 572 (citing Affidavit, App. to Pet. for Cert. 80a).

第1節　2つの判例と four factors

出を拒否している。「わたしどもは"The 2 Live Crew"の成功を存じています。ただ、"Oh, Pretty Woman"のパロディ使用について、許可することはできません」[29]。

こういう通知を受けたにもかかわらず、1989年6月から7月にかけての時期に、"As Clean As They Wanna Be"と題するアルバムのなかの1曲として、2 Live Crew は "Pretty Woman" をリリースした。このアルバムには "Pretty Woman" の authors として Orbison と Dees の名が、その publisher として Acuff-Rose 社が、それぞれ表示されていた。

このレコードが約25万枚売り上げられた1年後になって、Acuff-Rose Music 社は、2 Live Crew とレコードを販売した Luke Skywalker Records 社の著作権法違反を訴えて、連邦地方裁判所に訴訟を提起した。連邦地裁[30]では2 Live Crew の行為がフェア・ユースであるとされた。ところが、連邦控訴裁[31] は、本件楽曲の「あからさまな営利目的性は……このパロディがフェア・ユースとなる妨げとなっている」[32] と判示し、上記行為が Acuff-Rose 社らの著作権を侵害すると判定している。

2 Live Crew のメンバーによる上告をうけた合衆国最高裁判所は、まず「パロディを理由とするフェア・ユースが認定されなければ、2 Live Crew の楽曲は、1976年著作権法の17 U.S.C. §106 の下で、Acuff-Rose の権利を侵害するということについては争いがない」[33] と宣明したあと、原審の判断を破棄差し戻しする判決のなかで、フェア・ユース条項の 4 factors について、つぎのような検討を行っている[34]。

2　(一)【第1ファクター】著作物利用の目的

フェア・ユースの法理の黎明を告げた Folsom v. Marsh, 9 F.Cas. 342 (No. 4, 901) (C.C.D. Mass. 1841) で Story 裁判官は、この法理による判定法のエッセン

29　510 U.S., at 572-573 (quoting App. to Pet. for Cert. 85a).
30　Acuff-Rose Music, Inc. v. Campbell, 754 F.Supp. 1150 (M.D.Tenn. 1991).
31　Acuff-Rose Music, Inc. v. Campbell, 972 F.2d 1429 (6th Cir. 1992).
32　*Ibid.*, at 1439.
33　510 U.S., at 574.
　　上告人は、本件は115条の強制許諾 (17 U.S.C. §115 (a)(2)) の対象ではないことは認めている。なぜなら 2 Live Crew の楽曲は、原曲の「基礎的旋律または基本的な性格」を変更するものであったからである。(*see* 510 U.S., at 576 n 4).
34　全員一致の法廷意見を Souter 裁判官が執筆している。他に、Kennedy 裁判官による補足意見がある。

スを、つぎのようにいっている。「抜粋されたところの性質や目的、利用されたmaterialsの量や価値、その利用が販売に損害を与える程度、原作が得られるはずだった利益の減少、その代用品（supersede）となっているかどうか」[35]。Story 裁判官は、これらをみよ、というのであろう。1976年法は、彼の見解を反映したものであり、フェア・ユースの法理は、その法が制定されるまで、judge-made doctrine として存在していたといえよう。いまここで問うている第1ファクターは、Story 裁判官のいう「抜粋されたところの性質や目的」を敷衍したものである。

　ここで問われるべきなのは、Story 裁判官の言葉を借りれば、後続著作物が原著作物との関係で単にもとの作品の「目的にとって代わる」（supersede the objects）ものであるのか、そうではなく、別の目的や異なる性質のなにか新しいものを付加して、新しい表現、意味、趣意を示すものに変えるものであるのか、この点である。換言すれば、後続著作物が transformative であるのか否か、仮に transformative であるとして、それはどの程度そうなのか。ここで問われているのはこの点である[36]。原著作物を transformative していることは、フェア・ユースであることの不可欠の要件ではない[37]。しかし、学術や技芸を進歩させるという著作権の目的は、transformative な著作物の創作を助成することである。また新しい著作物の transformative 性が高まれば、フェア・ユースの認定にマイナスになるような、たとえば営利的というような、factors の重要性が低下していく。

　パロディには、transformative value があるといえるであろう。このことは、被上告人 Acuff-Rose 社も否定していない。表面的おかしみの少ない批評という形体と同じく、パロディは、先行する作品に焦点をあて、新しい創作物をつくり出す過程において、社会的価値を提供することができる。したがって、当法廷も、パロディを他のコメントや批評と同じく、第107条に規定されたフェア・ユースとなりうると判示してきた多くの裁判所と一致する見解をいだいている[38]。

---

[35] 9 F.Cas. 342, at 348.
[36] *See* Pierre N. Leval, *Toward a Fair Use Standard*, 103 Harv. L. Rev. 1105, 1111 (1990).
[37] *See Sony,* 464 U.S., at 455 n 40.
[38] たとえば、"When Sonny Sniffs Glue" は "When Sunny Gets Blue" のパロディでありフェア・ユースであるとされた Fisher v. Dees, 794 F.2d 432 (9th Cir. 1986)；Saturday Night Live のなかの "I Love New York" のパロディである "I Love Sodom" がフェア・ユースであるとされた Elsmere Music, Inc. v. National Broadcasting Co., 482 F.Supp. 741

ある辞書を引くと"パロディ"はつぎのように説明されている。「作者の特徴的な作風や作品の滑稽味をまねた文学や芸術作品」[39]。また別の辞書にはつぎのようにある。「作者たちの思想やフレーズの特徴的な調子でおかしさ（ridiculous）が表せるように模倣した」[40]もの。著作権法の目的と辞書的定義の要点を考慮するなら、著作権侵害を問われないパロディであるためには、先行著作者のcompositionのある要素を利用して新しい創作物を生成しており、少なくともその一部分は、先行著作者の著作物に関するcommentsとなっている必要があろう[41]。これに対して、後続作品が原作品の内容や様子についての批判的意味をもたないものとなっている場合もあろう。たとえば、注目を集めるためだけに、あるいは、新奇なものを作るわずらわしさを逃れるためだけに、後続作品が先行著作物を利用しているようなこともある。このとき他者の作品を借りることについてフェアネスを主張したとしても、そのことの説得力は（仮に皆無ではないとしても）大きく減退されることであろう。そのさいに、たとえば営利性があるかといったフェア・ユース判定の他のファクターが、頭を擡げてくるのである[42]。

ところで上告人は、パロディとしての利用はフェアであるとの推定をうける、と主張している。しかしその主張には、法律上の根拠も、事実上の根拠もない。それは、ニュース報道がフェアの推定をうけるわけではないことと同じである[43]。パロディストがその犠牲者より有利に扱われるという法上の示唆はどこにもないのである。したがってパロディも、他の利用類型と同じように、他のファクターとの関係でその正当性がはかられなければならない。パロディにもまた、著作権法の目的に照らして、ケース・バイ・ケースの判断が求められているのである。

（またSouter裁判官執筆の法廷意見は、著作物の商業的利用にアン・フェアな利

(S.D.N.Y.), aff'd, 623 F.2d 252 (2d Cir. 1980)。さらに、U.S. Code Cong. & Admin. News 1976, pp. 5659, 5678にはつぎのようにある。「『対象作品の内容をある程度パロディとして使用すること』はフェア・ユースになりうる」。これらを*Campbell*は参照している。

[39] The American Heritage Dictionary 1317 (3d ed., 1992).

[40] 11 The Oxford English Dictionary 247 (2d ed., 1989).

[41] *See e.g.,* Fisher v. Dees, 794 F.2d, at 437；MCA, Inc. v. Wilson, 677 F.2d 180, 185 (2d Cir. 1981).

[42] 本件最高裁は、2 Live Crewの"Pretty Woman"が原曲をコメントし批判する内容であることを指摘して、パロディとして認定している（*see* 510 U.S., at 583）。

[43] *See* Harper & Row, 471 U.S., at 561.

用形態との推定を与えた連邦控裁の判決をつぎのように批判している)。

　原審は、「著作権のあるものを商業的に利用したなら……〔それらはすべて〕アン・フェアの推定をうける」[44]という Sony の言葉の字面だけの意味をそのまま適用している。しかし第107条のいう著作物の目的が商業的であるかまた非営利的教育的目的であるかは、著作物の目的や性質を検討する第1のファクターというひとつのエレメントに過ぎないのである。したがって、利用が教育的なもので営利目的ではないという事実のみで侵害の認定を免れることはない。また、その利用が商業的であるからといって公正であるとの認定を妨げるというものでもない。事実、ニュース報道も、コメントも、批評も、教授も、学術も、研究も、「わが国においては一般的には営利目的のためになされている」[45]。

　(二)【第2ファクター】著作物の性質

　第2ファクター「利用される著作物の性質」は、つぎのような認識のもとにある。それは、ある種の著作物の核心の部分について、他の性質をもつ著作物のそれを複製することと比べた場合にフェア・ユースの抗弁が成立し難いものがあるという、そういう著作物が存在しているという認識である。たとえば、小説、未発表回顧録、映画、創作作品という著作物は、事実作品、発表済言論、ニュース報道、事実編集物と比べた場合に、その複製についてはフェア・ユースが成立し難いといえる[46]。

　本件で原曲の地位にある Orbison の創作的表現は、著作権の保護が目的としていることの核心に含まれるものであるといえる。しかし、パロディというのは、世間でよく知られている作品をコピーするものであるから、本件におけるこのファクターの分析は、あまり意味をなさないといえる。

　(三)【第3ファクター】利用された著作物の量および実質的価値

　第3ファクターを検討することは、第1ファクターの再検討を意味している。

---

[44] Sony, 464 U.S., at 451.

[45] Harper & Row, 471 U.S., at 592 (Brennan, J., dissenting).

[46] Campbell は、小説と事実作品の対比について Stewart v. Abend, 495 U.S. 207, 237-238 (1990)、未発表回顧録と発表済言論の対比について Harper & Row, 471 U.S., at 563-564、映画とニュース報道の対比について Sony, 464 U.S., at 455 n 40、創作作品と事実編集物の対比について Feist, 499 U.S., at 348-351 の参照を求めている。

なぜなら、*Sony* [47] や *Harper & Row* [48] もいうように、許容できるコピーの程度は、利用の目的と特徴に応じて変わりうるからである。またこのファクターの分析は、第4ファクターにも関連する。パロディが市場で原著作物ないし潜在的な派生的著作物に代替するものか否かは、フェア・ユースの判定に重要な影響を与えうるのである。

　第一審は、パロディをつくるという2 Live Crewの目的に照らして、彼らは原曲から「とり過ぎていない」と認定していた [49]。しかし原審はこれを否定しつぎのようにいう。「不必要なほど多くはないという認定は誤ってはいない。けれども、コピーされたものは、質的には重要なところである。……原曲の心臓部（heart）をとり出してそれを新作品の心臓部にすえることは、原曲の本質的部分をくすねるもの、といわざるをえない」[50]。

　第3ファクターが利用された素材（materials）の量のみでなく、その質や重要性（quality and importance）の考慮も要請しているという原審の見解は正しい。また原審が「権利侵害をうけているとされている著作物の実質的部分の逐語的コピーである」[51] か否かを関連する問題としていることにも当法廷は同意できる。なぜなら、仮に逐語的コピーであるなら、それは第1ファクターが要請しているtransformativeな性質の欠如を、そして市場での代替物となることから原著作物の市場価値を低下させるので、第4ファクターにとっても否定的要素となるからである。

　しかし当法廷は、このガイドラインをパロディにもそのまま適用しようとした原審の見解には賛同できない。パロディのユーモアあるいはそのコメントとしての性質は、その性質上必然的に、対象物の歪められた模倣のなかで認識しうるほのめかし（recognizable allusion）から生成されてくるものである。「パロディが特定の著作物を標的にする場合、パロディは最低限、そのオリジナル作

---

[47] *See* Sony, 464 U.S., at 449-450（著作物全体の複製は、テレビ番組の家庭内録画に関する「フェア・ユースの認定に不利にはたらく効果を通常はもつものではない」）。

[48] *See* Harper & Row, 471 U.S., at 564（「実質的には引用であったとしても、発表済著作物に対する批評や談話についてのニュース記事からならばフェア・ユースとなることがあるけれども」、まさに出版されようとしている回想録のスクープ記事からのものではそうはならない）。

[49] *See* 754 F.Supp., at 1156-1157.

[50] 972 F.2d, at 1438.

[51] *See* Harper & Row, 417 U.S., at 565.

品を想起させる（conjure up）ものである必要がある」[52]。本件で 2 Live Crew は、原曲の特徴的なオープニングの音楽フレーズと歌詞の第一文をそのままコピーしている。この部分が原曲の「心臓部」（heart）であるとしても、ここは聴者が原曲をもっとも想起しやすい部分であり、パロディが標的を定めたところである。とられたのが原曲の心臓部であることのみを理由として、パロディの目的との関係でコピーが過剰であるとはいうことはできない。パロディがフェアであるか否かは、それがどれだけ原曲にオリジナルなものを付け加えているかに負っている。

【第4ファクター】市場ないし価値に与える影響

ここでは「市場における原著作物への影響だけでなく派生著作物への影響も考慮されるべきである」[53]。

原審は、「市場への重要な影響」（significant market harm）の存在を検討するにあたり、Sony のつぎの部分を引用している。「仮に商業的利用を意図してのものであれば、その存在が推定される。仮に非商業的目的ならば、その存在は立証されなければならない」[54]。この引用に依拠して、原審は「本件での著作物の利用は完全に商業的なものであるから……当法廷は Acuff-Rose 社が将来損失を被る可能性が存在すると推定する」[55] という。しかし、Sony でのこの推定の議論は、商業的目的で原著作物を丸ごとコピーすることと、家庭内でのテレビ番組録画という Sony の非商業的な背景とを対照させた文脈での議論である。商業目的での複製は、市場で原著作物の「目的にとって代わる」[56] ものを提供する可能性が高いのでアン・フェアが推定されるというのは、常識的なことをいっているに過ぎない。これに対して、この命題は、後続著作物が transformative であるときでも、それが原著作物の市場においてその代替物としてふるまうかという、第4ファクターの関心を判定する命題とはなりえない[57]。なぜなら「パロディと原作は通常は異なる市場機能をもつであろうか

52　See, e.g., Elsmere Music, Inc. v. National Broadcasting Co. 623 F.2d 252, 253 n 1 (2d Cir. 1980); Fisher v. Dees, 794 F.2d, at 438–439.

53　Harper & Row., 471 U.S., at 568.

54　972 F.2d, at 1438 (quoting Sony, 464 U.S., at 451).

55　Ibid.

56　Folsom v. Marsh, 9 F. Cas., at 348.

57　See Leval, supra note 36, at 1125; William F. Patry & Shira Pearlmutter, *Fair Use Misconstrued : Profit, Presumptions, and Parody*, 11 CARDOZO ARTS & ENT. L. J. 667, 692, 697–698 (1993).

ら」[58]。

　但し、パロディが原著作物の派生的著作物の市場に影響を与える場合が考えられる。たとえば、2 Live Crew の楽曲は原曲のパロディであると同時に、ラップ音楽でもある。本件では、ラップ音楽という派生的市場も、検討対象に含められなければならない。この派生的市場に実質的害悪があるとの証拠が示されれば、そのことは 2 Live Crew の楽曲が原曲をフェア・ユースするものであるとの認定にとって不利にはたらくであろう。ところが、この点については「証拠に穴」(evidentiary hole) がある。第4ファクターの判断に関して、重要な要素について証拠が沈黙（a silent record）しているので、本件は原審に差し戻さざるをえない。

　3　【結論】パロディのフェア・ユース該当性が問われた本件について、合衆国最高裁は、まずパロディという著作物の性質を勘案し、第2および第3ファクターの検討内容には重きを置かず、それらを第一および第4ファクターの検討過程に還元している。それは、パロディがその性質上、オリジナルを想起させるもののはずであり、そのためには原著作物の「心臓部」を「そのまま」コピーすることも許容されるからである。

　つづいて、パロディの transformative な性質に着目し、第1ファクターおよび第4ファクターについて、フェア・ユースの成立を看取させる結論を導き出している。パロディの transformative な性質は、第1ファクターではフェア・ユースの成立に有利な要素として、第4ファクターではオリジナル市場における代替物性を否定する要素として、はたらくというのである。

4　小　括

　本節では、連邦著作権法107条に定式化されているフェア・ユース判定のためのコンセプトについて、合衆国最高裁の見解を論述してきた。ここでひとたびまとめておこう。

　1　【第1ファクター】「利用の目的と性質。これには、その利用が商業的なものか非営利の教育的なものかといった考慮も含まれる」(17 U.S.C. § 107(1))。

　17 U.S.C. § 107(1)の第二文「その利用が商業的なものか非営利の教育的なものか」は、この規定の制定過程で、追加された部分である。追加修正理由は、

---

[58] Bisceglia, ASCAP, Copyright Law Symposium, No. 34, at 23.

下院報告書[59] にはつぎのようにある。「これは、現行法のもとでは、ある活動が商業的か非営利のものかということが、それのみでは決定的なものではないとしても、他の要素と並んで、フェア・ユースの成否を決める要素である、ということを明確化したものである」[60]。

この意図を汲んで、*Harper & Row* は、ニュース報道であれば著作権侵害にはあたらないとする Nation 社の主張を否定する文脈で、商業的な利用はフェア・ユース認定にあたっては否定的要素となるとしていた。またこの見解は、先行する *Sony* に依拠してのものであった[61]。

ただここで注視すべきなのは、著作物を商業的に利用したとしても、そのことがフェア・ユース判定の結論を決定するわけではないということである。このことは、*Harper & Row* の Brennan 裁判官反対意見も注意を促していた[62]。また *Campbell* は、パロディの transformative value を背景にした文脈ではあるが、後続著作物が原著作物を transformative するものであるなら、商業的利用であったとしても、そのことがフェア・ユース認定にあたっての否定的要素とはならない（少なくともその重要性は薄れる）との見解を表明している[63]。

著作物利用の目的について、合衆国最高裁は、商業的（commercial）であればフェア・ユース認定にさいしては否定的要素になり、transformative であればこの否定的要素は打ち消されるという。この点について平仄があうように理解するならば、それは、後続著作物が原著作物を代用する（supersede）であるか否かにより、営利／非営利の区別の重要性が変わるということであろう。すなわち、後続著作物が原著作物のたんなる代用品であるなら、それはほぼ同一の意義と効果を市場に与えることになる。仮にこれをフェア・ユースとするなら、それは原著作物の著作権を否定することと同義になるというのであろう。これに対して、後続著作物が原著作物を transform するものなら、ふたつは

59　*See* GORMAN & GINSBURG, *supra* note 3, at 615ff (citing H.R.Rep. No. 94-1476, 94th Cong., 2d Sess. 65-66 (1976)).

60　*Ibid*, at 616.

61　「結論を決定するわけではないが、第1ファクターは『行為が商業的かあるいは非営利的な性格であるか』をフェア・ユースの判定において重視するよう要請している」(Sony, 464 U.S., at 448-449)。このことは立法過程の議論でも確認されているようである（*see* 464 U.S., at 449 n 32 (citing H.R.Rep. No. 94-1476, at 66))。

62　Harper & Row, 471 U.S., at 592 (Brennan, J., dissenting). いわく「批評もコメントもニュース報道も、わが国では通常、利潤を求めて行われている」。

63　*See* Campbell, 510 U.S., at 579.

別々の意義と効果をもって市場に現れる。これならフェア・ユースと認定できるというのである。この点において、第1ファクターのコンセプトは、第4ファクターのコンセプトと渾然たる融合を遂げている。

2 【第2ファクター】「利用される著作物の性質」(17 U.S.C. § 107 (2))。

前章では著作権法の客体性を判定する「アイディア・事実／表現形式二分法」を詳述した。それは、著作権の客体を、思想、事実それ自体ではなく、それらを具現化した表現形式に限定する法理論であった。ところが"思想"と"表現"というふたつのコンセプトを、截然と区別できないことも、そこで論述しておいた。

Harper & Row は、フォード元大統領の回顧録をめぐる事案であった。とくにそのなかのニクソン元大統領の恩赦決定の場面が、後続著作物に複製されていたところであった。ここで合衆国最高裁は、R. Gorman 論文を参照して、事実にもとづいた著作物は著作権の客体として疑義があることを述べている[64]。しかし、事実著作物のなかにも、事実の部分／想像の部分の濃淡がある、との指摘も忘れてはいない。著作権が否定される事実としての性質をもつ記述についてでも、その事実の伝達に要する範囲を超える部分の複製は、フェア・ユースの認定に否定的要素となるというのであろう。

さらに *Harper & Row* は、著作物が未発表であるという性質は、フェア・ユースの抗弁を阻む要素になるという[65]。仮に発表済であったならフェア・ユースであるとされるような場合であっても、未発表の場合なら、たとえそれがニュース価値を有するものでも、フェア・ユースを否定する要素になるという(本章第2節〔批判的指摘の検証〕の4〔発表前著作物のフェア・ユース〕で再述している)。したがって、合衆国最高裁は、いわゆる著作者人格権に含まれるであろう first public appearance の価値を、ニュース価値ある事柄の伝播よりも重要視していると思われる(なおこの点については、*Campbell* も *Harper & Row* を参照する形で、未発表回顧録は事実作品に比して、フェア・ユースが成立し難いとしている)[66]。

3 【第3ファクター】「利用された著作物全体に占める、利用された部分の

---

64 *See* Harper & Row 471 U.S., at 563 (citing Gorman, *supra* note 16, at 561).

65 *See ibid.*, at 564.

66 *See* Campbell, 510 U.S., at 586 (citing Harper & Row, 471 U.S., at 563-564〔近刊の（まだ出版されていない）回顧録と公表済の言論では前者を複製したときの方がフェア・ユースは認められにくい〕).

量と実質的な価値」(17 U.S.C. § 107(3))。

　Harper & Row で問われたのは、後続著作物（Nation の記事）の13%を占める原著作物（フォード回顧録）からの300語の引用である。但し、13%、300語の評価は別として、この数字だけからは、なにも決定されていないといえる。僅か1%に満たない引用の著作権侵害を認定した事案もあるのである[67]。

　合衆国最高裁は、Harper & Row で、その300語の部分の重要性を注視している。その部分こそ、訴外 Time 社が Harper & Row 社らに利用許諾を求めた著作物の「心臓部」だったのである（そこは Time 誌の編集者が「原稿全体のなかでも最も面白くて、感動的な場面である」とした恩赦の章であった）[68]。合衆国最高裁は、質的にはフィルム1時間29分のうち55秒でも著作権侵害といいうるとした事案[69]を参照しつつ、フォードのオリジナルをごく僅かしか利用していないことを理由にフェア・ユースを認定した連邦控訴裁の判決を破棄している。

　但し、Campbell が明確に述べているように、利用された部分の質的重要性も、後続著作物がパロディの場合には、フェア・ユースの認定を左右する要素とはならない。なぜなら、後続著作物がパロディたるためには、それがオリジナルを想起させるものでなければならないはずであり、そのためには先行著作物のまさに「心臓部」を標的にすることが求められるからである[70]。Harper & Row も、それに先行する Sony も、そしてそれらを参照した Campbell も認めているように、許容できるコピーの程度は、著作物の利用目的とその性質（character）に依存するのである。

　ここでもどうやら後続著作物が先行著作物の代用品（supersede）となるか否かが重要なようである。

　4　【第4ファクター】"「利用された著作物の潜在的な市場ないし価値に与える利用の影響」(17 U.S.C. § 107(4))"

　これがフェア・ユースの判定にとってもっとも重要なファクターである、と Harper & Row はいう。どうやらフェア・ユースを否定するには、後続著作物の存在が先行著作物の市場での経済的価値に悪影響を及ぼすことを証明できれ

---

[67]　See Meeropol v. Nizer, 560 F.2d, at 1070-1071. そこでは後続著作物に占める先行著作物（著作権のある手紙）の割合は1%以下であったにもかかわらず、著作権侵害が認定されている。

[68]　Harper & Row, 471 U.S., at 565 (quoting Reply Brief for Petitioners 16 n 8).

[69]　See Roy Export Co. Establishment v. Columbia Broadcasting System, Inc., 503 F.Supp. at 1145.

[70]　See Campbell, 510 U.S., at 587.

ば、それで十分のようである。*Harper & Row* は、著作権者の first sale right や first serialization right を侵害する後続著作物にフェア・ユースを否定していた。

これは別言すれば、後続著作物が先行著作物の市場で代用品となるか否か、ここを注視する必要があるということであろう。*Campbell* は 2 Live Crew の楽曲が "Oh, Pretty Woman" の代用品（supersede）ではないことを、フェア・ユース認定の導きの糸としていた。これは、仮に後続著作物が先行著作物の需要を減少させたとしても、成立する論理として提示されている。*Campbell* は、別件での連邦控訴裁の言明を引用して、こういっている。「『〔単に〕需要を抑圧するような激しい批評〔と〕そうした需要を横取り〔しようとする〕著作権侵害』を裁判所は区別しなければならない」[71]。

後続著作物が先行著作物の代用品（supersede）となるか否か。別言すれば、表現市場での先行著作物の意義を後続著作物が「横取り」（usurp）するものではないか。判例法理として成立してきたフェア・ユースの法理の焦眉の急は、ここにありそうである。

第 2 節　批判的指摘の検証

1976 年法は、判例法理として生成されてきていたフェア・ユースの法理を、法定した（17 U.S.C. § 107）。この条項は、著作権ある著作物であったとしても、そのフェア・ユースには著作権によるコントロールがないことを規定しており、この点をもって、裁判所や多くの論者は、これを修正 1 条の権益（表現の自由）を保護する法理論として理解してきている[72]。表現の自由を守るために、著作権を制約した法理論である、というのであろう。

71　*Ibid.*, at 592 (quoting Fisher v. Deeds, 794 F.2d, at 438).

72　*See* Robert Denicola, *Copyright and Free Speech : Constitutional Limitations on the Protection of Expression*, 67 CAL. L. REV. 283, 293-299 (1979)；Harvey S. Perlman & Laurens H. Rhinelander, *Williams & Wilkins Co. v. United States : Photocopying, Copyright, and the Judicial Process*, 1975 SUP. CT. REV. 355, 394. また本文のことを指摘している Rebecca Tushnet, *Copyright as a Model for Free Speech Law : What Copyright Has in Common With Anti-Pornopraphy Laws, Campaign Finance Reform, and Telecommunications Regulation*, 42 B. C. L. REV. 1, 23 (2000) およびその註 78 に提示されている裁判例を参照。

第4章　フェア・ユースの法理

　ただフェア・ユースの法理が著作権と表現の自由の調整を意図したものであったとしても、この法理論自体の理論的基礎づけをはかる必要があろう。この法理論は、表現の自由を保護してきた伝統的憲法理論に堪えうる法理論であろうか。

1　規定のあいまいさについて

　多くの論者が指摘しているようにフェア・ユースの法理は、表現の自由を保護する規準としてはtoo vagueであろう[73]。これは第3章で詳述した「アイディア・事実／表現形式二分法」と同一の、法理論に内在的な欠点である。その理由は、つぎの点にあるようである。

　17 U.S.C. §107 は、フェア・ユース判定にあたり考慮されるべき4 factors を規定している。但し、裁判実践で考慮されるファクターは、法定されている4 factors に限定されていない[74]（但し、実際に法定以外のファクターが考慮されている例は管見によれば限定的である）。また、法定されている4 factors のいずれをより重視するのか、判例理論および論者のなかに定見はないと思われる。この状況を例証するように、ある論者はつぎのようにいう[75]。

　「〔はじめての〕訴訟から数十年経ったいまでも、たとえそれが学術的研究目的のものであっても、著作権のある著作物のフォトコピーがいつそしていかなる条件でできるのか、〔その法理論から〕知ることはなお困難である」[76]。

---

[73] *See* Tushnet, *supra* note 72, at 24. *See also,* William W. Fisher III, *Reconstructing the Fair Use Doctrine,* 101 Harv. L. Rev. 1661, 1692-1694 (1988) ; Jessica Litman, *Reforming Information Law in Copyright's Image,* 22 U. Dayton L. Rev. 587, 612 (1997) ; Lloyd L. Weinreb, *Fair's Fair : A Comment on the Fair Use Doctrine,* 103 Harv. L. Rev. 1137, 1137 (1990) ; Weinreb, *Fair Use,* 67 Fordham L. Rev. 1291, 1298-1299 (1999).

[74] 合衆国最高裁もしばしばこのことに言及している。*See e.g.,* Harper & Row, 471 U.S., at 549 ; Campbell, 510 U.S., at 577.

　　合衆国最高裁のつぎの言明もここで掲げておく。フェア・ユースの法理は「著作権に関する法令の柔軟さのない（rigid）適用の回避を、裁判所に許容している（そして要求もしている）。なぜなら、〔仮にrigidに適用されるなら〕著作権法令が促進しようとしていた創作行為の、まさに息の根を止めてしまうであろうから」(Stewart v. Abend, 495 U.S., at 236 (quoting Iowa State University Research Foundation, Inc. v. American Broadcating Cos., 621 F.2d 57, 60 (2d Cir. 1980))).

[75] Tushnet, *supra* note 72, at 24.

[76] *Ibid,* at 24 n 81 で Tushnet は以下の判例の参照を指示している。*See, e.g.,* Princeton Univ. Press v. Michigan Document Serv., 99 F.3d 1381 (6th Cir. 1996) ; American Geophysical Union v. Texaco, 37 F.3d 881 (2d Cir. 1994) ; Williams & Wilkins Co. v. United States,

第2節　批判的指摘の検証

　いままでの判例実践に一貫性がみられないために、著作物利用者は、著作権者による訴訟提起の危険に晒されているのではなかろうか。彼らはつねに「潜在的権利侵害者」（potential infringer）であるかのようである。前出の論者は、この状況下ではまるで「自己検閲」を想起させる、といっている[77]。17 U.S.C.§107には、infringe／fair の境界線まで法定されてはいない。フェア・ユースの法理の不確定（elastic）な性質は、表現者をして、表現行為を萎縮させずにはおかないであろう、という論者もいる[78]。

　但し、つぎのことは確認されるべきである。それはフェア・ユースの法理は、もともとはそれまで個別的権利制限規定しかなかった連邦著作権法に、あとから権利制限の一般規定として追補されたものであることである。たしかに 17 U.S.C.§107 の規定の文面だけみれば、そこに不確定性をみてとることもできる。ただそれは、フェア・ユース概念がもともとエクイティ上のものでありその内容を記述することにむかないものであると同時に、なにがフェア・ユースなのかについては、裁判所の判例実践に委ねるという立法者意思の表れでもあると理解できる（序章第2章〔著作権者と著作物利用者の権益調整〕の本文および本章第1節の1（17 U.S.C.§107）を参照）。もともとフェア・ユース規定はなかったという状態を想起するなら、それでも権利制限の一般規定を法定したなら、それは表現の自由にとって有意なことであったと評価することができるはずである。多くの論者の批判的指摘は、17 U.S.C.§107 の文面それ自体を注視したものであることを、ここで注記しておく。

---

　　487 F.2d 1345 (Ct. Cl. 1973) ; Duffy v. Penguin Books, 4 F.Supp.2d 268 (S.D.N.Y. 1998) ; Television Digest, Inc. v. United States Tel. Ass'n, 841 F.Supp. 5 (D.D.C. 1993) ; Basic Books, Inc. v. Kinko's Graphics Corp., 758 F.Supp. 1522 (S.D.N.Y. 1991).

[77]　Tushnet, *supra* note 72, at 24. *See also,* Rosemary J. Coombe, *Objects of Property and Subjects of Politics : Intellectual Property Laws and Democratic Dialogue*, 69 Texas L. Rev. 1853, 1867-1868 (1991) ; Litman, *supra* note 73, at 612-613.

[78]　多くの論者が、表現行為の当否に vague standards が適用されることから生ずる萎縮効果（chilling effect）について、議論を展開している。そのなかでも、強制許諾の制度が萎縮効果を緩和するという Sherri L. Burr, *Artistic Parody : A Theoretical Construct*, 14 Cardozo Arts & Entre. L. J. 65 (1996) に対して、この見解に否定的態度を示す Geri J. Yonover, *Artistic Parody: The Precarious Balance : Moral Rights, Parody, and Fair Use,* 14 Cardozo Arts & Entre. L. J. 79 (1996), Anastasia P. Winslow, *Rapping on Revolving Door : An Economic Analysis of Parody* and Campbell v. Acuff-Rose Music, Inc., 69 S. Cal. L. Rev. 767 (1996) の議論は参照に値しよう。

2　表現内容依存性について

　R. Tushnet は、4 factors の第 1 ファクター「著作物利用の目的と性質」をめぐる裁判所の理解をとり上げて、フェア・ユースの法理が表現内容に基づく法理論であることを指摘している[79]。なぜこれが表現内容に基づく法理論であるかというと、

　1　裁判所は第 1 ファクターの特定にあたり、しばしば public interest の有無を考慮している。たとえば Howard Hughes の類似する二つの伝記の権利関係が争われた *Rosemont Enters.*[80] は、JFK の暗殺が public interest であったか否かが、結論を決定づけたといえる。このことは別の論者にいわせれば、public interest を基準とした判定は、権利侵害を疑われた著作物の質とか価値についての content judgment を要求していることになる[81]。

　2　フェア・ユースの法理は、教育目的またはニュース報道目的でのコピーに、とくに寛容である。合衆国最高裁は、言語的表現手段（currency）の複製・模造（reproductions）を禁止してきたけれども、それが報道としてまたは教育上価値ある場合には、例外として扱われてきている[82]。このような discrimination は、content-based との評価を避けられまい[83]。

---

[79]　*See* Tushnet, *supra* note 72, at 25-27.

[80]　*See* Rosemont Enterprises, Inc. v. Random House, Inc., 366 F.2d 303 (2d Cir. 1966), *cert. denied,* 385 U.S. 1009 (1967).

[81]　*See* Wendy J. Gordon, *Fair Use as Market Failure : A Structural and Economic Analysis of the Batamax Case and Its Predecessors,* 82 COLUM. L. REV. 1600, 1637 (1982).

[82]　*See* Regan v. Time, Inc., 468 U.S. 641, 648-649 (1984).

[83]　Tushnet は「フェア・ユースは批評とパロディに好意的である」ともいう。これも「フェア・ユース」が content-based な法理論であることを例証するものとなろう。*See* Tushnet, *supra* note 72, at 26.

　Nunez v. Caribbean Int'l News Corp., 235 F.3d 18 (1st Cir. 2000) では、ミスユニヴァース・プエルト・リコ代表のヌード写真をコピーし新聞に掲載した行為の違法性が問われた。この写真は、原告の作成によるものであるが、王冠をしたままでのヌード写真に賛否両論があった。第一巡回区連邦控訴裁判所は、つぎのように述べて、被告新聞社のフェア・ユースの抗弁を認容している。すなわち、新聞社による写真の無許諾複製は、一般的には、1976 年著作権法に違反する。但し、本件のように争われている写真そのものに特別のニュース価値がある場合で、写真が新聞社により誠実な仕方で入手されたもので、かつ、その写真がすでに発表済みのものであるときには、17 U.S.C. § 107 のフェア・ユースに該当する。

第 2 節　批判的指摘の検証

　ではなぜ報道または教育目的による著作物利用にフェア・ユースの法理は寛容な態度を示すのであろうか。この点については、Blackmun 裁判官が Sony の反対意見で展開したつぎのような議論が参考になる。彼は 17 U.S.C. §107 の柱書にある "批評、論評、ニュース報道、教授、学術、研究等の目的" で行う著作物利用がある共通の特性を備えているという。いわく「これらは生産的利用（productive use）である。第一作者の著作物に何かをくわえることで、結果として公衆に便益をもたらすものである」[84]。

　著作権法が独占を許した理由は、著作者が公衆に便益をもたらしたことへの報酬とも理解できる。また Blackmun は、同じく Sony 反対意見のなかで、たとえば学者の研究が正の外部効果をもたらすことを指摘しつつ、それらはフェア・ユースに親和的行為であることを述べている[85]。

　上に引用した Blackmun の見解の眼目はフェア・ユースを生産的利用に限定することにあった。彼の言説は、Sony で問われた VTR が生産的利用に寄与していないこと、したがってフェア・ユースには該当しないことを論証しようとしていたのである。

　フェア・ユースを先行著作物の productive use に限定する思考法は合衆国最高裁の多数意見にはなっていない。ただフェア・ユースの法理に関する Blackmun の理解が仮に適切なものだとすると、それはまさにある特定の内容をもつ言論を優位に扱おうとする法理論であることになる。言論の内容により表出行為の適否を判定する権限を国家機関に与えるような法理論は、はたして憲法理論に適合的なものであろうか[86]。

---

[84] Sony, 464 U.S., at 478 (Blackmun, J., dissenting).
[85] See, ibid.
[86] 本書は、序章で、表現〈expression〉を公共財として捉える見解を述べた。表現〈expression〉を公共財とするなら、言論市場でそれは過少生産されるであろうことを、そこで述べている。国家はこの事態を捉えて、各人の表現行為を援助することで、言論市場への財の供給量を高めようとしてきている。表現行為に対する制約者であった国家が、逆に表現行為の助成者でもあることに、近年の憲法学は注目していると思われる（序章第 1 節〔著作権設定の意義〕一〜二）。ただ学界の動向を詳述することはここでは措く。
　ところで Tushnet が「フェア・ユース」を表現内容にもとづく法理論であるとした視点は、表現行為を助成する国家行為の憲法適合性を分析するために有益な視点を提供していると思われる。なぜなら、表現行為の助成者としての国家は、助成対象となる表現を選定するにあたり、表現行為の意図や目的、その水準といった content-based な判断を迫られるからである。国家が表現行為に対する規制者であるとき、憲法学は、この content-based な視点を警戒してきた。逆に国家が表現行為を助成するとき、やはり憲

ところで、フェア・ユースの法理が報道や教育目的の言論に好意的であるのは、表現の自由の法理からして当然ではないかと考えることもできるであろう。なぜなら、これらの内容の言論は、民主制の過程の維持・発展に資するという、表現の自由が保護されるべきまさにその意義に適合的な表現内容であるからである。ところがこの思考法は、"表現の自由は民主制過程に資するので保護される"という、表現の自由に関する政治的価値論にもとづくものである。本書はこれまで随所で述べてきたように、表現行為を表出者と受領者の間でなされるコミュニケイション行為ととらえ、表現の自由というのは、この主体間の行為への国家干渉を防御する法理論として理解してきている。それは民主制過程の維持・発展というような客観的価値をもとめるものではなく、あくまでも表出者または受領者の主観的利益を保護しようとする法理論なのである。この思考法からすれば、国家には表現内容に関する中立性が要請される。それは、民主制過程につかえるからという理由ではなく、そもそもいかなる表現内容であったとしても、それを無差別に扱う法理論である。Rubenfeld や Tushnet の議論は、こういった表現行為に求められる国家の中立性をフェア・ユースの法理はみたしているのか、ということについての表明された疑義だったのであろう。

3　fair use は customary standard か

　Harper & Row で法廷意見を執筆した O'Conner 裁判官は、第1ファクターのとくに"著作物利用の性質"を注視するさい、ある下級審のつぎの言明に注目している。「フェア・ユースは『善意で』(good faith) または『公正なやり方で』(fair dealing) を前提にしている」[87]。彼女にとって第1ファクターの判定に

法学は、その content-based な視点を警戒すべきではなかろうか。国家の"お眼鏡にかなう"言論で市場が埋め尽くされたとき、わたしたちの思考基盤にある種の傾向性 (tendency) がもたらされはしないであろうか。これは思想の自由の問題でもある。
　著作権は表現の自由を制約する面がある。但しそれは「自由な表現の動力源(エンジン)」であるともいわれている (see Harpar & Row, 471 U.S., at 558)。フェア・ユースの法理 (17 U.S.C. § 107) は、国家 (具体的には議会) が著作者の権利を制限することで表現行為に支援、援助を与えた法規定である、とも理解できると思われる。Tushnet の響に倣えば、このとき国家は content-based な視点で表現行為を助成している。憲法学は国家の表現助成行為をも注視しなければならないであろう。

[87] Time Inc. v. Bernard Geis Associates, 293 F.Supp. 130, 146 (S.D.N.Y. 1969) (quoting John Schulman, *Fair Use and the Revision of the Copyright Act*, 53 Iowa L. Rev. 832 (1968)).

第 2 節　批判的指摘の検証

は「被告の行為の適切さ（propriety）」[88] も重要な要素となっていたのである[89]。W. Fisher は、フォード回顧録を取得し使用した Nation 社の行為の不適切さも、フェア・ユースを否定した O'Conner の判断に影響を与えていると評価している[90]。O'Conner の思考法では、フェア・ユースの認定にあたっては、著作物利用者の対象取得行為が"善意（good faith）"あったか、"公正なやり方（fair dealing）"であったかという customary standards に照らす必要もあるようである[91]。

上記したことは、17 U.S.C. §107 (1)の法上の要件を分析するにあたり、権利侵害の疑義ある者の行為の性質を用いている。前出 Fisher は、このことの隘路を Harper & Row の Brennan 反対意見[92] が衝いているという。仮に"適切さ（propriety）"の判定を"適正法（legality）"の判定に置き換えるなら、第1ファクターは循環論法であるというのである[93]。Fisher は、Brennan 反対意見を反映させた自己の見解を、つぎのように述べている。「仮に『善意で、かつ、公正なやり方』（good faith and fair dealing）であることが著作権法に違反しない行為であることを意味するのであれば、その行為が著作権法に違反するかをその行為の適切さをみることからは判定できない」[94]。

〈フェア・ユースならば適法。適法性は公正さを要す。公正さは適法であることを前提としている〉。ここからはなにが適正な行為であるのかの命題を引き出すことはできないというのである。第1ファクターは、少なくともその一

---

[88] Harper & Row, 471 U.S., at 562 (quoting 3 NIMMER § 13. 05 [A], at 13-72).

[89] 被告は盗んできたものだと知りながらフォードの原稿を利用していた。本章第1節（2つの判例と four factors）の2に詳述した Harpar & Row の【事実】の部分を参照されたい。trial court は、Ford の原稿が盗みとられたものであることを、Nation 社は知っていたと認定している。See Harper & Row, 471 U.S., at 563 (quoting App tp Pet for Cert B-1, C-20-C-21, C-28-C-29).

[90] See, Fisher, supra note 73, at 1679.

[91] Fisher は、つぎの下級審判決も、この思考法の下にあるという（see Fisher, supra note 73, at 1679 n 96）。See Fisher v. Dees, 794 F.2d, at 437；Haberman v. Husler Magazine, 626 F.Supp. 201, 211 (D.Mass. 1986)；and Radji v. Khakbaz, 607 F.Supp. 1296, 1300-1301 (D.D.C. 1986).

[92] See Harper & Row, 471 U.S., at 593-594 (Brennan, J., dissenting).

[93] フェア・ユースの要件として good faith, fair dealing を求め、そうであれば適法であるというけれども、行為が good faith や fair dealing であるためには、それが適法でなければならないというのだから。

[94] Fisher, supra note 73, at 1680.

部分についての裁判所の分析によれば、フェア・ユース判定のさいの規範的命題の導出に失敗している、とFisherはいいたいのであろう。

また、仮にフェア・ユースの成立を行為者の good faith, fair dealing に依存させるなら、それは表現行為の適法性を、表現以外の行為の適法性に負わせることになる。このような法理論が表現の自由保護法理として、適切なものであろうか[95]。

4　発表前著作物のフェア・ユース

ところで、著作権者はなぜフェア・ユースに服さなければならないのであろうか。この論拠のひとつを O'Conner 裁判官は、つぎのようにいっていた。

「フェア・ユースの法理は、著作者が彼の著作物を公衆の消費にささげたとき、『合理的で通例に従った』(reasonable and customary) 利用は許しているという、著作者の暗黙の同意に基づいている」[96]。

前述したように（序章第2節〔著作権者と著作物利用者の権益調整〕三の1の末尾）ここで O'Conner 裁判官は、表現という行為の性質から、表出者の義務を導出していると思われる。このように考えれば、フェア・ユースに対する受忍義務は、表現の表出後であるとされそうである。

ただ、Harper & Row で問われた著作物は、表出前の著作物であったのだろうか、それとも表出後の著作物であったのであろうか。

表現の表出前/表出後という視点でみたとき、Harper & Row で問われた未発表の著作物は、このダイコトミーでは捉えられない非典型的状態にあったといえるのではなかろうか。なぜなら"A Time to Heal"は大統領在職中の public statement に基づく著作物なのだから。

---

[95] このことに関連して、Harper & Row における Brennen 裁判官反対意見は注視されるべきである。彼はつぎのようにいう。

「この行為の非行性により、多数意見はいくつかの点で、烙印を押している。このことは腹立たしいばかりでなく、情報（information）やアイディア（idea）を使ったことを違法行為と判定した本件における多数意見の語られざる傾向性（unspoken tendency）をおそらくは形成したものであるとも思われる。引用された言葉のほかにどうして情報やアイディアを取り上げることができたであろうかという点については、Nation 社の〔著作物〕利用行為は著作権者の拒否にもかかわらず、完全に正当なものであるといえる。なぜなら、アイディアや情報には著作権を主張することができないのだから」(471 U.S., at 594 (Brennan, J., dissenting))。

[96] Harper & Row, 471 U.S., at 550.

第2節 批判的指摘の検証

　この事案では、著作権者の経済的利益が、行為のフェア・ユース該当性の判定に大きく影響していた。それはこのような法状態を、財産権的法理論の枠組でとらえようとしたことの現れではなかろうか。この見方に無理はないであろうか。たとえば、未発表状態の著作物については、著作者のプライヴァシーを保護すべきである、という枠組で捉えるのはどうであろうか。仮に未発表著作物にプライヴァシーの法理を適用したとき、フォード回顧録に秘匿性の高い内容が認められたであろうか。枠組の転換は、表現の自由を重視する憲法理論に適合的ではなかろうか [97]。

　なお発表前著作物であったことを重視して当該著作物の複製にフェア・ユースを否定した *Harper & Row* のあと、対象著作物が未発表であることを決定的理由としてフェア・ユースを認定しない下級審判決が相次いだため、連邦議会は、17 U.S.C. §107 の末につぎの一文を挿入している。「著作物が未発表であるということ、そのこと自体は …… フェア・ユースの認定を禁ずるものではない」。

5　Harper & Row のアポリア

　直接的にまたはフェア・ユースの法理だけに限定された問題ではないけれども、つぎのようなアポリアもある。

　著作権法は、事実それ自体の著作権客体性 (copyrightability) を否定する法理論をとっていた（「アイディア・事実／表現形式二分法」）。著作権そのものが、表現情報の伝播を目指した、制度的・派生的権益であったからである。著作権法の客体は、事実や思想が具体化された表現〈expression〉なのである。

　Harper & Row で反対意見を執筆した Brennan 裁判官は、著作権侵害にあた

---

[97] 本書の視点は、発表前著作物をカテゴリカルに扱う *Harper & Row* 法廷意見（「発表されていない表現の first public appearance をコントロールする著作者の権利は、フェア・ユースの抗弁より重要である」(471 U.S., at 555)）に対する Brennan 裁判官反対意見に負っている。彼はつぎのようにいう。「この著者〔フォード元大統領〕は、大統領在職中の public statement に言及しながら、原稿の言葉を構成している。したがって、それはフェア・ユースを発表前著作物には認めない思考の背景に認められる表現の内密な性質 (confidential) ……を守らなければならないであろう『著作権者の判断のもとでの選択 (deliberate choice)』〔であるという性質〕に欠けている。法廷意見が述べているところの著作権者が『内緒事をうちあけること (confidentiality)』の利益なるものは、プライヴァシーの利益ではない。むしろそれは公衆に information を最初にリリースすることから得られる金額のすべてを得ようとする経済的利益そのものである。……」(471 U.S., at 597-598 (Brennan, J., dissenting) (internal quotations omitting))。

るとされた Nation 社の行為が、ニュース報道のためのものであったことに注目している。彼は、当該社によるニュース報道は公衆の関心の高い情報の伝播という公共の利益（public interest）に関わる行為であるというのである。Brennan 裁判官執筆（White 裁判官、Marshall 裁判官同調）の反対意見に、少しく耳を傾けてみよう[98]。

　本件で争われているのは、著者の大統領在職時の出来事の年代記と、その出来事についての元大統領独自の視点から述べた（his unique perspective）コメントを付した歴史的伝記である。フォード回顧録からの引用であることを脇に置くと、Nation 誌の記事は、ニクソンの大統領辞職と恩赦についてのフォードの手による事実的物語、それがフォード自身の Presidency に後日与えた影響、そしてそれらの出来事を演じた当事者たちについてフォードがうけた印象を再述したものである。要約すると、権利侵害を疑われた書物は、フォードによる事実に基づく表現を精密にそして実質的に再述したものなのである。Brennan 反対意見は、著作権が事実情報に及ばない、と繰り返し繰り返し説いている。

　Brennan 反対意見が問うたこと、それは、著作権の客体性に欠ける〈expression〉を編み合わせた事実的記述の著作権客体性である。歴史著作物や伝記といったものは、事実をめぐる叙述と内省または思索による評言の複合体であろう。O'Connor 法廷意見のようにフォード回顧録から Mr. Ford's reflections を概念上抽出して、事実的なもの／内省的なもの（factual／reflective）区分論に基づく法理論を維持しようとすることは、はたして可能であろうか。「アイディア・事実／表現形式二分法」が保護すべきものを「表現」と規定する循環論的ダイコトミーであったことを想起すれば、O'Connor 法廷意見は、本質的には copyrightability を欠く記述についてまで、修正1条（表現の自由）の保護が及ばないとする理論を生成してしまう。フェア・ユースの法理は、修正1条上の権益を保護するための理論であるが、O'Connor 法廷意見は、この法理の適用を否定している。それとも、発表前の scooping であったこと、そのことが決定的に重大なことであったとの評価であろうか。仮にそうなら、歴史的事実でさえ、その当事者たちの商品化（commodification）を俟たなければ、われわれの手の届かないものになってしまう。

　Harper & Row の思考法の基底には、煎じつめれば、著作権者の経済的利益があったように思われる。O'Conner はつぎのようにいっている。「出版前の引

---

[98] See Harper & Row, 471 U.S., at 579ff (Brennan, J., dissenting).

用は市場占有率において直接競合的である」[99]。17 U.S.C. §107 (4)は、後続著作物の出現による先行著作物の市場価値の低下に配慮せよ、という。ここでいう市場価値の増減とは観念的価値の増減であるだけに注意が必要である。仮にこのファクターがフェア・ユースの判定において過大視されるなら、修正1条上の価値は、著作権者が主張する財産権論の前に、容易に跪くことになるであろう。

第3節 小 括──フェア・ユースの法理──

　一　それまで判例法理として生成されてきた「フェア・ユースの法理」が法典化されたのは、繰り返し述べてきたように1976年である。同法理が規定されている17 U.S.C. §107は、同§108以下の exempted use 規定とともに、著作物のある利用形態について、著作権侵害を免責する規定として理解されている[100]。

　本章では、著作物の利用形態がフェア・ユースに該当するか否かを判定するために17 U.S.C. §107が定めた4つの指針[101]について、二つの有名な合衆国最高裁判例（1985年の *Harper & Row* と1994年の *Campbell*）をもとに詳述した。そこからは第107条に法定されているそれぞれのファクターの、いずれかがフェア・ユース判定にとって決定的要素として存在しているわけではないことがわかる。とどのつまり、いずれのファクターが重視されるかは、ケース・バイ・ケースなのである。

　それでも本書は、そのなかからあるひとつの分析結果を導き出している。それは、後続著作物が先行著作物の代用品（supersede）となるものか、換言すると、それが先行著作物の transformative なものか、これがフェア・ユース判定

99　*Ibid.*, at 568.
100　阿部浩二「日本著作権法とフェア・ユースの法理」コピライト482号（2001年）2、12頁参照。
101　ここで「指針」としているのは、多くの人が論述しているように、著作物利用のフェア・ユース判定で考慮される事柄が、法定されているこの4 factors に限定されてはいないからである。阿部・前掲論文（註100）は、つぎのようにいう。「この第107条も正確にいえば、フェア・ユースを定義している規定ではなく、著作権侵害の責から免責せしめるフェア・ユースとみることができるかどうかを判断するための要件を例示している規定であって、ここにリストアップされている要件以外の事由でフェア・ユースと判断することは妨げないといわれております」（同論文12頁）。

の焦眉の急であること、これである。

　二　17 U.S.C. §107 に法定された 4 factors を通してフェア・ユースの法理を理解したあと、本章は、この法理論に批判的視線を注ぐいくつかの見解について、僅かばかり論述した（第2節）。それは、大要、つぎのようにまとめることができよう。

　(1)　フェア・ユース該当性がケース・バイ・ケースで判定されることを容認している法理論は、表現の自由を保護する規準としては too vague である。この法理論の下でも、表現行為の正否を判定しなければならないとしたら、行為者の表現行為は萎縮するであろう。

　(2)　元来国家行為には、諸価値に対する中立性が要請されてきた。このことの原理論的考察はここでは措く。ただこのことは、諸国の憲法理論において、平等原則の要請として結実している。

　ところがフェア・ユースの法理は、表現内容に基づく法理論である。ある内容をもつ表現行為の著作権侵害性を免責する法理論として、それをもたない表現行為を著作権侵害であると認定する法理論として、この法理論は機能している。前者の帰結だけを取り上げてフェア・ユースの法理を表現の自由保護的法理論と認定してよいのであろうか。

　(3)　フェア・ユースの法理が行為者に good faith, fair dealing を求めるなら、それは表現行為とは区別される別次元の行態により、表現行為の適法性を判定する法理論となる（Harper & Row の O'Connor 法廷意見参照）。表現の自由を保護する法理論として、reasonable なものであろうか。

　(4)　public figure の回顧録の件で見たように（Harper & Row）、表現物はときに事実的なもの／内省的なもの（factual／reflective）の区別をもたない（または区別困難な）場合がある。この状況下でフェア・ユースが否定されると、著作権客体性（copyrightability）を欠く情報まで、著作権者にコントロールされることがある。フェア・ユースの法理は、このような事態に対処できる法理論ではない。

　三　それでも著作権に相対している表現の自由の価値は、合衆国では 17 U.S.C. §107 の解釈適用を通して、保護されてきたとはいえるであろう[102]。なぜ

102　「フェア・ユースの法理は、著作権システムから生じた二つのリスクのバランスをとるものでなければならない。〔そのリスクというのは〕著作者の独占を剥奪することは彼らの創作の誘因を減少させる一方、他方で著作者に絶対的な独占を与えることは他者の創作能力を減少させるということである」（Sony, *supra*, 464 U.S., at 479 (Blackmun,

第3節　小　括

　ならそれは、それまで個別的に対処していた著作権の制限について、表現の自由に配慮した一般的著作権制限規定として法定されたのであるから。法上の文言だけをみれば、そこからは表現行為についての萎縮効果や免責される表現行為についての傾向性が読み取れるかもしれない。ただ、著作権を制限する一般的規定なき場合に比して、著作権法は、17 U.S.C. §107 の法定により、より表現の自由の価値に配慮した法制度になったといえよう。

　わが国の著作権法には「フェア・ユースの法理」が法定されていないとされている。日本法の「最大の特徴」をある論者はつぎのようにいう。「アメリカ合衆国著作権法 107 条の fair use（公正利用）の法理のような、著作権制限に関する一般条項を欠き、制限規定が限定列挙とされている」103。法定されている諸権利群に対して、わが国の著作権法は「著作権の制限」条項（30 条ないし 50 条）という exempted use 規定だけをもっているというのである。

　ただわが国の著作権法の枠組をこのように理解している論者も、合衆国著作権法のフェア・ユースの法理の基底にある価値衡量の理論でもって、日本法上の著作権を制限し憲法上の価値を保護する法理論を提唱してきている。先の論者は、たとえば複製が不可避で用いられる新技術（ファックスやインターネット上の文書・画像のダウンロードなど）についてはそれが大量複製でない限り 30 条 1 項「私的使用」規定を類推適用することを提唱している。また同論者は、Web ページ上の文書・画像をコピーしてそれを Web ページに再掲載する行為について（ネット・オークションに出展する商品の写真掲載などの場合も）、32 条の「引用」に該当すると理解すればよいという。これらの条文理解はフェア・ユースの法理の精神を反映させる手法でもって、著作権に対する個別的制限規定の解釈適用を促そうとする試みとして評価できるであろう 104。

　また別の論者は、著作権法 1 条の「目的」規定が、著作権を制限する一般的規定としての役割を担っているという。同論者は「…… 著作者の権利及びこれに隣接する権利を定め、これらの文化的所産の公正な利用に留意しつつ、著作者等の権利の保護を図り、もって文化の発展に寄与することを目的とする」

　　　J., dissenting))。
103　田村善之「技術環境の変化に対応した著作権の制限の可能性について」ジュリスト 1255 号（2003 年）124、124 頁。
104　田村・同論文 135 頁参照。また同「著作権法 32 条 1 項の『引用』法理の現代的意義」コピライト 554 号（2007 年）2 頁以下は、アメリカのフェア・ユース判例の法理と自説を比較検討した講演録である。

という同条の文言に依拠して、著作権法の立脚地について、つぎのようにいう。「公共の利益をにらみつつ著作者等の権利の保護を図るというバランスの上に立って、著作権法は考えられるのである」[105]。この論者の見解によれば、日本法にはフェア・ユースという文言は用いられていないけれども、そのコンセプトは採用されるべきであると著作権法自身がいっていることになろう[106]。

本書は日本法における「フェア・ユース」論について詳述する余力をもたない。法定されていないこの法理論の理解・分析には、裁判所のプラクティスを詳細に検討することが要請されている。これについては他日を期すしかない[107]。

第4節　残された課題──「伝統的概略」の変更？──

　一　本書はここまで"著作権と表現の自由の調整原理"とされてきた法理論が、はたして憲法学の伝統的法理論に適合的なものであるのかを検証してきた。この原理的分析が第3章（アイディア・事実／表現形式二分法）と第4章（フェア・ユースの法理）の課題であった。連邦控訴裁判所のある裁判官の言葉を借りてこの理由を示せば「思想や表現の伝達のために著作権のある表現の利用を要する場合には、修正1条上の権利が保障されるべきである」[108]と考えているからである。

　"著作権と表現の自由の調整原理"の原理的分析として、本書では、第3章

105　阿部・前掲論文(註100)11頁。
106　阿部・同論文は本文の引用に続いて、つぎようにいっている。「この第1条の目的から見まして、フェア・ユースとはまさしくここに規定されているところのものか。フェア・ユースはバランスの上にでき上がっているエクイティにその基礎を持つものですから、日本著作権法におきましても、これはフェア・ユースという文言は用いてはいないけれども、その考え方は採用されるべきであると言っているわけです」(11頁)。
107　椙山敬二「フェアユースを中心とした著作権法の新潮流」ジュリスト1405号（2010年）33頁以下は、フェア・ユース概念のフレキシビリティをプラスに評価し、なにが「フェア」な著作物利用であるのかの判定への裁判所の積極的な貢献に期待している。
　また、フェア・ユース規定はいわゆる規制緩和社会、すなわち「事前審査から事後審査へ、官から民へ、あるいは行政から司法へという現在の時流」に適合しているとする、中山信弘「著作権法と規制緩和」西村利郎先生追悼論文集『グローバリゼーションの中の日本法』(商事法務、2008年) 385頁以下もここで紹介しておく（引用部分は397頁）。
108　Triangle Publications, Inc. v. Knight-Ridder Newspapers, Inc., 626 F.2d 1171, 1184 (5th Cir. 1980) (Tate, J., concurring).

第4節　残された課題

で著作権の客体性をめぐる「アイディア・事実／表現形式二分法」(idea/expression dichotomy) を分析した。そこでは、この区分法は、著作権法理について注視しなければならない protect／unprotect boundaries について elasticity をもち、準則 (rule) としての性質に欠けるものである、と論述した（第3章第4節〔小括〕の五参照）。つづく第4章では、著作権に対する一般的制限法理である「フェア・ユースの法理」(fair use doctrine) について詳述した（第3節の三参照）。著作物利用のフェア・ユース該当性については、なお too vague である反面、現行法下ではこの法理論により著作権に対して表現の自由の価値が保護されてきた、と論述した。表現の自由の制限として理解すべき著作権保護も、この二つに代表される法理論でなお憲法上の法益に均衡状態がもたらされている限り、憲法理論上の疑義を回避できていると評価することができるであろう。これが本書の結論である。

　二　但し、以下のことに注意を要する。「アイディア・事実／表現形式二分法」、「フェア・ユースの法理」で著作権と表現の自由を調整するという法理論は、著作権の客体が芸術著作物または学術著作物であることを前提に成立する調整法であると思われる。ところが、現行法制度は、機能的著作物および事実的著作物まで、著作権の客体に含めている。「創作性」を欠くこれらの著作物まで既存の法理論の枠組に押し込んでいるために「表現」概念、「複製」概念の拡張が余儀なくされている。著作権と表現の自由の調整法は、このような状況下でもまだ適正であるといえるのか。論争を呼ぶところであろう[109]。

　また合衆国議会は1998年に、Digital Millennium Copyright Act (DMCA) と呼ばれる法律を制定している[110]。本法の眼目は、tapes or transmissions に埋めこまれているコピー・コントロール装置を解除する行為を禁止することである[111]。映像メディアのデジタル化に伴い、複製制限技術 (anti-copying technolo-

---

[109] このような状況下において特許権と同じような枠組への変更を提唱する名和小太郎『ディジタル著作権——二重基準の時代へ』（みすず書房、2004年）142頁参照。

[110] Pub. L. No. 105-304, 112 Stat. 2860 (to be codified at 17 U.S.C. § 1201 et seq).

[111] ここではもっとも論争を呼んでいる二つの条文にだけ言及しておく。
　17 U.S.C. § 1201 (a)(1) は、著作権ある著作物を保護している技術装置を回避する行為を規制している。技術装置を回避する行為についは 17 U.S.C. § 1201 (a)(3)(A)が、以下のように定義している。「スクランブルをかけた著作物のスクランブルを解除すること、暗号化した著作物を解読すること、もしくはその他の方法で、著作権者の許諾なく、技術装置を回避すること、迂回すること、除去すること、無効化すること、または損害を負わすこと」。本法の下では、暗号化されている著作物の解読 (decode) を可能にする

第4章　フェア・ユースの法理

gy）が多くのデジタル著作物に埋めこまれている。デジタル著作物の編集作業を大きく阻害するこの規定は、1790年から稜線伝いに保たれてきた著作権と表現の自由の均衡状態を、表現の自由制約的に修正する法規定として評価されるであろう。このDMCAは「著作権保護の伝統的概略（traditional contours）」を変更する規定ではないか[112]。仮にそうであれば修正1条の審査が必要になる[113]。もう紙幅は尽きているので、ここについても他日を期すしかない。

技術をもつことが、違法行為とされている。
　17 U.S.C. § 1201 (a)(2)は、anti-trafficking 規定と呼ばれている。その意図は、いわゆる digital piracy を補助する道具の頒布を防止することにある。たとえ商業的利益と直接的には関係なくとも、技術的保護下にある著作物の保護技術解除を目的とする装置または技術を保有しているとされたとき、また著作権保護装置の解除に利用されることを知りながらそれらを販売したとき、この規定の下で刑事罰が科されることがある。
　なおこの二条文の理解については、Gleen M. Schley, *The Digital Millennium Copyright Act and the First Amendment : How Far Should Courts Go to Protect Intellectual Property Rights?*, 3 J. HIGH TECH. L. 115, 125-126 (2004) に負っている。
[112]　17 U.S.C. § 1201 (c)(1)はつぎのようにいう。「本節〔DMCA〕は、本編〔著作権法〕に規定されている他の権利、救済手段、権利制限および防御に影響を及ぼすものではない。そこにはフェア・ユースも含まれる」。ところがDMCA制定後のアメリカの状況は、この規定をまるで「訓示規定的なもの」として扱っているかのようである。DMCAが学問研究の自由、表現の自由を制約していないか、とくにフェア・ユースの法理との関係でDMCAをどのように評価すべきかについては、野口祐子「デジタル時代の著作権制度と表現の自由──今後の知的財産戦略に当たって考慮すべきバランス（下）」NBL778号（2004年）32、32-33頁およびそこに付された(註)に簡略にまとめられている。
[113]　著作権期間を延長する法律（17 U.S.C. §§ 302, 304）の合憲性が争われた事例で、合衆国最高裁は、つぎのように述べていた。当該法律の制定でも「連邦議会」が「著作権保護に関する伝統的概略を変更し」たことにはならないので「修正1条の審査は不要である」（*see* Eldred v. Ashcroft, 537 U.S. 186, 221 (2003)）。そこでいう「著作権保護の伝統的概略」とは、「アイディア・事実／表現形式二分法」、「フェア・ユースの法理」が法定されていることであった（第5章Ⅱ〔判旨〕の1-2〔修正1条との関係〕の末尾を参照）。この二法理の法力を一部削ぐDMCAの規定は、「著作権法の伝統的概略」を変更するものではなかろうか。

第5章　著作権保護期間延長法(CTEA)
── Eldred v. Ashcroft ──

　本章で紹介する Eldred v. Ashcroft[1] について、わたしは別稿でこの判決を「後世、わが国が著作権保護を表現の自由として捉える契機をもたらした、と評価されるようになると思われる」[2] と述べたことがある。この言に違わぬくらい、わが国の著作権法学界そして憲法学界は、著作権期間を一部遡及的にも延長するこの合衆国最高裁判決に注目したものである[3]。まさにかの国におけるこ

---

[1]　537 U.S. 186 (2003).

[2]　大日方信春「著作権と表現の自由の間隙」熊本大学法学部創立30周年記念『法と政策をめぐる現代的変容』（山崎広道編、成文堂、2010年）1、34頁。

[3]　このことは Eldred についての評釈が数多く発表されていることからも窺い知ることができるであろう。たとえば、尾島明「著作権の保護期間延長と合衆国憲法」知財研フォーラム53号（2003年）2頁以下、横山久芳「ミッキーマウス訴訟がもたらしたもの──著作権保護期間延長立法の合憲性」ジュリスト1244号（2003年）268頁以下、紙谷雅子「Eldred v. Ashcroft, 537 U.S. 186, 123 S. Ct. 769 (2003)──1998年コピーライト期間延長法（CTEA）は、合衆国憲法第1編8条8項に基づく連邦議会の権限を逸脱し、また第1修正に抵触するという主張を退け、合憲と判断した事例」アメリカ法［2004-1］（2004年）142頁以下、同「コピーライト法は第一修正に『カテゴリィとして』抵触しないのか──一九九八年コピーライト期間延長法（CTEA）の合憲性」法律時報76巻4号（2004年）108頁以下、芹澤英明「アメリカ著作権法における著作権保護期間延長規定の合憲判決──Eldred v. Ashcroft, 123 S. Ct. 769 (2003)」L＆T20号（2003年）114頁以下、吉田仁美「著作権保護期間の延長と表現の自由──Eldred v. Ashcroft, 123 S. Ct. 769 (2003)」ジュリスト1294号（2005年）151頁以下、I. Fred Koeingsberg & Stefan Mentzer（事務局訳）「著作権の保護期間延長と合衆国憲法」AIPPI 48巻5号（2003年）348頁以下、また本章のもとをなす大日方信春「1998年『著作権保護期間延長法』の合憲性──Eldred v. Ashcroft, 537 U.S.─, 123 S. Ct. 769 (2003)」広島県立大学論集7巻1号（2003年）169頁以下などである。

　また Eldred に触発されて物されたと思われる論稿もある。たとえば、横山久芳「著作権の保護期間延長立法と表現の自由に関する一考察──アメリカの CTEA 憲法訴訟を素材として」学習院大学法学会雑誌39巻2号（2004年）19頁以下、城所岩生「権利保護期間延長の経済分析──エルドレッド判決を素材として」林紘一郎編著『著作権の法と経済学』（勁草書房、2004年）107頁以下などがある。また、著作権保護期間の延長問題を総合的に論究した、田中辰雄＝林紘一郎編著『著作権保護期間──延長は文化を振興するか？』（勁草書房、2008年）もある。

の判決は、著作権保護の問題に"憲法上の脚光"を浴びせる切っ掛けをわが国にもたらしたといっても過言ではなかろう。

I　事実の概要

1　1998年「著作権保護期間延長法」

⑴　アメリカ合衆国憲法1条8節8項は、連邦議会に、以下の権限を付与している。

　「著作者および発明者に対して、一定の期間その著作および発明に関する排他的権利を確保することにより、学術および技芸の進歩を促進すること」[4]。

　この合衆国憲法の規定を受けて、第1議会は、1790年5月31日に連邦著作権法（The Copyright Act of 1790）[5] を制定した。連邦レヴェルにおける最初の著作権保護法の誕生である。

　この後、幾度かに及ぶ法改正（大幅なものとして、1831年、1909年、1976年のものがある）を経て、1998年の「著作権保護期間延長法」の制定に至っている[6]。

---

[4]　U.S. CONST, art I, §8, cl. 8. 原文は、以下の通りである。
　"To promote the Progress of Science and useful Arts, by securing for limited Times to Authors and Inventors the exclusive Right to their respective Writings and Discoveries."

[5]　See Act of May 31, 1790, ch. 15, §1, 1 Stat. 124, 124 (repealed 1802).

[6]　法律内容の詳細については省略するとして、各法の下での著作権期間の概要は以下の通りである。
　1976年の法改正までは、著作権期間を2段階に分ける法規定がおかれていた。つまり、第1段階の保護期間が満了した後、著作者の更新手続を要件として、第2段階目の著作権期間が与えられる、という法制度がとられていたのである。たとえば、1790年法の下では第1段階として14年の著作権期間と満了後の著作者による更新手続を要件とする第2段階14年の計28年間、同様に1831年法の下では28年＋14年の計42年間、1909年法の下では28年＋28年の計56年間、著作権を保護していた。
　これに対して、1976年法および1998年法（CTEA）は、著作者の生存期間に著作権期間を依存させる規定内容をもっていた。各法における著作権期間は、1976年法では著作物の公表から著作者の死後＋50年間、1998年法では死後＋70年間である。

I 事実の概要

(2) 1998年「著作権保護期間延長法」(Sonny Bono Copyright Term Extension Act of 1998、以下「CTEA」と略記）は、1976年著作権法（The Copyright Act of 1976）のなかの著作権保護期間に関する修正として、1998年10月27日に制定された[7]。Eldred v. Ashcroft で争そわれたのは、すべての著作権保護期間を1976年著作権法よりも20年間延長する以下の CTEA の規定であった。

17 U.S.C. § 302【著作権の保護期間】1978年1月1日以降に創作された著作物
  (a) 総論：1978年1月1日以降に創作された著作物の著作権は、その創作時に始まり、以下の項における例外に該当しない限り、著作者の生存期間およびその死後70年間存続するものとする[8]。
  (b) 共同著作物：職務上創作されたものではない2人又はそれ以上の著作者によってつくられた共同著作物の場合においては、著作権の保護期間は、著作者のうち最後に生き残った者の生存期間及びその死後70年間存続するものとする[9]。
  (c) 無名著作物、匿名著作物及び職務著作物：無名著作物、匿名著作物及び職務著作物の場合においては、著作権の保護期間は、最初の発行日から95年間又はその創作日から120年間のうち、いずれか早く失効する方とする。……（中略）……当該期間が終了する前に、無名著作物又は匿名著作物の1人ないし複数の著作者の身元が判明した場合においては、著作権は、身元の判明した著作者又は著作者たちの生存期間に基づいて、本条(a)又は(b)により規定された期間存続するものとする[10]。（以下、省略）

2 下級審

(1) 原告 Eric Eldred（控訴人、上告人）は、パブリック・ドメイン（権利が消滅した公有の著作物）となった著書を、非営利目的で、インターネット上で配信していた。彼は、CTEA なかりせば、適法に配信できたであろう著作物が、当該法律の制定のために利用できなくなったという[11]。

---

  [7] Pub. L. No. 105-298, §§ 102 (b) and (d), 112 Stat. 2827-2828 (amending 17 U.S.C. §§ 302, 304).
  [8] Pub. L. No. 105-298, § 102 (b) (1), 112 Stat. 2827.
  [9] Pub. L. No. 105-298, § 102 (b) (2), 112 Stat. 2827.
  [10] Pub. L. No. 105-298, § 102 (b) (3), 112 Stat. 2827.
  [11] 連邦控訴裁判所は、この点を捉えて、原告のスタンディングを容認している。See Eldred v. Reno, 239 F.3d 372, 375 (D.C.Cir. 2001).

第 5 章　著作権保護期間延長法

　本件訴訟は、CTEA が合衆国憲法 1 条 8 節 8 項の「著作権条項」および合衆国憲法修正 1 条に違反しているという declaratory judgment[12] を求めて、Eldred らがコロンビア地区連邦地方裁判所に提訴したことに始まる[13]。

(2)　連邦地裁における原告の主張は、大要、以下の通りである。
① 　著作権法は、言論の自由と著作権の利益を衡量するために、修正 1 条のもとでの司法審査に服さなければならない。
② 　著作権保護期間を事後法で延長すること（retroactively extending）は著作権条項に違反している。当該条項は、連邦議会に、著作権という排他的権利を「一定の期間」だけ著作者に認める権限を付与したものである。
③ 　public trust doctrine によれば、公共資産を私人に移譲する場合には、政府はそれが公共の利益に適うことを示さなければならないはずである。CTEA は、パブリック・ドメインを剥奪するにもかかわらず、この要請を満たしていない。

(3)　両当事者からの judgment on pleadings の要求に応じて、Green 裁判官は、原告の主張を棄却する判決を下した。Green 裁判官の判決は、大要、以下の通りである。
① 　連邦最高裁および連邦控訴裁の先例に照らせば、他者が著作権を保有する著作物を利用する者に、修正 1 条上の権利（表現の自由）が認められないことは明らかである[14]。
② 　連邦最高裁によると、連邦議会は、著作者に付与する著作権の範囲を画定することができる[15]。また、1 条 8 節 8 項の「一定の期間」（limited times）の長さは、「連邦議会の裁量に委ねられている」[16]。さらに、連邦最

---

[12]　28 U.S.C. § 2201.
[13]　Eldred v. Reno, 74 F.Supp. 2d 1 (D.D.C. 1999).
　原告の中には、Eldred と同様にパブリック・ドメインを利用して、ペーパーバック版の出版業を営む Dover Publications やオーケストラ用のシート・ミュージックの出版業者 Luck's Music, Inc, および Edwin F. Kalmus & Co., Inc. が含まれている。
[14]　See United Video v. FCC, 890 F.2d 1173, 1191 (D.C.Cir. 1989)；See also Harper & Row, Publishers, Inc. v. Nation Enterprises, 471 U.S 539, 556 (1985).
[15]　See Sony Corporation of America v. Universal City Studios, Inc., 464 U.S. 417, 429 (1984).
[16]　Pennock & Sellers v. Dialogue, 27 U.S. (2 Pet.) 1, 16-17 (1829).

I 事実の概要

高裁は、著作権条項のもとで、連邦議会による遡及効的法律（retrospective laws）の制定を容認している[17]。これらの先例に照らせば、「一定の期間」保護された著作権の保護期間をCTEAが延長することについて、連邦最高裁は連邦議会の裁量の範囲内であると判示するものと思われる。
③ public trust doctrineは、著作権法には適用されない。
　この判決を受けて、原告は、連邦控訴裁判所に控訴した。

(4)　コロンビア特別区連邦控訴裁判所は、2対1で、控訴人（原告）による控訴を棄却した。Ginsberg裁判官執筆による判決は、大要、つぎの通りである。
① 著作権法は、著作物の利用者の「言い方」（statement）を制約するだけで、「考え方」（idea）を何ら制約するものではない。当該法律は、制作者の著作権と利用者の表現の自由との間に「明確な均衡状態」（definitional balance）[18]を創設するものである。よって「著作権〔を保護することによる著作物の利用制限〕は、〔著作物利用者による〕修正1条に基づく正当性の疑いを、無条件に免除されている（categorically immune）」[19]と考えられる。
② すでに発表された著作物からはオリジナリティが消失していることを理由として、控訴人は、遡及的な保護期間の延長は許容されないはずである、と主張している。しかし、著作物は、発表後においてもオリジナリティが認められ、それは著作権の保護を受ける。
③ CTEAが著作権条項の「一定の期間」規定に違反しているという主張は、以下の2つの理由で認容できない。第1に、CTEAの保護期間は、字義通りにとらえれば「一定の期間」である。第2に、当法廷における先例が「著作権条項のintroductory languageは議会権限を限定するものではない」[20]といっている。
以上の理由から、控訴は棄却される。

Sentelle裁判官は、遡及的延長（retrospective extension）規定の合憲性判断に対して、一部反対意見を述べている。それは*amicus brief*に依拠してなされ

17　*See* McClurg v. Kingsland, 42 U.S. (1 How.) 202, 206 (1843).
18　Eldred v. Reno, 239 F.3d, at 375 (citing, Harper & Row, 471 U.S., at 556).
19　*Ibid*（但し〔　〕は評釈者）．以下、本文および引用文中の〔　〕は評釈者による。
20　*Ibid*., at 378 (quoting Schnapper v. Foley, 667 F.2d 102 (D.C.Cir. 1981)).

第5章　著作権保護期間延長法

たものであった[21]。彼の一部反対意見は、大要、以下のようにいう。

　著作権条項の文言をみれば「〔当該条項は〕連邦議会にあるひとつの行為を、そしてそれのみを行う権限を付与している。その行為とは『学術および技芸の進歩を促進すること』である」[22]。もし著作権条項が、連邦議会に、著作権の保護期間を繰り返し拡張する権限まで付与したのだとすれば、それは、期限のない著作権を付与する権限を与えたことになってしまうであろう。
　また、「著作権保護期間の事後法による延長がなぜ学術を促進するのかについて、連邦議会は説得力のある理論を提示していない」[23]。著作権保護期間を事後的に延長しても、新しい創作を生む誘因とはならないであろう。

(5)　控訴棄却を受けて、Eldred らは、en banc による再審理を求めた。しかし、彼らの要求は受け容れられなかった (7対2)[24]。

(6)　連邦最高裁は、2002年2月19日にいったん certiorari を受理した後[25]、同月25日に以下の2論点に certiorari の内容を限定している[26]。これが連邦最高裁での主な争点になっている。
①　連邦控訴裁は著作権条項のもとで、連邦議会が既存著作物の著作権保護期間を事後法で延長する権限を有している、と判示している。著作権条項のこの解釈は正しいか。
②　既存のおよび将来の著作権の保護期間を延長するという法律は、修正1条にもとづく憲法上の疑義を、無条件に免除（categorically immune）されているか。

21　後述(5)でわずかにふれた en banc での審理は、控訴人（原告）とは見解の異なる *amicus brief* をどう扱うかについて専らなされている。*amicus* の多くは、著作権保護の目的を「学術および技芸の進歩を促進すること」に定める著作権条項の序文（preamble）に CTEA は違反しているとしていた。これに対して控訴人は、当該序文を、連邦議会の権限を具体的に制約するものとは捉えてはいなかったのである。
22　Eldred v. Reno, 239 F.3d, at 381 (Sentell, J., dissenting).
23　*Ibid*., at 382.
24　Eldred v. Ashcroft, 255 F.3d 849 (D.C.Cir. 2001) (en banc).
25　Eldred v. Ashcroft, 534 U.S. 1126 (2002).
26　Eldred v. Ashcroft, 534 U.S. 1160 (2002).

II 判　　旨

以下に述べられている連邦最高裁判所の判決要旨は、上記2点をめぐる最高裁の見解を中心にまとめられている。

II　判　　旨

1　法廷意見

上告棄却（7対2）。
Ginsburg 裁判官執筆による法廷意見は、大要、以下のとおりである（Rehnquist 首席裁判官、O'Conner、Scalia、Kennedy、Souter、Thomas 各裁判官同調）。

1－1　著作権条項（合衆国憲法1条8節8項）との関係

既存著作物の著作権保護期間を延長する CTEA の制定は、著作権条項によって付与された連邦議会の権限を逸脱するものではない。

(1)　「一定の期間」の意義

上告人（Eldred ら）は、将来の著作物の著作権保護期間を延長することについては、CTEA がたとえその期間を既存の法律の規定より20年間延長するものであるとしても、合衆国憲法の著作権条項が規定している「一定の期間」という著作権保護要件を満たしているという。しかし、既存著作物の著作権保護期間を20年間延長することは「一定の期間」という著作権条項の要件を満たすものではないという。上告人は、「一定の期間」という文言には「固定された」または「変更できない」という意味が含意されているというのである。

しかし「一定の期間」という言葉は、上告人のいうような意味あいを含むものではない、と解される。

もし、著作権保護期間を延長する法律が当該法律制定後に公表された著作物にしか適用できないのだとしたら、僅か1日違いで、著作権の保護期間に甚大な違いが発生してしまうことになる。

(2)　事後法による保護期間延長について

上告人は、著作権保護の目的を「学術の進歩を促進する〔こと〕」[27] に見出し、

27　U.S. Const. art I, § 8, cl. 8.

著作権保護期間を事後的に延長するCTEAは、この目的に仕えるものではないという。なぜなら、既存著作物の保護期間をたとえ延長したとしても、新しい創作を生む誘因とはならないと考えられるからである。したがって、事後法による延長は「学術の進歩を促進するために」「一定の期間その著作……に排他的権利を確保」している著作権条項に違反するという。上告人は、その議論をさらに敷衍させて、以下のようにいう。

彼らによれば、当法廷は著作権条項を「〔議会〕権限を授権し同時に制限する」規定と理解している[28]、という。さらにFeistにおいて、当法廷は「著作権〔保護〕の第一の目的」を「学術を進歩させること」にあるとしたとする[29]。

当法廷は「学術の進歩を促進する」「システム」を構築することが著作権条項により連邦議会に授けられた「憲法上の命令」である、と確かに理解している[30]。しかしわれわれは著作権条項の目的を遂行する最善の仕方について判断するのは、裁判所ではなく、連邦議会であることを明確にしてきている[31]。

連邦議会がCTEAを制定した背景には、国際的な著作権保護の要請という事情も存在していた。この議会の営みを結果論だけで批判することは、慎まなければならないと思われる。

1-2 修正1条との関係

CTEAは既存の著作物および将来の著作物の著作権保護期間を延長している。これは修正1条に違反するものではない。それは以下の理由による。

(1) 制憲者は、著作権条項(1788年)および修正1条(1791年)と、立て続けに制定している。この2条項の時間的近接性は、著作権の限定的独占と言論の自由とは矛盾しない、という彼らの見解の表れである。

(2) 著作者の利益と著作物利用者の修正1条上の自由とは、著作権法により調整済みである[32]。

---

[28] Graham v. John Deere Co. of Kansas City, 383 U.S. 1, 5 (1966).
[29] See Feist Publications, Inc. v. Rural Telephone Service Co., Inc., 499 U.S. 340, 349 (1991).
[30] See Graham, 383 U.S., at 6.
[31] See Stewart v. Abend, 495 U.S. 207, 230 (1990) ; Sony, 464 U.S., at 429 ; Graham, 383 U.S., at 6.
[32] See Harper & Row, 471 U.S., at 556.

II 判　旨

　連邦著作権法102条(b)項は「アイディア」ではなく「表現」を著作権の保護対象としている[33]。これは、著作者の表現行為と表現受領者の自由な思想伝達の各々の保障範囲を均衡させたものである。

　第107条は受領者に「フェア・ユース」を許している[34]。この規定により「アイディア」ばかりか一定の条件の下で著作物の「表現」それ自体の使用が許されている。フェア・ユース規定は、学術および論評[35]ばかりがパロディ[36]にも、相当程度に及ぶ自由利用を許容している。

　とくに以下の2条項は、著作権法が受領者の表現の自由にも配慮していることを象徴するものである。

　第108条(h)は、図書館、公文書館および同様の機関に「保存、学術又は研究の目的のもので、著作権期間が残り20年となった」出版物の複写物を、一定の条件の下で「再版すること」および「ファクシミリ又はデジタル化の手法を用いて改版、展示又は実演すること」を許している[37]。

---

[33]　17 U.S.C. § 102【著作権の対象】総論
　　(b)　いかなる場合においても、オリジナルな原作（authorship）についての著作権の保護は、アイディア、手続き、プロセス、システム、操作方法、コンセプト、法則ないし発見にまで及ぶものではない。このことは、これらがいかなる形式で記述され、説明され、図解され、あるいは実体化されているかを問わない。

[34]　17 U.S.C. § 107【独占的権利の制限：フェア・ユース】
　　第106条及び第106条Aにかかわらず、著作権のある著作物のフェア・ユースは、著作権侵害にはあたらない。フェア・ユースには、批評、論評、ニュース報道、教授（教室内使用のための複数のコピー作成を含む）、学術、研究等の目的のための、コピーないしフォノレコードによる複製、その他の上記規定の方法による複製行為が含まれる。ある著作物における既存著作物の利用がフェア・ユースにあたるか否かの判断にあたっては、つぎのファクターが考慮されるべきである。
　　(1)　利用の目的と性質。これには、その利用が商業的なものか非営利の教育的なものかといった考慮も含まれる。
　　(2)　利用される著作物の性質。
　　(3)　利用された著作物の全体に占める、利用された部分の量と実質的な価値。
　　(4)　利用された著作物の潜在的な市場ないし価値に与える利用の影響。
　　著作物が未発表であるということ、そのこと自体は、仮にその認定が前記のファクターすべての検討の下でなされていれば、フェア・ユースの認定を禁ずるものではない。

[35]　See Harper & Row, 471 U.S., at 560.

[36]　See Campbell v. Acuff-Rose Music, Inc., 510 U.S. 569 (1994).

[37]　17 U.S.C. § 108【独占的権利の制限：図書館及び公文書館におけるコピー】
　　(h)(1)……　刊行された著作物の著作権期間が残り20年になったら、図書館又は公文書館は、それと同様の目的をもつ非営利の教育機関も、当該期間の合理的な調査から第(2)

第110条(5)(B)項は、小規模事業者には、ラジオやテレビなどで流れる音楽の利用料を免除している[38]。

修正1条は、行為者の自由な言論活動の遂行を、確かに保障している。しかし、その権利は、他者の言論を利用してなされるとき、相対的に重要度の低いものになる。著作権法には、著作権保護と修正1条の要請について、上記したような調整原理が内在されている。CTEAは、この著作権保護に関する伝統的概略を変更するものではないので、これ以上の修正1条の審査は必要ではない[39]。

1-3 司法審査基準論

上告人は、事後法で著作権期間を延長することが著作権条項に違反すると述べるなかで、CTEAが当該条項の目的遂行にとって適理であるか否かを「高められた司法審査基準」（heightened judicial review）をもちいて判断するようにという。

しかし、当法廷は以下の理由から、上告人の主張を認容しない。

---

[38] 項(A)、(B)及び(C)にあたらないと判断した場合には、当該コピー又はフォノレコードの全部又は一部を、保存、学術又は研究の目的のもとで、ファクシミリ又はデジタル化により、複製、頒布、展示又は実演することができる。
　(2)下記に該当するいかなる複製、頒布、展示又は実演も正当化されない。
　(A) 著作物が通常営利的利用のために創作されたものであること。
　(B) そのコピー又はフォノレコードが妥当な価格で入手可能であるとき。
　(C) 著作権者又はその代理人が、(A)及び(B)の適用を著作権簿の規則に従って通知しているとき。

17 U.S.C. §110【独占的権利の制限：一定の実演及び展示の例外】
　第106条の規定にかかわらず、下記のことは著作権侵害にはあたらない。
　(5)(B) 連邦通信委員会の免許を受けたラジオ又はテレビジョン放送局……により、公衆一般が受信することを意図して制作された非演劇的著作物（nondramatic musical work）の実演又は展示を収録して、ある事業所で送信又は再送信する場合において、
　　(i) その事業所が飲食店である場合、当該事業所の総床面積が2000平方フィート〔約56.2坪〕未満（利用者駐車場を除く）又は送信あるいは再送信が行われている場所の床面積が2000平方フィート未満で、かつ
　　　(I) その実演が音声再生装置のみで行われている場合には、その実演、隣接する屋外の空間を含めてひと部屋4個以下、合計6個以下のスピーカーを用いて行われている場合。又は、
　　　(II) それが視聴覚装置を用いて行われている場合には……（以下、省略）。

[39] See e.g., Harper & Row, 471 U.S., at 560.

Ⅱ 判　旨

(1) congruence and proportionality の基準

上告人は、まず、修正14条5節に関する事例で言及された congruence and proportionality の基準[40]をもちいるようにいう。しかし、合衆国憲法1条上の議会権限の文脈でこの基準をもちいるのは適切ではない。

合衆国憲法修正14条5節は、以下のようにいう。「連邦議会は、適当な立法によって、本条の諸規定を執行する権限を有する」[41]。本節が連邦議会に付与した権限は、修正14条の指令を「エンフォースする」権限である。

これに対して、著作権条項が連邦議会に付与した権限は、権利の範囲に「定義をくだす」(define) 権限である[42]。この定義づけは、連邦憲法1条がある権限を議会に付与した結果として生成されたものである[43]。裁判所としては、このことに敬意をはらわなければなるまい。

上記の理由から当法廷は、congruence and proportionality の基準をもちいてCTEA を審査するのは適切ではないと考えている。

(2) 言論内容中立規制にもちいられる「高められた審査基準」

上告人は、つぎに、CTEA を言論に対する内容中立規制であるという。しかし当法廷は、著作権制度を「高められた審査基準」で審査せよとの彼らの要請を認容できない。それは以下の理由による。

第1に、制憲者は時間的に近接した時点において、著作権条項 (1788年) および修正1条 (1791年) を制定している。このことは、著作権の限定的独占と言論の自由とは矛盾しないという彼らの見解を例証している。

第2に、著作者の利益と修正1条の価値とは、著作権法により調整済みである。

(上記2点については［1−2　修正1条との関係］を参照されたい)。

第3に、上告人は Turner Broadcasting System, Inc. v. FCC, 512 U.S. 622 (1994)（いわゆる *Turner I*）を引き合いに出す。その眼目は must-carry rule により義務づけられたケーブル・テレビ事業者の役割と著作物を頒布する出版社の役割を同視して、CTEA に Turner 法理の適用を求めることにある。しかし must-carry rule が地上波放送の再送信をケーブル・テレビ事業者の意思に反し

---

[40]　*See e.g.*, City of Boerne v. Flores, 521 U.S. 507 (1997).
[41]　U. S. Const. amend. XIV, § 5.
[42]　*See* Sony, 464 U.S., at 429.
[43]　*See* Graham, 383 U.S., at 6.

てまで義務づけるものであったのに対し、CTEA は著作者の言論を出版社の意思に反して頒布させる、という法構造をとってはいない。

むしろ CTEA は、著作者のオリジナルな表現を〔出版社等による〕無制限の利用から保護するものである。これは修正１条が保護しようとしている言論の自由の範疇にある。

原審が著作権の問題を「修正１条にもとづく憲法上の疑義を無条件に免除されている」[44]と述べたことは、確かに「いいすぎであった」。しかし、本件において連邦議会が、著作権保護理論の伝統的な枠組を逸脱しているとは思われない。したがって、修正１条の法理による司法審査は、必要とされていない[45]。

1－4　結　論

われわれは、制憲者の意図を読み取らなければならないであろう。著作権条項は、当該規定の目的に沿うようにいかに知的財産権制度を構成するかについて、連邦議会に包括的な授権をするものである[46]。これが制憲者の指示である。上告人は、連邦議会の選択した CTEA による保護期間延長という政策が、憲法の目的遂行に意義薄いものであることを、様々な憲法解釈を駆使して論証しようとしてきた。しかし、連邦議会の賢明さを判断することは、当法廷の職分ではない。問題となっている立法行為が合衆国憲法により配分された議会権限の範囲内である以上、当法廷は、原審判決を認容するものである。

2　反対意見

法廷意見の CTEA 合憲判決に対して、２名の裁判官が、各々CTEA を違憲とする反対意見を述べている。

2－1　Stevens 裁判官による反対意見

Stevens 裁判官は、合衆国憲法１条８節８項が著作権と共に規定している特許権に関する連邦最高裁の先例を参照して、以下のように述べている。

44　Eldred v. Reno, 239 F. 3d, at 375.

45　See Harper & Row, 471 U.S., at 560 ; cf. San Francisco Arts & Athletics, Inc. v. United States Olympic Comm., 483 U.S. 522 (1987).

46　See Graham, 383 U.S., at 6（連邦議会は「制憲者の意図を実施するために、憲法の目的を最良に実現するであろう政策を、自らの判断で選択」してよい）。

II 判　　旨

(1)　当法廷は、期限が満了した特許権の保護期間を延期する権限を、州に対して否定している[47]。連邦議会に対しても、同じようにいえるのではなかろうか。そうだとすれば、連邦議会が著作権の保護期間を延長することも許容されないはずである。

CTEA は、既存著作権の保護期間を延長する規定をもっている。わたしは、当該法律のこの部分を、無効であると考えている。

(2)　合衆国憲法1条8節8項は、著作権保護と同時に、特許権保護についても規定している（「特許権条項」）。

当法廷の先例は以下のようにいっている。すなわち、当該条項は「権限の付与および限定を同時に行って」いる。連邦議会は「憲法に明記されている制約を逸脱することは許されない」[48]。

当法廷は、特許権保護の文脈ではあるが、当該条項の目的には2つの側面があることを明らかにしてきている。第1側面は「著作者および発明者」の創造性を高めるために、彼らの著作および発明に排他的権利を付与することである。しかしこの排他的権利は「学術および技芸の進歩」を促進するという究極の目的に仕えるために「一定の期間」という条件の下で付与されている。当該創作は、排他的権利の期限満了後にパブリック・ドメインになり、学術および技芸の進歩に仕えるのである。これが第2側面である。

特許権保護の構造は、第2側面に対する報償（quid pro quo）としての第1側面、と考えられよう。すなわち、発明者による情報開示と後続するパブリック・ドメインへの寄付を条件とする権利付与、と[49]。したがって、この構造は発明者の利益と公衆の利益との均衡の上に成り立っている、といえよう。

上記のような考量がなされた特許権が付与されたあと、公衆の利益を代表している政府が、公衆による当該発明へのアクセスを促進するために、特許権の保護期間を短縮することでその取引を修正することは、明らかに不公正なことであろう。憲法原則の基底に存する事後法および契約不履行を許さないという

---

[47]　*See* Sears, Roebuck & Co. v. Stiffel Co., 376 U.S. 225 (1964).

[48]　Graham, 383 U.S., at 5–6.

[49]　Pfaff v. Wells Electronics, Inc., 525 U.S. 55, 63 (1998)（「特許権制度は〔発明者にその発明を〕限定的期間において排他的に専有させる代わりに、その創造性と新奇で有用な技術革新の情報開示とを奨励するために、注意深く巧妙になされた取引を再現（represent）している」）。

173

公正の条件は、公衆の利益と発明者の利益との取引結果を事後的に変更する法律を許容しないはずである。この公正の条件は、まもなくパブリック・ドメインとなる発明の利用計画を立てていた公衆の利益を、発明の排他的な専有期間を延期することで侵害するような事後的修正をも、同様に許容しないはずである。すなわち、特許権保護期間を短縮することが許されないのと同じ理由で当該保護期間を延長することも許されないのである。

特許権条項は、第1に新しい発明を奨励すること、第2にパブリック・ドメインとして公衆による利用に供すること、という2つの目的のもとに制定されている。同じことは著作権条項についてもいえると考えられる。著作権保護の事後的延長は、公衆から著者、出版社および彼らの相続人への、不必要な富の移転をもたらすものである。このような事後的保護期間延長は、著作権および特許権条項のどちらの制定目的にも仕えるものとはならないであろう。

(3) 著作権・特許権条項にもとづく立法行為の是非について判断することは当法廷の職分の範囲外である、と法廷意見はいう。しかし、この結論は、わが国の憲法構造の基本教義と適合しない。John Marshall 首席裁判官の以下の言明は、決して誇張されたものではないはずである。「何が法かを述べることは、断固として司法機関の職分であり責務なのである」[50]。われわれは、INS v. Chadha, 462 U.S. 919 (1983) で表明した責務[51] を、いまこそ果たすべきである。

2－2　Breyer 裁判官による反対意見

Breyer 裁判官は、CTEA が将来の創作の誘因とはならないので著作権条項の目的に仕えるものではない、という。

(1) 法廷意見は以下のような見解のもとにある。それは、著作権条項の下で連邦議会が有する権限に内在する広範な裁量権限を、われわれは本件判決で抑制する意図をもたない、ということである。

わたくしは、連邦議会の立法に原則的には侵入すべきではないという見解を、法廷意見と共有している。しかし、下記の分析によりその法律が違憲であると

50　Marbury v. Madison, 5 U.S. (1 Chranch) 137, 177 (1803).
51　*Chadha* で連邦最高裁は、議会が立法を繰り返してきた領域であっても、それが誤った憲法解釈に基づいている場合には、直近の法律の違憲性に関する争いが可能である旨の態度を表明している。

II 判　旨

思われる場合には、当該立法権限の行使を阻止しなければならない、と考えている。以下の行論では、CTEA が、第1に著作権条項の目的に一致していないこと、第2に将来の創作への誘因とはならないこと、それらが論述されている。

(2)　著作権条項の基本的な目的が「学術」換言すれば知識と技能の「発展を促進すること」であることは、連邦憲法自身が規定するところである。当該条項は「ある特定の私的利益を提供する」ためにあるのではなく[52]、「公共の一般的利益となる芸術的創造性を刺激するため」に存在するのである[53]。そのために「ある特別な報酬を規定すること」を通して「著者の創造的活動を誘引する」のである[54]。この「報酬」は手段であり、決して目的ではない。またこのことは、著作権期間が限定されていることの理由をも示している。それは知識と技能の受益者となる市民が「ある著者の創作からの果実を永久に奪われることがないように」するためである[55]。

(3)　CTEA による著作権保護期間延長は、著者が新しい創作を行なうための経済的誘因とはなっていない[56]。将来の著作者（potential author）は、当該法律による保護期間延長に見合うだけ商業上存命するような「古典」を物すとは、あまり考えていないであろう。ある調査によると、刊行 55 年から 75 年後まで商業的価値をもつ著作物は、全体の2％に過ぎないとのことである[57]。それ以降となると、さらにこの数字は僅かなものとなろう。

以上の検討を踏まえて考えると、CTEA の制定が新しい創作を奨励することに、必ずしも仕えるものではないといえる。また、既存著作物についていえば、当該法律が著作物に与える経済的誘因は、非常に僅かなものであるといえよう。

52　Sony, 464 U.S., at 429.
53　Twentieth Century Music Corp. v. Aiken, 422 U.S. 151, 156 (1975).
54　Sony, 464 U.S., at 429.
55　Stewart v. Abend, 495 U.S., at 228. *See also*, Mazer v. Stein, 347 U.S. 201, 219 (1954)（「著作権法にとって（省略）権利者への報酬の側面は第二義的なものである。」）; Sony, 464 U.S., at 429（「限定された権利付与」は「限定された期間の排他的コントロールが期限切れになった後、〔著作者の〕才能の成果への公衆のアクセスを許す（省略）ことを意図したものである。」）; Harper & Row, 471 U.S., at 545（著作権は「知識からの収穫の増加を求めるものであって、その妨げになろうとするものではない。」）.
56　*See* Mazer, 347 U.S., at 219.
57　*See* Appendix to opinion of Breyer.

Ⅲ 研　　究

1　著作権の淵源──実体論と機能論──

　著作権は、一定の期間に限定されようとも、ある著作物自体およびそこから派生する諸権利の排他的利用権を、著作者等に認める権利である。このような著作権の「権利の淵源」は、どこにあるのであろうか。この問題をめぐって、英米の法理論は、いわゆる実体論と機能論という2つのアプローチから説かれている[58]。

　権利の淵源をめぐる実体論は、著作者の権利を、コモン・ロー上の財産権に基づくものとみる理論である。この学説は、ジョン・ロック流の自然権論に依拠して唱えられている。つまり、著作物を著者の「労働の果実」に擬えて、著作権法は著者の自然権をそのまま保護する法文書である、というのである。この学説が著作権の権利性に関する「財産権理論」または「自然権論」と呼ばれているのは、著作権の淵源に関するこの理解ゆえのことである。

　権利の淵源をめぐる機能論は、著作権保護を、著作者による創作活動への誘因とみている。またこのコロラリーには、著作者に過剰な独占権を保障することが、後進の創作活動を萎縮させ、学問の発展、言論活動の展開に支障を来たす、と著作権を制限的に捉える思考が含まれている[59]。この立場は、著作権の権利性に関する「インセンティヴ理論」と呼ばれている。

　権利の淵源を哲学的思考により探究することは、判例評釈としての本章の守備範囲を逸脱するものであるので、ここではひとまず措くことにする。

2　著作権と憲法理論

　CTEA は、それまでの1976年著作権法下でのものより、著作権期間を20年間延長している。本件は、この著作権期間の延長が、①著作権期間を「一定の

---

　[58]　田村善之『著作権法概説〔第2版〕』（有斐閣、2001年）6-8頁。
　　　また、大陸法理論の思考方法によれば、著作権の淵源を著作者の人格権にもとめる理論もあると思われる。詳細については、別稿を予定している。
　[59]　著作権保護の拡張に消極的なこの学説は、その特徴から「規制理論」とも呼ばれている。白田秀彰「アメリカ著作権理論の起源──アメリカにおけるイギリス法継受の一事例」比較法研究60号（1999年）128, 134頁。

期間」に限定した著作権条項（合衆国憲法1条8節8項）に違反するか否か、②パブリック・ドメインを用いた表現行為を規制するか否か（すなわち同修正1条に反するか否か）、この2点について争われた。

(1) 合衆国憲法1条8節8項「著作権条項」

合衆国憲法1条8節8項は、連邦議会に以下の権限を付与している。「著作者および発明者に対し、一定の期間その著作および発明に関する排他的権利を確保することにより、学術および技芸の進歩を促進すること」[60]。本条文を「著作権条項」と「特許権条項」とに分解すると、著作権条項は、以下のようになろう[61]。〈連邦議会は、著作者に対し、一定の期間その著作に関する排他的権利を確保することにより、学術の進歩を促進する〔権限を有する〕〉。この抜粋から、本条文にある意図が明らかとなろう。

連邦議会は、著作権法を制定する権限を、当該条文により付与されたと理解できる。しかし、その権限は、無制限なものではなかったのである。著作権条項は、著作権法の立法目的を〈学術の進歩を促進すること〉とし、目的達成の手段は著作者に〈一定の期間その著作に関する排他的権利を確保すること〉であるとして、連邦議会の立法権限に一定の限定を画したと考えられる（第2章第2節〔著作権条項の文理理解〕も参照されたい）。この理解を下敷きとして上記①（CTEAは合衆国憲法1条8節8項に違反するか）の問題を検討する。議論は、著作権条項の「一定の期間」の理解について、下記のように分かれた。

法廷意見は、以下の2点を指摘して、CTEAは著作権条項にいう「一定の期間」規定を逸脱するものではない、と判示している。第1に、CTEAは著作権期間を延長するものではあるが、なお「永久の著作権」を認めたものではないこと。第2に、著作者の死後70年間（無名・匿名著作物については95年間または120年間）と著作権期間は長大なものではあるが、著作権期間をどの程度に定めるかについては、広範な立法裁量が認められること。

これに対して、Stevens反対意見は、「一定の期間」を厳格にとらえる立場

---

60 U.S. CONST. art I, § 8, cl. 8.
61 この理解は、合衆国憲法1条8節8項は、(1)学術と技芸、(2)著作者と発明者、(3)著作と発明が一対になり、〈学術——著作者——著作〉が著作権に関する文言であり、〈技芸——発明者——発明〉が特許権に関する文言であるとする、Lawrence B. Solum, *Congress's Power to Promote the Progress of Science : Eldred v. Ashcroft*, 36 LOY. L.A. L. REV. 1, 11 (2002) に負っている。また第2章第2節の1（著作権条項の抽出）も参照されたい。

第5章　著作権保護期間延長法

を表明している。当該反対意見の理解には L. Solum の論稿が役に立つ[62]。彼の論稿は、著作権条項中の「一定の期間」という著作権付与要件の内実を、「一定の」(limited) の辞書中の意味および合衆国憲法1条8節の文法上の条文構造からとらえようとしている。Solum の試みは、limited の意味として辞書中に掲げられていた「短い」(brief)、「短期間」(short in duration) または「固定された」(fixed and certain) という意味に依拠しつつ著作権期間の適否を著作権法の改正系譜に沿って分析する興味深いものである。けれども、彼の論理の検証には、連邦控訴裁判所の判決中にあった「著作権条項の introductory language は議会権限を限定するものではない」という見解や彼が条文構造の類似性を唱える同15項の「民兵条項」(MIlita Clause) をめぐる先例の分析、また彼が依拠する J. Austin の言語行為論の理解が必要になる。これらの問題は、判例評釈を超える問題であるので、ここでは扱わない（この点についても第2章第2節で分析した）。

(2)　修正1条と著作権

著作権法と修正1条との関係は、どのように考えられるべきであろうか。換言すると、言論の自由と言論を所有する権利が、ある表現形式をめぐって、価値対立することがあるだろうか。伝統的な法理論なら「否」と答えるであろう。なぜなら、ある表現形式の「表式そのもの」とそこから「表象されるもの」との区別が、判例理論にとり込まれて久しいからである (the idea/expression dichotomy)[63]。しかし、われわれは、ある表現形式からの想像を超えて、その表式そのものの利用を、表現の自由または学問の自由という憲法原理に訴えて要請することはできないのであろうか。フェア・ユースの法理が、この問題の解法として、提示されている[64]。

上記した2つの理由から、下級審の判断は〈著作権法は修正1条に関する疑義を無条件に免除されている〉というものであった。本件法廷意見も、下級審

---

[62]　前掲註(61)の Solum 論文参照。

[63]　たとえば、Sid & Marty Krofft Television Productions, Inc. v. McDonald's Corp., 562 F. 2d 1157 (9th Cir. 1977) における以下の言説参照。「著作権は『思想の市場』を制限していない。なぜなら、著作権は表現を保護するだけであるから」(at 1170)。

[64]　たとえば、Wainwright Securities, Inc. v. Wall Street Transcript Corp., 558 F.2d 91 (2d Cir. 1977) は、以下のようにいう。「修正1条により保護された価値と著作権法により保護された価値との抵触は、これまでフェア・ユースの法理の適用により解決されてきている」(at 95)。

による言明を「いいすぎであった」[65] とはいうものの、著作権保護と修正１条との調整問題は、上記２つの法原理によりなされていることを理由に、CTEA が修正１条上の問題（表現の自由との抵触）をひき起こしているか否かについて、実体的に判断する必要を認めていない。しかし、本件で見逃すことができないのは、CTEA が〈事後法による著作権期間の延長〉を行なう法律であるという点である。

　CTEA の合憲性を検討するにあたり、２つの規定内容を区別することが重要である、と思われる。それは、CTEA が将来の著作物の著作権期間を延長する第１側面〈prospective extension〉と既存著作物の著作権期間を延長する第２側面〈retrospective extension〉の区別である。本件上告人は、専らこの第２側面について、違憲主張を繰りひろげていた。CTEA のこの第２側面は、著作権期限の到来により市民の知的共有資産であるパブリック・ドメインとなるはずであった著作物の利用を、事後法により制約するという法効果をもっている。この法構造について、評釈者は、言論の自由および学問の自由を保障した合衆国憲法修正１条との関係で精査されるべき憲法問題を惹起していると思っている[66]。

　この点について法廷意見は、上記したように、依然として修正１条の問題は発生していないという。法廷意見も指摘している通り、著作権と言論権との問題は著作権法上調整済みであるといえる面もある。また、他者の言論をそのままの形で使用する権利は、修正１条の保障するところのものではない、ともいえそうである。しかし、著作権期間が満了しひとたびパブリック・ドメインとなった著作物は、何人も利用統制されない「コモンズ」[67]であると思われる。

65　Eldred, 537 U.S., at 221.
66　本件の法廷意見は、表出者の表現を「他人のものの借用」と「独自の表現」とに区別し、他人の表現を借用した表現については、修正１条上の保護が相対的に低いという。しかし、この状態が永続するわけではなく、「一定の期間」に限られたものでもあるという。ただ、この期間を決めるのは裁判所の役割ではなく、政策判断に委ねられるというのである。これに対して、２人の裁判官の反対意見は、著作権保護の重要性を認めつつも、情報が自由に流通しているという価値の優位性を主張している。彼らは、著作権による権利独占状態が延長されれば、それだけ著作物利用者の修正１条の権利（表現の自由）が侵害されるという。この２人の見解の眼目をより詳細に理解するためにも、著作権と表現の自由の関係を分析する必要があろう。
67　この概念は、ローレンス・レッシグにより提唱されたものである。この概念を簡便に紹介している、ローレンス・レッシグ著、白石忠志訳「創造を育むコモンズ」NBL752号（2003年）21頁以下参照。より詳しくは、ローレンス・レッシグ著、山形浩生訳

この「コモンズ」を用いることで、われわれの学術・技芸は、進歩・発展を遂げてきたのである。パブリック・ドメインを利用しての言論・研究活動は、表現の自由・学問の自由の保護をうけなければならない。ではパブリック・ドメインの利用制限を伴う法律は、どのような基準の下で審査されるべきであろうか。

　ここでCTEAの規定を振り返ってみると、CTEAのこの側面は、言論活動に関する内容中立規制である、と考えられる[68]。本件でのStevens反対意見は、この立場にある。また、原審を批評した論者の中には、合衆国における憲法判例実践の中で確立されてきた司法審査基準論に依拠して、CTEAに中間審査基準を適用し、当該法律に憲法違反の判断を下している者もいる[69]。

　事後法による著作権期間の延長の是非も含めて、本件で問題となったCTEAの規定各々をどのように司法審査すべきであるのかについては、著作権の権利性、著作権制度の目的、著作権と表現権の抵触問題、著作権条項の下での議会権限の性質など、考慮すべき様々な問題群が残されている。本書のこれまでの論述は、これらの問題を念頭においてきた。

3　法律制定事情、日本法への示唆

(1)　著作権の国際的保障

　近年ますます盛んになっている著作権の国際的保護の要請を受けて、合衆国も1988年10月に、「文学的および美術的著作物の保護に関するベルヌ条約」（以下、「ベルヌ条約」という）[70]を批准した（1989年3月1日発効）。これに伴って、

　　『コモンズ』（翔泳社、2002年）を参照。
[68]　詳細については別稿の執筆を期す所存である。著作者の権利を法律により保護する「著作権法制」は、表現権との関係では内容中立規制にあたることについて、ひとまず、Jed Rubenfeld, *The Freedom of Imagination : Copyright's Constitutionality*, 112 YALE L. J. 1, 49 (2002) およびErwin Chemerinsky, *Balancing Copyright Protections and Freedom of Speech : Why the Copyright Extension Act is Unconstitutional*, 36 LOY L. A. L. Rev. 83, 93 (2002) 参照。
[69]　*See* Richard A. Epstein, *The Dubious Constitutionality of the Copyright Term Extension Act*, 36 LOY. L.A. L. REV. 123, 129-133 (2002).
[70]　ベルヌ条約（Berne Convention for the Protection of Literary and Artistic Works）は、ビクトル・ユーゴー（1802～1885年）を名誉会長とする著作権法学会（ALAI）の提唱により開始された著作権保護に関する国際的取組を背景として、1886年9月9日にスイスのベルヌで開催された国際会議において制定された。2008年10月の時点で、163カ国が締結しており、日本も著作権法が公布された1899（明治32）年に、ベルヌ条約

Ⅲ 研　究

　連邦議会および連邦政府には、国内の著作権法をベルヌ条約の基準に沿うようにする条約上の義務が生じたのである[71]。

　原審ではあまり触れられてはおらず、また、certiorari の受理理由にも含まれていなかったので、本章ではこの問題を議論の対象から措いておいた。そこで、本件での著作権保護をめぐる国際問題の一端を、ここに示しておきたいと思う。

　連邦議会および連邦政府はベルヌ条約の義務履行を、CTEA 制定の理由にあげていた。これに対して、Eldred らは、ベルヌ条約は CTEA 制定を要求していない、と反論している。なぜなら、ベルヌ条約をはじめとする著作権保護に関する国際条約は、著作者の生存期間プラス50年間を、著作権期間とするよう締約国に要求していたからである（ベルヌ条約7条1項）。但し、締約国にはこれを超える著作権期間を採用することが認められており（同6項）、また締約国間における著作権期間に調和をもたせるために、著作権期間に関する相互主義を採用している（同8項）。

　ここで注目すべきは、ベルヌ条約7条8項の法的効果である。それは、以下のようになる。著作者の死後50年の保護期間を与えている国（A国とする）とそれを上回る著作権保護期間を与えている国（B国とする）との間においては、A国の著作物は、B国においても著作者の死後50年間というA国法上の保護を受けることになる[72]。連邦政府は、この点を取り上げて、CTEA 制定の必要

　　を批准している。
71　方式主義の採用に典型的にみられる米国法とベルヌ条約との齟齬は、ベルヌ条約執行法（The Berne Convention Implementation Act of 1988, Pub. L. No. 100-568, 102 Stat. 2853 (1988)）で調整された。
72　著作権の保護期間について定めているベルヌ条約7条の第8項は、つぎのようにいう（外務省訳による）。
　　「いずれの場合にも、保護期間は、保護が要求される同盟国の法令の定めるところによる。ただし、その国の法令に別段の定めがない限り、保護期間は、著作物の本国において定められる保護期間を超えることはない」。
　　また、著作物の本国の定義について、ベルヌ条約5条4項は「次の著作物については、次の国を本国とする」との柱書につづいて、つぎのように定めている。
　　「(a)　いずれかの同盟国において最初に発行された著作物については、その同盟国。もっとも、異なる保護期間を認める二以上の同盟国において同時に発行された著作物については、これらの国のうち法令の許与する保護期間が最も短い国とする。
　　(b)　同盟に属しない国及びいずれかの同盟国において同時に発行された著作物については、その同盟国
　　(c)　発行されていない著作物又は同盟に属しない国において最初に発行された著作物

性を唱えたのである。すなわち、EU 加盟国では、著作権期間を著作者の生存期間およびその死後 70 年間としていた。ベルヌ条約によれば、合衆国の著作物の EU 領域内における著作権期間は、合衆国国内法（1976 年法によれば生存期間＋50 年間）によることになる。これでは、合衆国内で発行された著作物について EU 域内における著作権保護が薄くなってしまうと同時に、そもそも合衆国で著作物を発行しようと思う創作者が減ってしまい、知的創作活動における国際競争力が低下してしまう、と連邦政府はいうのである。そこで連邦議会は、CTEA 制定により、合衆国市民およびその他の者が、合衆国において著作物を創作し頒布するより大きな誘因が生まれると考えたのである[73]。

連邦最高裁は、上記したような CTEA 制定の背景を踏まえて「CTEA は連邦議会の思慮分別に典型的なもの (judgment of a kind Congress typically makes) からの帰結である」という。この判断は、法廷意見をして、本件をいわば「政治的問題」(political question) に類比されるものとして扱う態度へと導いたと思われる。

(2) 日本法への示唆

アメリカ合衆国においては、建国後 100 年の間に 1 度、その後の 50 年間に 1 度だけ、著作権期間を延長する法改正が行われた。だが、連邦議会は、ここ 40 年間のうちに 11 度にまで及ぶ著作権期間の延長を行っている。この背景には、立法過程に強大な利益団体からの「働きかけ」があったと目されている[74]。著作者の利益と著作物の公有物化の問題とは別の視点からの問題提起もなされ

　　　でいずれの同盟国においても同時に発行されなかったものについては、その著作者が国民である同盟国。ただし、次の著作物については、次の国を本国とする。
　　(i) いずれかの同盟国に主たる事務所又は常居所を有する者が製作者である映画の著作物については、その同盟国
　　(ii) いずれかの同盟国において建設された建築の著作物又はいずれかの同盟国に所在する不動産と一体となっている絵画的及び彫塑的美術の著作物については、その同盟国」。

[73] See Shira Perlmutter, *Participation in the International Copyright System as a Means to Promote the Progress of Science and Useful Arts*, 36 LOY L.A. L. REV. 323, 330, 332 (2002).

[74] See Dan T. Coenen & Paul J. Heald, *Means/Ends Analysis in Copyright Law*: Eldred v. Ashcroft *in One Act*, 36 LOY. L.A. L. REV. 99, 101 (2002).

ている[75]。今回の法改正により、「日本でミッキーマウス"延命"」[76] と報じられたように、The Walt Disney Co. や AOL Time Warner など大手メディア各社が保有する世界的に有名なコンテンツの著作権保護期間が延長されることになった。これに対して本件原告に代表される CTEA 制定反対派は、著名著作物の公有物化を阻害して大手メディア企業の利益を保護しようとするものであると主張していた。

わが国においても、映像著作権の保護期間を公表後50年から70年に延長する著作権法改正案が第156回通常国会（2003年1月20日開会）に提出され可決成立した（2004年1月1日施行の54条）。この法改正の背景には、法人制作による映画などの著作権期間が、米国において CTEA 制定により公表後75年から95年に延長され、EU 諸国においても発表後70年間保護されることから、日本だけ50年であるのは国際競争上、不利になるという映画界からの要望がある[77]。

ただ、著作権期間延長には、様々な問題点も指摘されている。

たとえば「保護期間を延長してもその恩恵を受ける作品はごく限られる。大部分の作品は再利用されないまま埋もれており、それを利用しようとすると、だれが権利を持っているのか、弁護士などを雇って探し出さなければならない。このコストは膨大になる」[78] とするもの。また「著作物は権利が消滅した過去の著作物を翻案して制作されたものが少なくない。シェークスピアも当時の伝

---

[75] CTEA の制定背景にあった利益集団によるロビー活動を公共選択理論（Public Choice Theory）に依拠して分析している Dennis S. Karjala, *Judicial Review of Copyright Term Extension Legislation*, 36 LOY. L.A. L. REV. 199 (2002) 参照。

[76] 読売新聞2003年1月17日朝刊。

なお、ミッキーマウスは、1928年に「蒸気船ウィリー」で登場した。1976年著作権法の下、著作権（保護期間28年＋47年の75年間〔*see* 17 U.S.C. § 304 (a) (B) (ii) (1976 Act)〕）は、2003年に期限が満了するはずであった。CTEA 制定により、2023年まで、著作権期間が「延命」されたことになる。

[77] 経済産業省は、今後わが国の産業全体の中で重要な位置を占めるであろう「映像コンテンツ産業」の国際的権利保護の必要性から、「映画の著作物」（映画、ビデオ、アニメ、ゲームソフトの映像等）についてのみ、著作権期間の延長を検討しているようである。換言すると、その他のコンテンツについては、現行法の下での保護期間を変更しない方針のようである。経済産業省のこの方針を、文化庁の担当者（当時）は「僭越ながらこれを高く評価」するという。岡本薫「著作権法制の動向」NBL752号（2003年）54、55頁。

[78] 朝日新聞2003年1月13日朝刊10版21面。また、Breyer 裁判官執筆による反対意見も、この点について同様に述べている。

承や民話を参考にしたといわれる。保護期間の延長は、既存作品の利用を制限して創作意欲をそぐ」[79] という指摘もある[80]。

　著作者の利益を保護することと創造性への誘因として著作権を保護していることとの折り合いをいかに付けるか。〈財産権としての著作権〉と〈学問発展のための著作権〉の関係について、憲法学的視点から分析していく必要があると思われる。

---

[79] 前掲註(78)の朝日新聞参照。
[80] 本件について知的財産法の研究者による評釈として、横山久芳「ミッキーマウス訴訟がもたらしたもの──著作権保護期間延長法の合憲性」ジュリスト1244号（2003年）268頁以下がある。知的財産法学の見地からなされたこの評釈は、現行の著作権法制に関する諸問題の一端を的確に指摘するものとなっている。横山「判批」は、本文指摘の点について「映画産業が強いから、映画著作権の保護強化を図るというのはあまりに短絡的な発想である」(273頁)と評している。
　なお、著作権期間の延長をめぐる諸問題点の体系的分析については、田中辰雄＝林紘一郎編著『著作権保護期間──延長は文化を振興するか？』（勁草書房、2008年）を参照。

はじめに

第6章　暗号化と表現の自由──DMCA を素材に──

はじめに──本章の関心

　一　著作権（copyright）の設定は、情報（information）に管理可能性をもたらすことで、その商品化（commodification）を促してきた[1]。著作権法は、言論市場での表現取引の適正さを確保するための、取引のルールであると理解できるであろう（本書はこのことを随所で述べてきた。とくに第1章第2節の2〔著作権の本質について〕四を参照）。そこには著作者、創作者の作品生産の誘因を確保する規定とともに、著作物利用者、後続表現者の利益をめぐる規定もある。前者の権利群を財産権的と捉えるならば、後者の権利群は表現権的と、一応の類型化が可能であると思われる。

　本書は、著作権の設定という国家行為が、表現行為を助成する一方、反面、表現の自由を制約する側面があると述べてきた。そこでとくに後者の側面（著作権の設定は表現の自由を制約していないか）について、これまで論を進めてきた。ただ合衆国最高裁判所は、著作権法に表現の自由論を直截に照射することには、消極的態度を示している。

　二　合衆国最高裁は、著作権期間を延長する法改正の適法性が争われた2003年の判決[2]のなかで、以下のようにいう。

　「〔今回の法改正でも〕連邦議会は著作権保護の伝統的概略を変更していない。〔したがって〕修正1条の審査は不要である」[3]

　この「著作権保護の伝統的概略」（traditional contours）とは、著作権法に修正1条との調整法が法定されていること、著作権を制限する「伝統的修正1条保護手段」（traditional First Amendment safeguards）が規定されていることを指

---

[1] See Diane Leenheer Zimmerman, *Information as Speech, Information as Goods : Some Thoughts on Marketplaces and the Bill of Rights*, 33 Wm. & Mary L. Rev. 665, 668 (1992).

[2] Eldred v. Ashcroft, 537 U.S. 186 (2003).

[3] *Ibid.*, at 221.（〔　〕は引用者による。以下、同じ）。

している。前者のうちもっとも重要な調整法が「アイディア・事実／表現形式二分法」(idea/expression dichotomy, 17 U.S.C. § 102 (b)) であり、後者のうちもっとも重要な保護手段が「フェア・ユースの法理」(fair use doctrine, 17 U.S.C. § 107) である（本書ではそれぞれ第3章、第4章で詳述している）。著作権法に内在するこの二つの法理論の機能により、著作権と表現の自由という二つの価値は balancing されているというのであろう。ただそれは、この二法理が有意性をもつ限りでの均衡状態である、と理解すべきである。

　三　1998年に合衆国議会は、本格的な「デジタル時代」の到来にあわせて、合衆国法律集第17編に第12章を追加している[4]。同年10月28日、往時のビル・クリントン合衆国大統領の署名をうけたこの法律は「デジタル・ミレニアム著作権法」(Digital Millennium Copyright Act of 1998、以下「DMCA」と略記。）と呼ばれている[5]。

　本法については第1節（DMCA）で詳述しているので、ここではその概要だけ記しておこう。

　DMCA の要諦は、そして本章の focal point は、その「回避禁止条項」(anti-circumvention rules) にある（17 U.S.C. § 1201 (a)(1)(2)(3)）。この条項をもつ DMCA は、デジタル著作物 (copyright works) に設けられたアクセス制限の回避行為を、さらにある状況下においては、そのような装置の作成 (manufacture) あるいは取引 (traffic) を、違法行為としている。ここで注意を要するのが、つぎのことである。すなわち、DMCA は著作権を侵害する行為を禁止しているのではない。そうではなく、DMCA は著作物に設定されたアクセス制限装置の"回避それ自体"を規制しているのである[6]。

---

[4]　米国は1980年の著作権法改正でコンピュータ・プログラムの保護を規定して以来、デジタル社会の到来に対応するよう、著作権をめぐる法制度を整備してきている。文化庁長官官房著作権課内著作権法令研究会・通商産業省知的財産政策室編『著作権法不正競争防止法改正解説　デジタルコンテンツの法的保護』（有斐閣、1999年）139頁にはこの概要が一覧表の形式で示されている。

　　また、デジタル時代と著作権制度の関係については、Yoshiyuki Tamura, *Rethinking Copyright Institution for the Digital Age*, [2009] W.I.P.J. No.1, 63 (2009) が簡便に説明している。

[5]　Pub. L. No. 105-304, 112 Stat. 2860 (1998) (to be codified at 17 U.S.C. § 1201 et seq.).

　　D. Nimmer は、DMCA の制定について、1976年の法改正以降 most sweeping な法改正である、と評している。*See* David Nimmer, *A Riff on Fair Use in the Digital Millennium Copyright Act*, 148 U. PA. L. Rev. 673, 674 (2000).

[6]　著作物に設定されたアクセス・コントロールの保護は、WIPO 条約上の義務ではない

ところで後続表現者には、著作物の利用について、いくつかの privilege が認められていた。その典型例が著作権の客体は〈form of expression〉であるとした「アイディア・事実／表現形式二分法」、後続著作物の利用目的、形態などにより先行著作物の権利を制限するフェア・ユースの法理である。この二つの法理論に典型的な「著作権保護の伝統的概略」が有効性をもつとき、著作権と表現の自由の両価値は balancing されているといわれてきた。

　ある論者は DMCA を評して、つぎのようにいう。「回避それ自体を禁止する〔DMCA〕は、ユーザーに与えられた privileged uses を廃止してしまう権限を著作権者に与える法的効果をもつ」[7]。どういうことであろうか。

四　われわれは、自然言語を媒介にして、思想、感情、意思などの伝達、また他者のそれらを理解する営為を、日常的に行っている。この言語の表記形式として通常想起されるのは、音声または文字であろう。ところでコンピュー

（『著作権法不正競争防止法改正解説』前掲書（註4）141頁）。ただこのことについて、米国は DMCA で、わが国では不正競争防止法で規定しているので、ここで少し触れておく。

　1999（平成11）年の著作権法改正により、わが国でも著作物の「技術的保護手段」（2条1項20号）の回避に関する一定の行為は、刑事罰の対象にされている（120条の2第1・2号）。またこのような「技術的保護手段」の回避を行うことにより可能となった複製を、その事実を知りながら行った場合には、たとえそれが私的使用のための複製であったとしても、民事上、違法行為とされるようになった（30条1項2号）。

　ところでわが国の著作権法120条の2で刑事罰の対象とされている行為は、技術的保護手段の回避を行うことを専らその機能とする装置およびその機能をもつプログラムの複製物を、公衆に譲渡または貸与等すること（1号）、業として技術的保護手段の回避を行うこと（2号）である。また同じく1999年に改正された不正競争防止法で「不正競争」（2条1項10・11号）とされた行為も、「技術的制限手段」（2条7項）の解除を可能にする機能のみを有する装置若しくはプログラムを譲渡等することである。

　これに対して、後述するように、DMCA は、技術的保護手段の回避を行う装置等の譲渡、貸与等行為だけでなく、技術的保護手段を回避することそれ自体を広く違法行為としている（17 U.S.C. § 1201 (a)）。ある論者は、わが国とかの国の規定ぶりを比較して、「(DMCA は、わが国の著作権法・不正競争防止法よりもかなり広範囲で、DRM〔デジタル・データの利用をコントロールする技術（Digital Rights Management）——引用者挿入〕の回避を違法としている」としたあと、つぎのような評価を下している。「米国著作権法は、著作物へのアクセスという行為について著作権者の意思にかからしめる方向へ大きく踏み出したのである」（野口祐子「デジタル時代の著作権制度と表現の自由——今後の知的財産戦略に当たって考慮すべきバランス（下）」NBL778号〔2004年〕32、32頁）。

[7]　Yochai Benkler, *Free as the Air to Common Use : First Amendment Constraints on Enclosure of the Public Domain*, 74 N. Y. U. L. REV. 354, 421 (1999).

タ・プログラミングの世界でも上記営為がなされている。ただそこでは、コンピュータ言語であるコード（code）という人工言語が用いられているだけである。

　DMCA は、著作権の保護を意図しながらも、権利侵害行為を禁止するのではなく、著作物へのアクセス行為を制限している。著作権侵害を意図してのものでなくとも、著作物に組み込まれたアクセス・コントロール装置の回避方法を、プログラマーがコードを用いて表記することが、そこでは制限されているのである。DMCA は、コードによる表現行為を制約している、といえるであろう。

　また DMCA は、デジタル著作物へのアクセスを規制しているために、著作物の表現形式をデジタル状態のままで使用することを制約している。ところが従来の著作権法理論はフェア・ユースの法理により、その目的、性質に応じて、他者の著作物の〈form of expression〉を用いての表現行為を許していた。さらに DMCA の効果は、デジタル著作物にあるパブリック・ドメインにまで及ぶことになる。

　前述したように、合衆国最高裁は著作権法の「伝統的概略」に変更なきとき、修正１条の審査を不要としていた。では DMCA はどうか。この法律の制定は、著作権法で確保されていた著作権と表現の自由のバランスに、影響を与えているように思われる[8]。

　本章では、DMCA にある constitutional objection について探究しようと思う。

第１節　DMCA

　一　「全世界的な知的財産権の保護の促進」を目指して、世界知的財産権機構（World Intellectual Property Organization, WIPO）は、国連の専門機関として、

---

[8] 本書と同じ視点をとる JAMES BOYLE, THE PUBLIC DOMAIN : ENCLOSING THE COMMONS OF THE MIND 110 (2008) も参照。

　D. Farber は、Eldred の言明〔〔今回の法改正でも〕連邦議会は著作権保護の伝統的概略を変更していない。〔したがって〕修正１条の審査は不要である」（537 U.S., at 221）の implication を、つぎのように explicate している。「この言明が意味するところは明確であると思われる。〔すなわち〕連邦議会がこの概略を変更したとき、修正１条上の審査が必要とされる〔のである〕」。Daniel A. Faber, Conflicting Visions and Contested Baseline : Intellectual Property and Free Speech in the "Digital Millennium", 89 MINN. L. REV. 1318, 1349 (2005).

第1節　DMCA

1970年に設立された[9]。そのWIPOは、「文学的または芸術的作品についての著作者の権利の、効果的かつ統一的な方法での発展と維持を目指して」、1996年12月20日にジュネーブで、WIPO著作権条約（WIPO Copyright Treaty、以下WIPO条約と略記。）を採択している。WIPO条約11条は「技術的措置に関する責務（Obligations concerning Technological Measures）」の表題の下で、以下の規定をもっている。

　【WIPO条約11条】「締約国は、著作者によって許諾されておらず、かつ、法令で許容されていない行為がその著作物について実行されることを抑制するための効果的な技術的手段であって、その条約又はベルヌ条約に基づく権利の行使に関連して当該著作者が用いるものに関し、そのような技術的手段の回避を防ぐための適当な法的保護及び効果的な法的救済について定める」[10]。

上記したWIPO条約11条は、著作権者が技術的措置を用いて著作権を保護しようとした場合には、その措置が実効的なものになるような法制度の整備を締約国に求めるものである[11]。そこで合衆国議会は、家庭用VTRを使用してのTV番組録画がフェア・ユースであるとされた1984年の判決[12]以降、米国法が技術的措置の回避装置の製造および販売に対する有効な規制たりえているか不確実であると考え、WIPO条約の批准をうけてDMCAを制定したのである。

　二　著作権者が技術的措置を用いて著作権の保護を企図したとき、1998年「デジタル・ミレニアム著作権法」（DMCA）は、当該コピーライト・プロテクション・システムの回避を規制している。DMCAの規定は、技術的保護の回避に対して、三つの類型でもって対応している。17 U.S.C.§1201に法典化された条文を抄録しておこう。

　1　第一類型は「回避禁止規定（anti-circumvention provision）」である。17 U.S.C.§1201 (a)(1)(A)は、著作権法（合衆国法律集第17編）で保護されている著

9　世界知的財産権機構を設立する条約（WIPO条約）は1967年に採択され、1970年に発効している。See http://wipo.int/about-wipo/en/what_is_wipo.html (last visited March. 16, 2011).

10　訳文は、社団法人著作権情報センターのものを参照している。See http://cric.or.jp/db/z/wch_index.htm (last visited March. 16, 2011).

11　See Glenn M. Schley, *The Digital Millennium Copyright Act and the First Amendment : How Far Should Courts Go to Protect Intellectual Property Rights ?*, 3 J. HIGH TECH. L. 115, 124 (2004).

12　See Sony Corp. of America v. Universal City Studios, Inc., 464 U.S. 417 (1984).

作物へのアクセスをコントロールしている技術的措置の回避を規制している。この規定は、アクセス・コントロールの回避それ自体を禁止している点で、わが国の著作権法とかの国のものを弁別する特徴的規定といえよう[13]。

【17 U.S.C. § 1201 (a)(1)(A)】「何人も、本編〔合衆国法律集第17編〕により著作権が付与されている著作物へのアクセスを効果的にコントロールしようとする技術的保護手段を回避してはならない。この規定は本法の制定後二年の後に効力を生ずるものとする」(DMCA は 1998 年 10 月 28 日制定)。

ここでいう「著作物へのアクセスを効果的にコントロール（する）」について、DMCA はつぎのように規定している。「当該技術的手段がその動作の通常の過程において著作物へのアクセスを行うには、著作権者の許諾を得て情報を入力し又は手続若しくは処理を行うことを必要とする場合をいう」(§ 1201 (a)(3)(B))。

2 第二類型と第三類型は「取引禁止規定 (anti-trafficking provisions)」と呼ばれている。このうち第二類型となる 17 U.S.C. § 1201 (a)(2) は、いわゆる digital piracy の道具となるものの配布、販売を規制している（アクセス・コントロール取引規定）。G. Schley は、本法の下、コピーライト・コントロール・システムを回避しようとする装置や技術をもつなら、それが商業上重要な価値以外もたない場合、または、著作物に付されたコントロールを回避する方法とともに売買された場合には、そこには「潜在的刑事責任」(potential criminal liability) があるという[14]。

【17 U.S.C. § 1201 (a)(2)】「何人も、つぎの各項のいずれかに該当する技術、製品、サーヴィス、装置、部品の〔全部〕ないし一部の、製造、輸入、公衆への提供、供給又はその他の取引をしてはならない。

(A) 本編〔合衆国法律集第17編〕により著作権が付与されている著作物

---

[13] 蘆立順美「アメリカ著作権法における技術的保護手段の回避規制と Fair Use 理論」法学 66 巻 5 号 (2002 年) 497、500 頁は「アクセスプロテクションの回避行為そのものが禁止される点で、わが国よりも規制範囲が広いという特徴を有する」と評価している。また前掲註(6)およびそこでの野口祐子の評価も参照。

また椙山敬士「コモンズのための著作権法の基礎理論」クリエイティブ・コモンズ・ジャパン編『クリエイティブ・コモンズ デジタル時代の知的財産権』(NTT 出版、2005 年) 95、112 頁は、技術的保護手段の保護について、それは「従来の著作権侵害行為のカテゴリーからみれば、予備ないし幇助行為といった行為を規制の対象とするものである」と評価している。

[14] See Schley, supra note 11, at 125. Schley の言説は、17 U.S.C. § 1204 が刑事罰をもって §§ 1201, 1202 をエンフォースしていることを捉えてのものである。

第1節　DMCA

へのアクセスを効果的にコントロールしようとする技術的手段の回避を第一の目的とするもの又は〔そのために〕製造されたもの。

(B) 本編により著作権が付与されている著作物へのアクセスを効果的にコントロールしようとする技術的手段の回避を除けば、商業上の目的又は用法しかもたないもの。

(C) 本編により著作権が付与されている著作物へのアクセスを効果的にコントロールする技術的手段を回避するために利用すると認識する当該人又は当該人と提携する者により売買されたもの」。

　上記三条文にある「技術的手段を回避する」について、17 U.S.C. §1201 (a)(3)(A)は、以下のような定義を与えている。すわなち「『技術的手段を回避する』とは、スクランブルをかけた著作物のスクランブルを解除すること、暗号化した著作物を解読すること、もしくはその他の方法で、著作権者の許諾なく、技術的手段を無効にすること、迂回すること、除去すること、無力化すること、又は阻害することをいう」と。

　本条項は、わが国では不正競争防止法で規制されているアクセス・コントロール回避装置の取引行為を、著作権法で規制する旨規定したものである。

3　第三類型に関する 17 U.S.C. §1201 (b)は、第二類型とよく似た形体で規定されている。ただ違いは以下のところにある。第二類型 §1201 (a)(2)は「本編〔合衆国法律集第17編〕により著作権が付与された著作物へのアクセスを効果的にコントロールする技術的手段」を回避しうる技術の取引（traffic）を規制対象にしている。これに対して第三類型 §1201 (b)(1)は「〔同第17編〕による著作権者の権利を効果的に保護する技術的手段によって可能となる保護」を回避しうる技術の取引を法上禁止される行為形態としている[15]。この違いはなにか。両法条の circumvention technology の取引禁止という目的は共通である。ただ前者（第二類型 §1201 (a)(2)）は、原著作物へのアクセスを防止するために設けられた技術的手段を回避することを規制対象としている。すなわち、著作物に設定されたアクセス・コントロールを回避する技術的装置について、その提供、販売等を禁止している。これに対して後者（第三類型 §1201 (b)(1)）は、適法に取得された著作物の複製から（したがって原著作物へのアクセスは許容されている）さらに複製を作成すること、その他の著作権侵害となる行為形

15　See Universal City Studios, Inc. v. Corley, 273 F.3d. 429, 441 (2d Cir. 2001). See also 3-12A NIMMER ON COPYRIGHT § 12A.03[C] (2010).

第6章 暗号化と表現の自由

態を防止するために設けられた技術的手段を回避することを規制対象としているのである[16]。換言すれば、後者はいわゆるコピー・コントロールを回避しようとする装置の取引を禁止しているのである。(コピー・コントロール規定)。

　三　本章における行論にとって、つぎの規定も重要である。それは上述の諸条項の適用を限定するために設けられている。

　【17 U.S.C. § 1201 (c)】「〔本編の〕その他の権利などには影響はない。

⑴　本条のいかなる規定も、本編による権利、救済、限定、著作権侵害に対する抗弁、そこにはフェア・ユース〔の抗弁〕も含まれている〔、これらに〕影響を与えるものではない。

　……(省略)……

⑷　本条のいかなる規定も、consumer electronics、通信又はコンピュータを用いて行われる自由な言論及びプレスの権利を、拡大又は縮小するものではない」。

　少し煩瑣ではあったが、本章の後の行論に必要になる限りで、DMCA の関連規定をここに詳述しておいた。それらは一面で著作権の保護規定とその限定規定という、あのバランスを踏襲する法構造をもつようにもみえる。ところが著作権を限定する、その意味で表現の自由を保護する規定群 (17 U.S.C. § 1201 (c)) は、その適用において実に心許ないものだったのである。

第2節　修正1条

1　コンピュータ・コードと修正1条

　一　コードは、ある特定の機能の実施をコンピュータなどに求める、一連の指令からなる。コードの書き手であるプログラマーは、自らのアイディアを、コンピュータが具現化しうるようなコードとして表出している。コードもまた言語 (language) であることは、プログラマーも、そして法学者も、ともに認めているところである[17]。

16　Corley, 273 F.3d, at 441.
17　See Schley, supra note 11, at 129. See also Ryan Christopher Fox, Old Law and New Technology : The Problem of Computer Code and First Amendment, 49 UCLA L. Rev. 871, 877-879 (2002).

第 2 節　修正 1 条

DVD[18] に設定された CSS[19] の暗号を解除する DeCSS[20] のソース・コードおよ

---

[18] 米国の映画産業界に DVD（Digital Versatile Disc）の技術がもたらされたのは 1990 年代のはじめであるという（see Corley, 273 F.3d, at 436）。DVD は、視覚的、聴覚的品質において、貯蔵容量の面で、また耐久性の点でも、アナログ形式による従来のものに比して、より優位なデータ配信を可能にした。

　ところが映画産業界は、ある「懸念」（worry）も抱いていた（Rachel Simpson Shockley, *The Digital Millennium Copyright Act and the First Amendment : Can They Co-exist ?*, 8 J. INTELL. PROP. L. 275, 278 (2001)）。デジタル形式の映像なら、継続的にそのデータを複製しても、品質の劣化は生じない。したがって「事実上の完全な複製」（Corley, 273 F.3d, at 436）のリスクが生じたのである。ある論者はつぎのようにいい、映画産業界の「懸念」の根元を明らかにしている。いわく「高速で、かつ、高機能の電子情報システムは、世界中にいる無限の受領者へのデジタル化された著作物の完全な複製の提供を、一個人に可能にさせた」（Carolyn Andrepont, *Digital Millennium Copyright Act : Copyright Protections for the Digital Age*, 9 DEPAUL-LCA J. ART & ENT. L. POL'Y 397, 400 (1999)）。

　このような状況下にあった映画産業界は、映像著作物を digital piracy から守る装置が開発されるまで、デジタル形式を用いて映像を提供することを躊躇っていたのである。

[19] 映画産業界に第一の福音 CSS（Content Scramble System）がもたらされたのは、1996 年のことである。CSS とは、DVD の内容を暗号化する一連の keys により形成されたアルゴリズムを機能させることにより、DVD の内容を digital piracy から保護する暗号化スキームである（see Corley, 273 F.3d, at 436, see also Universal City Studios, Inc. v. Reimerdes, 82 F.Supp.2d 211, 214 (S.D.N.Y. 2000)）。

　このアルゴリズムを組み込んでいないプレイヤーでは、CSS を内蔵した DVD を再生できない。またこの CSS プログラムは、暗号解除装置なしでは、DVD の内容を複製することを不可能にしている。「この暗号化装置の開発は、映画産業界の懸念（fears）を緩和することに、成功したのである」（Shockley, *supra* note 18, at 279）。CSS プログラムを内蔵した DVD を映画産業界が積極的に製造したために、DVD は、瞬く間にそれまでのアナログ形式のものに取って代わる地位を得ている。

　映画産業界にもたらされた第二の福音とは。1998 年に合衆国議会は、たとえば CSS といった、コピーライト・プロテクション・システムの解除を企図した装置の開発および使用を規制している。これが本書で関心を寄せている DMCA である。DMCA の具体的規定内容については、本章第 1 節（DMCA）で詳述した。

[20] 映画産業界が CSS を組み込んだ DVD で活気づいていた 1999 年 11 月に、当時 15 歳のノルウェー人 Jon Johansen は、CSS 解除装置が組み込まれていない DVD プレイヤーで DVD を再生する方法を発見した。彼はインターネットを通して知り合った 2 人と協力して、CSS の暗号を解除する keys and information をそれが組み込まれたプレイヤーから抜き出すことに成功したのである。彼はその暗号解除プログラムを用いて、CSS で暗号化されている DVD を、正規の暗号解除装置を組み込んでいない unauthorized player でも再生可能にするプログラム DeCSS を書いている（see Schley, *supra* note 11, at 127-128 ; see also Shockley, *supra* note 18, at 279, Corley, 273 F.3d, at 437）。

　DeCSS 制作後、Johansen はこれを自らのウェブサイトで公開（posted）している

第6章　暗号化と表現の自由

びオブジェクト・コードをウェブサイトに掲示（post）したことが DMCA 違反にあたるとされた Corley で、第二巡回区連邦控訴裁判所（Jon O. Newman 裁判官）は、まず〈コードが修正1条の対象であるか〉の分析から着手している。これは修正1条の分析枠組の端緒には、問題の法令が修正1条で保護されている言論を規制するものであるのかという問いを置くことが、定石であると考えたからであろう[21]。Corley は、コードでなされたコミュニケーションも修正1条上の言論である、との結論を導き出している[22]。いわく、

「コミュニケーションは、それがただ単にコンピュータ・コードという言語でなされている（expressed）ことを理由として、憲法上の『言論』に含まれないことはない。『コード』で記述されている数式や楽譜も、換言すると、知識のない者には理解できない記号での表記方法でも、ともに修正1条が cover するものである」[23]。

たしかにコンピュータ・コードや数式、楽譜を解さぬ人もいる。ただそうであったとしてもそれらで表記されたものが修正1条の保護を受けないとはいえない。「仮にコンピュータ・コードが修正1条の目的となっている〔保護を受ける〕典型的な言論（conventional speech）と区別されるというなら、それはそ

（Johansen はノルウェーの刑法145条違反の嫌疑により起訴された。しかし、第一審および控訴審とも、無罪の判決をうけている。Johansen 事件の詳細については、相内武遂「DVD-Johansen 判決からみるアメリカ著作権法の著作物・著作権概念(1)」早稲田法学会誌58巻2号〔2008年〕1頁以下を参照。なおノルウェー刑法145条は『クリエイティブ・コモンズ』（前掲書（註13））115頁（注4-21）に英訳文がある）。その後、このプログラムは、インターネット上の多くのウェブサイトで利用可能になったという (*see* David A. Petteys, *The Freedom to Link ? : The Digital Millennium Copyright Act Implicates the First Amendment in Universal City Studios, Inc. v. Reimerdes,* 25 SEATTLE U. L. REV. 287, 295 (2001))。

DeCSS は DVD の CSS プログラムを無効化するので、これを用いれば、CSS が組み込まれている DVD の複製も可能になり、また、DeCSS ユーザーのハード・ディスクに DVD をコピーすることもできる。その結果、CSS を組み込んでいないコンピュータでも再生できるコンピュータ・ファイルに DVD は変換され、他のコンピュータ・ファイルと同じように、複製が作られ、頒布され、伝達されていった (*see* Corley, 273 F.3d, at 437-438)。DeCSS で作成されたファイルは、そのままではインターネット上での利用には不都合なほどの容量をもつので、DivX というソフトを用いて、通常は圧縮され利用に供されているようである (*Ibid.*, at 438)。

21　*See* Massachusetts v. Oaks, 491 U.S. 576, 590-592 (1989) (Brennen, J. dissenting). このことは Schley, *supra* note 11, 131 n 130 が指摘している。
22　*See* Corley, 273 F. 3d, at 445.
23　*Ibid.*

194

第 2 節　修正 1 条

の言語が解しがたい（obscure）という理由にはよらない〔別の理由による〕」[24]。

　二　では〈コンピュータ・コードで書かれたプログラムも言論か〉という問題はどうであろうか。このことはつぎの理由により疑問が浮かぶ。「もちろん、コンピュータ・コードは文学作品を書くための言語とは違う。それは、第一義的には、コンピュータを実行させるプログラムのための言語である。それらプログラムはコンピュータへ指令（instructions）を出すことを本質としている」のだから[25]。

　この点についても Corley はつぎのように述べ、コンピュータ・プログラムを修正 1 条の保護のカテゴリに含めている。「コンピュータ・プログラムは、その指令がコンピュータの使用を求めているということだけを理由として、修正 1 条の言論のカテゴリから除外されることはない」[26]。「コンピュータを機能させるよう指示を出すというプログラムの性質（capacity）は、information を伝送することはないということを意味してはいない。それは information をも伝送しているのであり、そのことは〔コードによる〕コンピュータへの指示（instructions）を修正 1 条の意図する『言論』にしている」のである[27]。

　ここで Corley では、重要な視点が確立されている。ここではつぎの言説を見てみよう[28]。

　「コンピュータ・コードのようなイントロダクションは、それはコンピュータにより実施されることを意図してのものであるが、しばしば人類による理解や評価も可能である information も伝送している」。

　この言説から Corley は、われわれの認識可能性を基準として、修正 1 条の客体性を判定していることがわかる。プログラマー＝人間は、コンピュータへ

---

[24] Ibid., at 446. なお、ソース・コードが修正 1 条上の保護をうける表現であるかについて、裁判所においては、つぎのように判断が分かれていた。See e.g., Karn v. United States Dept. of State, 925 F.Supp.1, 9 n 19 (D.C.Cir. 1996)（ソース・コードは、コメントと一体であるときは修正 1 条上保護される言論であるといえるけれども、そうではない場合はコンピュータを機能させる命令手段にすぎない）、Junger v. Daley, 8 F.Supp.2d 708, 715-718 (N.D.Ohio 1998)（ソース・コードは表現というよりも機能である。憲法上保護される言論とはいえない）、Bernstein v. United States Dept. of Justice, 176 F.3d 1132, 1141 (9th Cir. 1999) (citing 273 F.3d, at 448 n 22〔ソース・コードも憲法上保護される表現である〕)。

[25] Corley, 273 F.3d, at 446.
[26] Ibid., at 447.
[27] Ibid.
[28] Ibid., at 448.

の instructions を発しているコードから、プログラミング・スキルを向上させる information を読み取り、コードとしての表出を通じて、他者とアイディアの交換をしている。そういった information の伝送を可能にするコードの表出は、修正1条で保護される言論である、というのであろう。

2 言論規制類型でみる DMCA

一 コンピュータ・コードに修正1条の客体性を認めた後、*Corley* は、表現の自由の限界に関する規制類型論をつぎのように展開している。

「表現行為に対する政府の規制は、仮にそれが規制された言論の内容と関係のない理由によるものなら『内容中立』であるという」[29]。「表現の内容には関連性をもたない目的に仕える規制であるなら、たとえ若干の表現者やメッセージに付随的な影響が出たとしても、〔内容〕中立であると考えられている」[30]。ここでは、規制されているものが表現であるか[31]、行動であるか[32]、あるいは、言論的要素と非言論要素が混ざっているといえる「営為（activity）」であるか[33]という、内容中立を判定する合衆国最高裁のアプローチが適用できるように思われる。

Corley は続けて、コードという言論表出メディアの特性を捉えて、そこに言論／非言論コンポーネント（speech/nonspeech component）の混在を認めている。連邦控訴裁は、大要、つぎのようにいっている。コンピュータ・コードは、コンピュータにあるタスクを果たさせるものである。この成果物は、インターネットを通じて、世界中の誰もが即座に利用可能になる。この成果物を得るために人間に求められる行為は、限定的である。すなわち、マウスをクリックするのみである。このコードの実体は、また、その通常の機能については、ある修正1条上の分析手法が適合的である。コードには非言論的要素と言論的要素が混在しているのである[34]。

---

[29] *Ibid*, at 450 (quoting Hill v. Colorado, 530 U.S. 703, 720 (2000)).
[30] *Ibid* (quoting Ward v. Rock Against Racism, 491 U.S. 781, 791 (1989)).
[31] *See ibid* (citing Ward, 491 U.S., at 791-793〔音量の規制〕).
[32] *See ibid* (citing United States v. O'Brien, 391 U.S. 367, 377 (1968)).
[33] *See ibid* (citing Spence v. Washington, 418 U.S. 405, 410-411 (1974)（星条旗を上下逆にして平和の象徴として掲示した「営為（activity）」に O'Brien 判決を適用した）.
[34] *See ibid*, at 451.
　　連邦控訴裁の裁判書はここで Red Lion Broadcasting Co. v. FCC, 395 U.S. 367 (1969) を参照するよう求めている。それは、メディアの特性がそれに対する規制に適用される

第 2 節 修正 1 条

　DMCA を言論内容中立規制と理解した連邦控訴裁は、*Turner I* に依拠して、その憲法適合性を判定する審査基準をつぎのように定式化している[35]。〈①当該規制が政府の実質的な利益に仕えていること、②その利益が表現の抑圧には関係していないこと、③言論に対する付随的規制が規制によって得られる利益にとって必要以上のものではないこと〉。

　この憲法適合性の判定枠組をもちいて、連邦控訴裁は、連邦地裁（*Universal II*）が被告 Corley に発給した DeCSS をウェブ・ページ上に置くこと（posing）および DeCSS を置いているウェブ・ページとリンクを貼ること（linking）についてのインジャンクションを認容している（前者を posing 規制、後者を linking 規制と呼んでおく）[36]。

　二　DMCA の回避禁止規定群（anti-circumvention rules）（17 U.S.C. § 1201 (a)）は、言論コンポーネント（speech component）と非言論コンポーネント（nonspeech component）を併有する、と判定されていた。このことは、連邦控訴裁の裁判書を執筆した Newman 裁判官だけでなく、連邦地裁の裁判書を執筆した Lewis A. Kaplen 裁判官にも共通する見解である[37]。そして彼らは、上述の DMCA は、コンピュータ・プログラムの非言論コンポーネントを規制したものであるという。DMCA は、いわゆる表現行為の非言論的要素を規制しているのであり、であるならば、言論コンポーネントに付随的な影響が出ても、言論内容に中立な規制として正当化される。Newman そして Kaplen の思考基盤が、ここに現れている。

　この思考法に対して「言論は expressive であると同時に functional である」[38]と評したのが G. Schley である。また彼が引照する R. Shockley もつぎようにいう。「仮にわれわれがコンピュータ・コードを言論であるというなら、それは expressive でもあり functional でもある。それはコンピュータへの指令を表出し

　　修正 1 条のスタンダードを異ならせることを、正当化するためであろう。See 395 U.S., at 386.

35　See Turner Broadcasting System, Inc. v. FCC, 512 U.S. 622, 662 (1994).

36　ニューヨーク州南部地区連邦地方裁判所は、本件について、本案審理についての comprehensive opinion を *Universal I* 判決で述べ、permanent injunction の発給を *Universal II* 判決で実施している。See Universal City Studios, Inc. v. Reimerdes, 111 F.Supp.2d 294 (S.D.N.Y. 2000) (*"Universal I"*) ; Universal City Studios, Inc. v. Reimerdes, 111 F.Supp.2d 346 (S.D.N.Y. 2000) (*"Universal II"*).

37　*Universal II*, 111 F.Supp.2d, at 328-329.

38　Schley, *supra* note 11, at 136.

ているのである。Function を expression から分離させることはできない」[39]。また彼女は「機能性（functionality）は本来的にどの表現（expression）にもある。それをあっさり分けることはできない」[40] ともいう。

　Schley・Shockley の言説の眼目、それは DeCSS プログラムを規制する DMCA の規定が言論内容に基づく規制である、と論じることにある。Schley に語ってもらおう。「連邦議会が DeCSS プログラムの functional element を仮に気に入らずそれを規制しようと決めるなら、それはプログラマーの表現を理由とした規制をしたことになるだろう」[41]。

　DMCA が表現の内容に基づく規制なら、当該法律の修正 1 条適合性は、厳格審査基準のもとで判定されなければならない。上述の二論者は、口をそろえて、こういっている [42]。

3　DeCSS は「保護されない言論」ではないか

　Schley・Shockley は上述のようにいうが、連邦地裁の Kaplen 裁判官は、DMCA が仮に言論内容に基づく規制であったとしても「裁判所では〔言論内容に中立的な規制と〕同じ審査基準が適用される」[43] という。彼はこの言明箇所の末尾に註を付し、つぎのような議論を展開している [44]。

　あるカテゴリにある言論は、その内容に基づき規制されている。それらは不正確ではあるが「保護されない言論」といわれてきている [45]。わいせつや「け

39　Shockley, *supra* note 18, at 293.
40　*Ibid.*
41　Schley, *supra* note 11, at 137.
42　*See* Schley, *supra* note 11, at 137, *see also* Shockley *supra* note 18, at 293.
43　*Universal II*, 111 F.Supp.2d, at 332-333.
44　*See ibid*, at 333 n. 216.
45　Kaplen 裁判官はここで、人種、肌の色、信条、宗教、性別に基づいて他者に怒りを感じさせるような象徴物をたてる行為を処罰対象にした市条例の憲法適合性が争われた、R.A.V. v. City of St. Paul, 505 U.S. 377, 382-383 (1992) の参照を求めている。本件は当該条例が view point に基づく表現規制であることを理由に修正 1 条違反とされている。ただここでは、White 裁判官執筆の補足意見が、view point に基づく区別は許されるとしながら、市条例が処罰の対象をけんか言葉に限定していないことを理由に、当該条例が過剰包摂（overbroad）であることから憲法に反するとの結論を導き出していることが注目される。彼は、市条例が過剰包摂でさえなければ、保護されない言論を規制することは修正 14 条上適法である、といいたいのである（*see* 505 U.S., at 397ff (White, J., concurring)）。

んか言葉」と名づけられたものが、このカテゴリに含まれている。この種の言論に対する規制は「定義的」衡量の過程を通して、その憲法適合性が判定されてきた。それは自由な言論の価値と政府の正当な利益を比較するテストである[46]。DMCAによる「取引禁止規定」（17 U.S.C. §1201 (a)(2) & (b)(1)）が被告側のいうように言論内容に基づく規制であることを認めたとしても、やはり裁判所の判断は裁判書の通りであろう。

　DeCSSのようなコンピュータ・プログラムは、作者のアイディアの表出であり、その speech component/nonspeech component の区別不可能を語るのが Schley・Shockley であった。この言説に与する者からすれば、DMCA の DeCSS 規制は、言論内容に基づく規制であり、厳格審査基準による憲法適合性審査が必要になる。ところが、Kaplan 裁判官は、厳格審査の適用を必要としていない。なぜなら彼によれば、DVD に設定されている技術的保護手段を回避する言論は、まさに「保護されない言論」にカテゴライズされるからである。彼がDMCAについて厳格審査を回避できるとした論拠がここにある。

　これに対して Shockley のつぎの言説は逞しい。「著作権を実際に侵害することは悪いことである。しかし、なにが著作権を侵害することかについて知ることに、いかなる違法性もない」[47]。Shockley なら、DeCSS は「保護されない言論」にカテゴライズされるべきではない、というであろう。

第3節　フェア・ユース

　一　仮に後続表現が先行著作物を無断利用したとしても、当該著作物の利用目的やその性質に照らして、当該利用行為が「公正である」と評価されるとき、後続表現に対する先行著作物の著作権の効力が否定される。これが「フェア・ユースの法理」（fair use doctrine）である。合衆国議会は、フェア・ユース判定のさいに考慮されるべき 4 factors を例示しつつ、1976 年にこの理論を法定している[48]（この法理論は第 4 章で詳述されている）。

---

[46] Kaplen 裁判官が引照しているのは M. Nimmer のつぎの論文である。Melville B. Nimmer, *The Right to Speak from* Times *to Time : First Amendment Theory Applied to Libel and Misapplied to Privacy,* 56 CAL. L. REV. 935, 942 (1968).

[47] Shockley, *supra* note 18, at 295.

[48] *See* 17 U.S.C. § 107. 合衆国著作権法 107 条はつぎのように規定している。
　「第 106 条及び第 106 条Aにかかわらず、著作権のある著作物のフェア・ユースは、著作権侵害にはあたらない。フェア・ユースには、批評、論評、ニュース報道、教授

著作物は、通常なら、著作権者の許諾なしに利用できない。著作権法は、著作物について排他的権利を設定し、それを特定の権利者に付与しているからである[49]。ところがフェア・ユースの法理はこの排他的権利を限定する法理論である。仮に後続表現がフェア・ユース性ある利用形態であるなら、当該利用行為を著作権者はコントロールできない。その意味でフェア・ユースは、後続表現者に先行著作物利用についての privilege を付与するためのコンセプトなのである。ところで後続表現者に与えられたこの"特別の許可"を DMCA は無力にする（extinguish）する効果をもっているといわれている。このことは後述する。

　二　*Corley* で控訴人は、DMCA がフェア・ユースを不適正に妨害しているので修正 1 条および著作権条項に反する、と主張していた[50]。これに対して連邦控訴裁は、大要つぎのような理由から、DMCA は後続表現者からフェア・ユースを奪うものではないとしている。

　1　〈控訴人は「フェア・ユース」を、著作権条項および修正 1 条による要求であるというが、合衆国最高裁がそのような理解を示したことはない〉。

　連邦控訴裁は、合衆国最高裁が確かに控訴人の関心をひきつけるような「ばらばらの言説（isolated statements）」[51] を述べてきていることを認めている。それは *Stewart* の「〔フェア・ユース〕は、法が促進しようとしている創作性のまさに息の根を止めるような場合には、著作権法規の厳格な適用の回避を裁判所に許している」[52] や *Harper & Row* の「修正 1 条の保護は、著作権性のある

（教室内使用のための複数のコピー作成を含む）、学術、研究等の目的のための、コピーないしフォノレコードによる複製、その他の上記規定の方法による複製行為が含まれる。ある著作物における既存著作物の利用がフェア・ユースにあたるか否かの判断にあたっては、つぎのファクターが考慮されるべきである。
　(1)　利用の目的と性質。これには、その利用が商業的なものか非営利の教育的なものかといった考慮も含まれる。
　(2)　利用される著作物の性質。
　(3)　利用された著作物の全体に占める、利用された部分の量と実質的な価値。
　(4)　利用された著作物の潜在的な市場ないし価値に与える利用の影響。
　著作物が未発表であるということ、そのこと自体は、仮にその認定が前記のファクターすべての検討の下でなされていれば、フェア・ユースの認定を禁ずるものではない」。

49　*See* 17 U.S.C. § 106.
50　*See* Corley, 273 F.3d, at 436.
51　*Ibid*, at 458.
52　Stewart v. Abend, 495 U.S. 207, 211 (1990) (quoting Iowa State University Research

表現（expression）とそれを否定されている事実（facts）やアイディア（ideas）を区別することで、また、伝統的にフェア・ユースにより差し支えないとされてきた学問研究や論評に自由を認めることで、すでに著作権法のなかに具体化されている」[53] また Campbell の「著作権保護のはじめから、著作物のフェア・ユースの機会は、著作権のまさに目的である『学術と有益な技芸の進歩を促進すること』を実現するために必要であると考えられてきた」[54] という裁判書のなかの一節である[55]。ただ、これらはいずれもフェア・ユースが憲法上の直接的要請であることを基礎づけるものではない、というのであろう。

　この点については、Corley を引用している United States v. Elcom, 203 F. Supp.2d 1111 (N.D.C.A. 2002)[56] も同様の見解を示している[57]。さらに Elcom は Sony での合衆国最高裁のつぎの点の参照も促している。Sony で最高裁はフェア・ユースを「エクイティ上の合理の原則（equitable rule of reason）」であるとしていたのである[58]。

　これに対して論者のなかには、上述した「ばらばらの言説」を捉えて、合衆国最高裁がフェア・ユースを憲法上の要請であるとしている、と理解した者もいる[59]。J. Boyle は、さらにフェア・ユースを理由に著作権法の修正1条上の審査を不要とした Eldred での合衆国最高裁の言説も指摘しつつこのようにいっている[60]。Boyle の筆は、このあと DMCA がフェア・ユースの privilege を取り払う効果をもつことに向かうのであるが、このことも後述する。

　2　〈Coley の控訴人は、著作物をオリジナル・フォーマットでコピーすることがフェア・ユースの内実であるというが、そうではない〉[61]。

　Coley の控訴人はフェア・ユースを著作物の the finest version へのアクセス

Foundation, Inc. v. American Broadcasting Cos., 621 F.2d 57, 60 (2d Cir 1980)).
53　Harper & Row, Publishers, Inc. v. Nation Enterprises, 471 U.S. 539, 560 (1985).
54　Campbell v. Acuff-Rose Music, Inc., 510 U.S. 569, 575 (1994).
55　See generally WILLIAM F. PATRY, THE FAIR USE PRIVILEGE IN COPYRIGHT LAW 573-582 (2nd ed. 1995).
56　本件では Adobe 社の e-Book を PDF フォーマットに変換できるソフトウェア AEBPR の開発が DMCA 違反であるか問われた。
57　See 203 F.Supp.2d, at 1134 n 4.
58　Ibid., at 1134 (quoting Sony, 464 U.S., at 448).
59　See BOYLE, supra note 8, at 276 n. 8.
60　See ibid. See also 537 U.S., at 221（「連邦議会が著作権保護の伝統的概略を変更していない……とき、さらなる修正1条上の審査は不要である」）。
61　See Corley, 273 F.3d, at 459.

を正当化する法理論と捉えているようである。ところが連邦控訴裁は、つぎのようにこの見解を否定している。「フェア・ユースは、利用者の好む技術を用いて、あるいは、オリジナルのフォーマットでコピーするために、著作物へのアクセスを保障するものとは、決して捉えられてはきていない」[62]。

また *Elcom* の見解も *Corley* と軌を一にしている。*Elcom* はつぎのようにいう。「……DMCA はフェア・ユースを削除していないし、誰かのフェア・ユースの権利を侵害するような実質をもちあわせてもいない。……DMCA は、誰かが著作物から引用することも、研究や論評を目的としてテキストを比較することも、妨害していない。利用者は電子ブックに関してはある種のフェア・ユースに従事することが困難になったと感じるかもしれない。けれども、それでもフェア・ユースはなお有効である」[63]。*Elcom* のこの言説は、オリジナル・フォーマットへのアクセスを DMCA は確かに規制しているけれど、当該著作物を論評したり、必要な引用をするといったフェア・ユースについて、DMCA は何らその有効性に変更をもたらしていないことを捉えてのものである。

Corley・*Elcom* の見解には、R. Nimmer が賛意を表明している。彼は *Coley* の〈フェア・ユースは憲法上の権利ではない〉との見解および *Elcom* の〈DMCA は引用や論評を禁止するものではない〉という見解を是認したあと[64]、つぎのようにいう。「フェア・ユースは著作物（material）を、それが便利であるからといって、〔それを〕デジタル形式のままでとる権利ではない」[65]。二つの判決および Nimmer の見解の意味はよくわかる。DMCA はたしかにデジタル形式の著作物からアナログ形式で引用することを禁止してはいない。ただ 1976 年法にいうフェア・ユースの法理は、後続表現者が先行著作物のまさに〈form of expression〉を権利者の許諾なしに利用できる、という法理論ではなかったであろうか。アナログ形式に変換しての利用に適用されないことを理由に、DMCA はフェア・ユースとも親和性ある法規定であるといえるのであろうか。

また *Corley* の控訴人は、アクセス・コントロールを回避したあとの著作物

---

[62] *Ibid.*

[63] Elcom, 203 F.Supp.2d, at 1134-1135.

[64] *See* Raymond T. Nimmer, *First Amendment Speech and the Digital Millennium Copyright Act : A Proper Marriage*, in COPYRIGHT AND FREE SPEECH : COMPARATIVE AND INTERNATIONAL ANALYSES 359, 377 (Jonathan Griffiths & Uma Suthersanen eds., 2005).

[65] *Ibid.*, at 378.

第3節　フェア・ユース

利用がフェア・ユース目的であるなら、当該回避行為は著作権を侵害するものではない、とも主張していた[66]。それが 17 U.S.C. § 1201 (c)の意味であるというのである。ところが連邦控訴裁は、つぎのように判示し、控訴人の主張を一蹴している。「DMCA のターゲットは、著作物を保護している digital walls の回避である（そして、回避道具の取引である）。回避が起こったあとのそれらの利用に、DMCA 自体は関係ないのである」[67]。つまり、DMCA はデジタル著作物に付された技術的保護装置を回避することを規制しているのである。その装置の回避が適法であろうと違法であろうと、ひとたび保護装置が解除された後のコンテンツのフェア・ユースに DMCA は影響しない。このことを 17 U.S.C. § 1201 (c)は規定しているというのである。ある論者はここに注目し、フェア・ユース目的での行為に DMCA を適用しないとしているようにも読める 17 U.S.C. § 1201 (c)について、そう理解するなら §1201(c)は「訓示的なものにすぎず」、17 U.S.C. § 1201 (a), (b)の「適用範囲を制限する法的効果は、ほぼ無に等しいともいえる」と評価している[68]。

　デジタル著作物の技術的保護装置を回避することは、DMCA で規制されている（17 U.S.C. § 1201 (a), (b)）。但し、ひとたびその装置が解除された後のデジタル著作物のフェア・ユースは DMCA も許している（17 U.S.C. § 1201 (c)）。ところが、フェア・ユース目的での装置解除は 1201 条(c)の許すところではないようである。DMCA のこの条文構造のなかで、第 1201 (c)項の法的効果はいかほどか。DMCA のなかで後続表現行為との価値を衡量した結果にみえる該の条項の有意性は、実に心許ないものといえないであろうか（本章第 1 節〔DMCA〕末文参照）。

　三　Boyle は、著作物の the finest version にアクセスすることがフェア・ユースのなかに含まれているはずだという、Coley の控訴人の立論に苦言を呈している。重要なのはこれではないというのである。少し彼に語ってもらおう。

　「問われるべきなのは〔Coley での控訴人がしたように〕作品の preferred version への practical access の権利が憲法上の保護を受けるかどうかではない。そうではなく、連邦議会が〔以下のような性質をもつ〕知的財産権を著作権者に与えたことが、修正 1 条に違反しないかということである。それ〔問われるべきこと〕は著作権法が一般に憲法適合的であるために必要とさ

66　See Corley, 273 F.3d, at 443.
67　Ibid.
68　野口祐子・前掲論文（註6）33頁。

れたフェア・ユースおよび他の諸規定〔の適用〕を、ある形体の著作物について除外するというような〔性質をもつ知的財産権を連邦議会が権利者に与えたことである〕」[69]。

上記引用からわかること、それはBoyleがDMCAのアクセス・コントロール回避禁止規定を、立法者による新しい知的財産権創設とみた、ということである。このような新しい権利の創設は、反面で、後続表現者の表現の自由を制約するはずである。だから彼は、この点を修正1条の法理論で査定すべきであるというのであろう。

同じ視点はY. Benklerの論説のなかにもみられる。彼は技術装置それ自体の回避を禁止したDMCAの法的効果をつぎのように分析している。「回避それ自体を禁止したことの法的帰結は、〔後続〕利用者に与えられた〔著作物〕利用に関する特権（privileged uses）を無効にする権限を著作権者に与える〔ことになった〕」[70]。

DMCAは、後続表現者のフェア・ユースのprivilegeを剥奪する効果をもつ。本書もこの視点に賛同している。またDMCAは、デジタル形式の作品に物理的に設定されたアクセス制限を保護している。それはちょうど、入場料を払わなければ美術館に入館できない（したがってその展示品を鑑賞できない）ことによく似ている。前述のBoyleは、この点を捉えて、DMCAは知的財産を有体物のように扱っているといっている[71]。やはりDMCAは"著作権保護の伝統的概略"を変更しているのではなかろうか。

フェア・ユースの法理は、その背後で、表現の自由という憲法上の権利に裏打ちされている[72]。当該憲法上の価値を縮減するような法的効果をもつ規定を、連邦議会は、著作権条項（U.S. Const, art I, § 8, cl. 8）に基づき制定できるのであろうか。この点については第5節（その他の問題）で論述している。

第4節　パブリック・ドメイン

一　パブリック・ドメイン（public domain）とは、著作権の客体性をもたない、または、保護要件に欠けている〈form of expression〉のことである。そ

69　Boyle, *supra* note 8, at 105.
70　Benkler, *supra* note 7, at 421.
71　*See* Boyle, *supra* note 8, at 107.
72　野口・前掲論文（註6）35頁の註（44）参照。

第4節　パブリック・ドメイン

こには著作権期間が満了したものもあれば、独創性に欠けるものもある。前者については優れた創作物について後世代に自由利用を認めるために、後者についてはそのこと自体を理由にして、いわゆる「コモンズ」とされている。

Benkler は、表現情報（information）がパブリック・ドメインであるということの法的効果を、つぎのように説いている。

「誰も、その条件に適う information をある特定の仕方で利用することについて、他者を排除する権利を持たない。言い換えると、その information がパブリック・ドメインなら、すべての利用者がその利用について等しい privilege をもつ」[73]。

パブリック・ドメインの対概念は、エンクロウズド・ドメイン（enclosed domain）であろう。Benkler に倣えば、この状態にある表現情報(インフォメーション)には、誰かに排他的権利が設定されていることになる。したがって、法上の例外を除けば、他の誰もが権利者の許諾なしに当該表現情報を利用することはできない[74]。

わたしは、表現情報の囲い込み（enclosure）および私物化（privatization）には、深刻な"憲法上の疑義"（constitutional objections）が生じていると考えてきた[75]。

二　DMCA は、デジタル著作物へのアクセス制限装置を回避すること、および、回避装置の取引を、違法行為としていた[76]。それは回避後の著作物の違法利用／適法利用を区別することなく、アクセス制限を回避することそのこと自体が規制対象であった[77]。この法的効果は、デジタル著作物のなかにあるアイディアや事実を含めたパブリック・ドメインにも及んでいる。

ところで合衆国憲法 1 条 8 節は「連邦議会は〔つぎの〕権限を有する」との柱書に続けて【著作権条項】として第 8 項をつぎのように規定していた。「著作者に、その著作物に対する排他的権利を一定の期間保障することにより、学術の進歩を促進すること」[78]。本書はこの条項を試みにつぎのように書き換えることで、このなかにある【目的・手段】の関係が鮮明になることを指摘してい

73　Benkler, *supra* note 7, at 360.
74　*See, ibid,* at 362.
75　Benkler もそのように考えている。*See, ibid,* at 363-364.
76　See 17 U.S.C. § 1201 (a).
77　See Corley, 273 F.3d, at 443.
78　U.S. Const. art I, § 8, cl. 8. ここでは「著作権条項」だけ掲げている。「知的財産権条項」の全文は以下の通り。「著作者及び発明者に、その著作物及び発明に対する排他的権利を一定期間保障することにより、学術及び有益な技芸の進歩を促進すること」。

る。すなわち〈連邦議会は「著作者に、その著作物に対する排他的権利を一定の期間保障する」という手段で「学術の進歩を促進する」という目的を遂行する権限を、合衆国憲法１条８節８項により付与された〉と[79]。この【手段節】にあたるところが、著作権である。著作権は、著作者に一定期間保障された、排他的権利である。ここで「一定の期間」に注視されたい。著作権は保障期間が限定された財産権なのである。表現者の〈form of expression〉に著作権という財産権を設定したのは、これが経済学でいう公共財の性質をもつ表現の（したがって市場では過少生産されるかもしれない）、言論市場への供給が増える誘因になればとの政策からである（序章第１節〔著作権設定の意義〕参照）。また財産権であるにも関わらず著作権に保障期間があるのは、期間切れの〈form of expression〉をパブリック・ドメインとすることで、後続表現者の自由利用を認めるためである。これがさらなる「学術の進歩」に仕えると合衆国憲法はいうのである[80]。このことはよく知られたことであろう。

　しかしDMCAには、著作権という期限つき財産権の、その期限を取り払う効果があるようである。再びBoyleに語ってもらおう。

　「DMCAは、著作権を期限のないものにする効果をもつ。なぜなら、仮に著作権期間が切れたとしても、暗号化は依然として適法に保護されており、またたとえばDeCSSのような道具は、それはパブリック・ドメインとなった表現物へのアクセスを可能にするものであるが、法に反するものとされるのだから」[81]。

　合衆国憲法は、上記したように、著作権を「一定の期間」に限る排他的権利としている。これは独占（monopoly）を強く警戒していた「建国の父」たちの意思でもある。だからこそ著作権というモノポリーは「一時的なものでなければならない」とされたのである[82]。ところがBoyleは、DMCAには著作権を無

---

[79] 本書第２章第２節（著作権条項の文理理解）およびその基をなす大日方信春「著作権の憲法上の地位──合衆国憲法一条八節八項の文理解釈を導きの糸として」姫路法学45号（2006年）１頁以下、とくに11〜12頁参照。

[80] もちろん、パブリック・ドメインになる前にも、言論市場に表現が出回ったなら、法上の「個別的制限規定」（exempted use）およびフェア・ユース規定に従って、市井の人は当該著作物の利用が可能である。コモンズの拡大のみが「学術の進歩」に仕えるわけではないことはいうまでもなかろう。

[81] BOYLE, *supra* note 8, at 104.

[82] Howard B. Abrams, *The Historic Foundation of American Copyright Law : Exploding the Myth of Common Law Copyright*, 29 WAYNE L. REV. 1119, 1177 (1983).

第4節　パブリック・ドメイン

期限化する効果がある、というのである。

　三　この点について裁判所ではどのように扱われたであろうか。*Corley* の控訴人は、DMCA について、それは著作権条項が連邦議会に与えた権限（「一定の期間」の著作権を設定する権限）を超えるものである、との立論を展開している[83]。それは、CSS がパブリック・ドメインと著作権あるもの（copyrighted materials）を区別することなく、それらの利用制限を著作権者に可能にさせており、それを DMCA がエンフォースしているという法的構造を捉えての議論であると推測できる[84]。DMCA は、本来自由利用が許されるはずのパブリック・ドメインの、その自由利用を規制する効果をもつというのである。

　ただ本件における第二巡回区判決は、上記立論を審議するにいたっていない。その理由は、控訴人が当該主張を正式な形で提起していないことに加えて[85]、以下の点にあるようである。「その主張は完全に時期尚早で推論的なもの（premature and speculative）である」。「原告〔非控訴人〕がパブリック・ドメインにあるもののコピーを妨害しようとしていたとか、injunction で被告〔控訴人〕がそれをコピーすることができなくなったと主張されてはいないし、いわんやその証拠もない」[86]。

　ある論者は「実際問題としては、これが一番大きな問題といえるであろう」と評価している[87]、パブリック・ドメインに対する DMCA の効果であるだけに、*Corley* での問題棚上げが残念である。

　また *Elcom* では、DMCA の制定後も依然として、デジタル形式で表出されたパブリック・ドメインの利用については変更がない、との回答が示されている。加州南部地区連邦地裁の見解に少し耳を傾けてみよう。「パブリック・ドメインにあるものは、〔DMCA の制定後も〕パブリック・ドメインのままである。それを表現することに対する知的財産権は誰にも与えられていない」[88]。

83　*See* Corley, 273 F.3d, at 436, 444-445.
84　*See Ibid.*, at 445 (quoting brief for Appellants, at 42 n 30).
85　第二巡回区連邦控訴裁は、Concourse Rehabilitation & Nursing Center Inc. v. DeBuono, 179 F.3d 38, 47 (2d Cir. 1999); United States v. Mapp, 170 F.3d 328, 333 n 8 (2d Cir. 1999); United States v. Restrepo, 986 F.2d 1462, 1463 (2d Cir. 1993) の参照を求めつつ、以下のようにいう。「われわれは、脚注（footnote）だけで提示された論点については上訴審で審議するに十分ではない、と繰り返し判示してきている」(273 F.3d, at 445)。
86　273 F.3d, at 445.
87　白鳥綱重『アメリカ著作権法入門』（信山社、2004 年）265 頁。
88　Elcom, 203 F.Supp.2d, at 1131.

「発表者（publisher）は、その著作物の特定の電子形式でコピーすることに対する技術的保護を得ただけである」[89]。「パブリック・ドメインにあるものが限定された形式でしか発表できなかったとしても、そのことはパブリック・ドメインからそれを取り除いたことにはならない。たとえそのことが特定の電子的コピーのコントロールを、発表者に許すことであったとしてもそうである」[90]。

　囲いのない共有のもの。パブリック・ドメインにあるものが「コモンズ」であるとされたのは、誰の自由利用も排除しないからであろう。でも DMCA による著作権保護システムは、デジタル形式のものにまるで「有刺鉄線」（barbed wire）を張り巡らしたかのようである。それは著作権者が既にもっている法的保護に「物理的」保護システムを仕組んだかにみえる[91]。しかし連邦議会にはこのような法規制をする権限があるのであろうか。少なくとも著作権条項（1条8節8項）から、このような規制権限を導き出すことに、疑義はないであろうか。

第5節　その他の問題

　一　DMCA は、デジタル著作物に設定されたアクセス・コントロール装置の回避および回避技術の取引を禁止していた。したがって DMCA は、言葉の正確な意味では、著作権に関する規定ではない。それはアクセス・コントロールを保護し、それを回避する行為それ自体を禁止しているのであり、著作権の内容を変更するものではない。DMCA の制定後も、フェア・ユースについて、またパブリック・ドメインの自由利用について、なんら変更はないとしてきた裁判所の見解も、この理解と平仄があう。

　二　ところで前節［二］で論述したように、合衆国憲法は創作活動の誘因となることを目的として、著作権という手段の設定権限を、連邦議会に付与していた。合衆国憲法1条8節8項が連邦議会に付与した権限は、こうした著作権設定権限に、ある意味で限定されているはずである。繰り返しになるが、DMCA は、著作権に関する規定ではない。そうであるなら DMCA の制定は、憲法が連邦議会に付与した権限を逸脱する、違憲の立法行為ではなかろうか。

---

[89] *Ibid.*
[90] *Ibid.,* at 1132.
[91] *See* Boyle, *supra* note 8, at 86.

Elcom の被告側が展開したのはこの立論であった[92]。

これに対して *Elcom* の原告側は、連邦政府の州際通商権限（1条8節3項）に関する *Lopez*[93] を引用しつつ、DMCA は「通商条項」（commerce clause）による立法権行使であるという[94]。「通商条項」により連邦議会に与えられた州際通商権限は、通常は広範囲に及ぶと理解されてきている（註93で *Lopez* 判決の理解を参照されたい）。但し、もちろん無制限ではない。「連邦議会は憲法上の制約を無効にするまたは回避するような仕方で、その権限を行使することはできない」[95] のである。では DMCA は「通商条項」に基づく権限行使として正当化できるであろうか。

三　この点について、*Elcom* は、大要、つぎのように判示している。

まず第一に、DMCA が州際通商権限の行使といえるかについて。加州南部地区連邦地裁はつぎのようにこれを肯定している。「DMCA は、州間での通商および外国との通商に、実質的な影響のある行為を規制している」[96]。DMCA の規制対象である技術的保護の回避装置を取引（trafficking）することや売買すること（marketing）は、通常それらはオン・ラインを用いてのものであるだけに、州を超えての通商に直接的な関連性をもつというのであろう。

Elcom は第二に、DMCA の制定が通商権限の行使であったとしても、それが知的財産権条項で課されている制約を逸脱するものではないかについて判断している。連邦地裁はつぎのようにいう。「仮に知的財産権条項と『根本的に

---

[92]　*See* Elcom, 203 F.Supp.2d, at 1121, 1137. また白鳥・前掲書（註87）265頁も *Corley* に関する説明文の中で「DMCA のこれらの規定は著作権ではないが、それでは果たしてその憲法上の根拠はどこに求められるのかという問題もある」とこの問題を指摘している。

[93]　United States v. Lopez, 514 U.S. 549 (1995).
　　Lopez は、通商権限で連邦議会に付与された規制権限について、3つのカテゴリに分類している（*see* 514 U.S., at 558-559）。
　　①連邦議会は州際通商の経路について規制できる。
　　②連邦議会は、州際通商の手段または州際通商における人および物について、仮にそれらに対する脅威が州内での行為からのものであっても、それらを規制しまた保護する権限を与えられている。
　　③連邦議会の州際通商権限には、州際通商に実質的な関連性ある行為および実質的な影響あることに対する規制権限も含まれている。

[94]　*See* Elcom, 203 F.Supp.2d, at 1138.

[95]　*Ibid* (citing Ry. Labor Executives' Ass'n v. Gibbons, 455 U.S. 457 (1982)).

[96]　*Ibid*.

相容れないわけではない』法律を連邦議会が制定したなら、その法律は議会権限の違憲的行使とはいえまい。他方、仮にその法律が他の憲法上の規定の要求と『通約不可能に相容れない』ものであるなら、他のすべての点は通商条項により正当化されるとしても、それは立法権限を逸脱する法制定であるといえるであろう」[97]。そして *Elcom* は、DMCA の制定が「海賊行為」や著作権侵害行為を可能にする道具の取引を防止することで著作権者の排他的権利を保護することを目的としてのものであり、これは知財条項の目的とも軌を一にするものであるとして、通商条項による DMCA の制定が、他の憲法上の要求とは相容れないものではないとの判定を下している[98]。

　四　DMCA は、知財条項で課された議会権限への制約に抵触するものではない。したがって、州際通商権限による DMCA の制定は、連邦議会の憲法上の権限を逸脱するものではない。これが *Elcom* の結論である[99]。

　DMCA は、言葉の真の意味では著作権に関する規定ではない。それなら「著作権条項」（1条8節8項）に基づく権限行使とはいえないはずである。先述したように、ここから DMCA を制定する権限は連邦議会にあるのであろうか、という疑義が浮かんだ。本節でおもに *Elsom* を取り上げて検討したのはこの問題であった。DMCA は「通商条項」（1条8節3項）による権限行使であり、それは憲法上正当な権限行使である。これが *Elcom* の回答である。

おわりに──やはり立法裁量か

　一　コンピュータへの作用を意図している人工言語も、われわれの認識に作用する。*Corley* は、コンピュータ・コードのこの性質に修正1条の客体性〈speech elements〉を認めたのであろう。したがって、それを規制する DMCA も表現の自由の法理で査定されなければならない。本章の着眼点はここである。

　デジタル著作物に設けられたアクセス・コントロールの回避等を規制する DMCA の該当規定は、言論付随的規制（言論内容中立規制）であるというのが、*Corley* ・ *Elcom* の回答であった。したがって、この類型にある言論規制について適用されてきた憲法適合性審査の枠組を用いて、両判決は、DMCA について合憲判決を下している。

97　*Ibid*, at 1139-1140.
98　*See ibid*, at 1140-1141.
99　*See ibid*, at 1141-1142.

おわりに

　本章第2節（修正1条）で論述したように、DMCA は言論付随的規制かもしれない。そして〈言論に対する付随的規制によって得られる利益と失われる利益〉を衡量するなら、デジタル形式での表現行為がこれほどまで一般化した現在に、DMCA およびそれに類似する言論規制が不必要であるとはいえないであろう。

　ところが〈著作権と表現の自由の価値衡量〉という枠組から DMCA をみたとき、両価値の間隙には注視されるべき問題がなお残留している。それが Boyle・Benkler が指摘したこと、DMCA は「著作権保護の伝統的概略」を変更しているのではないか、という問題である。

　「著作権保護の伝統的概略」とは、一面で表現行為に対して負の効果をもつ著作権と表現の自由を調整する法理論のことで、合衆国最高裁は、おもに「アイディア・事実／表現形式二分法」およびフェア・ユースの法理が有効に機能していることをもって、この「概略」に変更はないとしていた[100]。それは著作権が表現行為に与える負の効果について、修正1条の査定を不要とする理由を示しての言説であった。

　しかし上述したように、Boyle・Benkler は、DMCA はこの「伝統的概略」を変更している、という。そのことを詳述したのが第3節（フェア・ユース）および第4節（パブリック・ドメイン）である。でも、では彼らは DMCA の憲法適合性審査をどのように展開すればよかったというのであろうか。

　本章の残された紙幅では、この問題に解答する余力をもたない。このことは他日を期するしかないようである。ここでは、DMCA が言論付随的規制であるというなら、それに適用される憲法適合性審査の枠組のなかでの解法を模索しておきたい。

　二　表現に対する付随的規制について、合衆国最高裁は、厳格審査基準による必要を認めていない。その最高裁の見解を引証して Corley は、言論付随的規制の憲法適合性判定基準を、つぎのように定式化していた。すなわち、それが政府の実質的な利益に仕えていて、その利益が自由な表現の抑圧とは関係がなく、さらに、その規制が「政府の正当な利益を促進するために必要となる以上に言論に負担を課すことのないよう選ばれた手段」[101] と整合している場合に

100　*See* Eldred, 537 U.S., at 221.
101　Turner Broadcasting System, Inc. v. FCC, 512 U.S. 622, 662 (1994) (quoting Ward v. Rock Against Racism, 491 U.S. 781, 799 (1989)).

憲法適合性を有する[102]。

　ここで注目するのは立法目的達成のための手段である。表現規制法令の憲法適合性を厳格審査基準で判定しようとする場合、当該法令は規制対象である表現行為に対して、「最も制限的でない手段」(the least restrictive means) であることが要請されている[103]。ところが厳格審査をとらない場合には、この要件が課されることはない。

　Corley の *amici curiae* は、DMCA の posing 規制について、より制限的でない規制手段の存在を指摘しつつ、憲法上の疑義を唱えていた[104]。ただ連邦控訴裁は、つぎのように一蹴する。「内容中立規制なら、政府の目的を遂行するための、最も制限的でない手段を要求されない」[105]。そう軽々に論じてもよいのであろうか。

　ここでは Shockley の見解を引照しておこう。彼女は〈なにが著作権侵害かを知ることは悪いことではない〉と述べ、その意図をつぎのように示している。

　　「われわれはある人を、著作権を侵害する方法を知ったことを理由に処罰できない。また著作権を侵害する方法を他者に教えたことを理由として処罰できるとすべきでもない。ここまでならなんら違法行為を侵してはいないであろう。われわれは権利侵害者その人に焦点を合わせる必要がある。著作権ある著作物（copyrighted material）を違法に扱う方法に関する知識を実際にもちいた者が、処罰されるべきなのである」[106]。

　Shockley の論理は説得力をもつように思われる。但しこの点については、*Corley* の Newman 裁判官も裁判書のなかで、つぎのように触れている。「政府は他の方法で、著作物への不正アクセスを禁止することもできる。たとえば、不正アクセスを行った者に刑事上または民事上の責任を負わせることにするなどの」[107]。*Corley* も、DMCA の posting 規制が不正アクセスを防止するために必要不可欠（absolutely necessary）であるとまではいえないことを、知っているのである。それではなぜ、そのことが DMCA の憲法適合性を判定するときに、反映されなかったのであろうか。

---

[102] *See* Corley, 273 F.3d, at 450.
[103] *See ibid* (citing Sable Communications of California, Inc. v. FCC, 492 U.S. 115, 126 (1989)).
[104] *Ibid.*, at 454 n 29.
[105] *Ibid* at 455.
[106] Shockley, *supra* note 18, at 296.
[107] Corley, 273 F.3d, at 455.

三　Corley の裁判書中、DMCA と修正 1 条の関係を述べた最終盤で、Newman 裁判官は、つぎのような注目すべき見解を表明している。著作権法と憲法上の価値を診る裁判所の思考基盤が現れていると思われるので引用しておこう。それは重要でも実質的でもある政府目的を達成するための法上の手段を選択する立法行為について、つぎのようにいう。

「この選択に当面したとき、われわれはつぎのことを心に留めている。それは、われわれが〔上で〕認めたその選択に含意されている公共政策の問題を解決するのは、われわれではないということである。それは連邦議会である。われわれの任務は、連邦議会による立法的解決が……修正 1 条による制限に一致しているかを判定することであり、われわれ〔の任務〕はそれで果たされるのである」[108]。

言論付随的規制なら、規制目的達成のために法上とられた手段は、規制される言論行為との関係で「最も制限的でない手段」(least restrictive means) であることを要請されていない。そこでは目的にとって〈必要以上な負担〉を言論に課してはならないとされているだけである (less restrictive alternatives)。そして Corley からの上記引用部分を読むと、法律制定にあたり議会が言論行為にとって〈必要以上な負担〉となるかどうかを判断しているそのことに、相当程度の立法裁量を認めているようである。

ところが著作権法および広く知的財産権法制には、公共選択論の文脈でいう「少数派のバイアス (Minoritarian Bias)」があるといわれている[109]。これは当該

---

[108] *Ibid*, at 458.
[109] 南野森編『ブリッジブック法学入門』(信山社、2009 年) 221 頁〔小島立執筆〕。
　わが国の著作権法には、著作権を制限する一般的規定がない。そこで、内閣の知的財産戦略本部を中心に、現在、「日本版フェア・ユース規定」の導入にむけた議論が継続されている。権利制限に関する一般的規定は、通常、著作権者と著作物利用者の利益のバランスを後者のそれに軸足をおいて修正するものであるので、権利者側からは一定の批判的見解もよせられているようである。ただ、著作権を表現の自由の制約とみて、後者の権益を重視しようとする本書の立場からすれば、一般的権利制限規定の導入には、一応の賛意を表することができる。
　ところで、権利制限に関する一般規定は、上述のように表現の自由を拡大する効果をもつと同時に、公共選択論の視点からは、つぎのような効果もあるといわれている。
　公共選択論の知見によると、フェア・ユース規定は、法政策決定過程におけるバイアスのつよい立法過程からそれが相対的に少ない司法過程に、権利制限に関する判定権限を移すことになるという。というのも、立法過程には、どうしても組織化されている権利者団体の意向が反映されやすく、逆に、分散している著作物利用者の利益は、相対的

第 6 章　暗号化と表現の自由

権利群の保護水準を決する立法過程において、本来は少数者であると考えられる権利者団体の声が強く反映され、多数者であると考えられる一般表現者の意見が反映されていないことを捉えての言説である。この立論を前提にすると、利害関係者によるいわゆるロビーイングに一般表現者の表現の自由は、大きく左右されそうである。また前述 Corley も併せ読むと、裁判所はこのことを、結果として容認しているようにも思われる。

　裁判所は利害関係者のロビーイングに対する耐性が強いといわれている。仮に著作権法に「少数派のバイアス」があるなら、一般表現者の自由を保護することは、裁判所に頼るしかなさそうである。でも裁判所は「法を語る口」である。そこには立法者の政策判断を覆すための法理論が必要とされている。Boyle・Benkler も、そして本書にも、この法理論を探究するという課題が残されている。

に反映されない構造にある。著作物利用者の利益の方が、総体としては大きいかも知れないけれども、このような現象下にあるようである。立法過程は権利者集団のロビイング活動に影響されやすいのである。
　そこで、フェア・ユース規定を導入すれば、個別的制限規定の段階では立法過程にあった権利制限に関する判定権を、ロビイング耐性のつよい司法過程に移すことができる。そうなれば、ともすると実態を超えて保護されがちであった著作権者の権利と著作物利用者の権利を矯正する契機になるというのである。
　著作権と表現の自由について、前者が保護され後者が制限されすぎていないかと疑問を呈してきた本書にとって、この点からも権利制限に関する一般的規定の導入は、一応の賛意を表明することができる。
　フェアユース研究会『著作権・フェアユースの最新動向——法改正への提言』（第一法規、2010 年）126 頁の田村善之発言は、公共選択論の知見を生かして著作権を制限する一般的規定の意義を述べている。また詳細については、田村善之「日本版フェア・ユース導入の意義と限界」知的財産法政策学研究 32 号（2010 年）1 頁以下を参照。

終章　著作権と表現の自由の間隙

1　はじめに

「著作権は、修正1条に基づく正当性の疑いを、無条件に免除されている」。
　これは合衆国のある連邦控訴裁判所の裁判書から引用したものである[1]。これはのちに合衆国最高裁が「いいすぎであった」[2]と弁明することになったとはいえ、著作権と表現の自由の間にある問題についての裁判所の思考法が表れている。
　また、著作権の客体や保護期間を拡張し続けてきた著作権法改正史は"著作権と表現の自由の間隙"について、合衆国議会が無関心であったことを示しているともいえそうである。
　だが、著作権を保護することと表現行為を自由にしておくことは、二律背反である。なぜなら、表現の自由の法理は、わたしたちが表現行為に従事することについて、国家から統制をうけないことを保障しようとしている。これに対して著作権の法理は、表現行為の産物に一時的ながらも表出者の排他的権利を国家が設定するものである。そこにおいて後続表現者は、先行表現者の表出物について、国家による利用規制をうけている。したがって、著作権は表現の自由を制約するものである。本書のねらいはこの視点を明確にすることにあった[3]。
　J. Rubenfeld は、上述の連邦控訴裁のように、著作権を保護したとしても表現の自由についての問題を生じることはない、と考えられてきた理由をつぎの

---

[1] Eldred v. Reno, 239 F.3d 372, 375 (D.C.Cir. 2001). *See also*, United Video, Inc. v. FCC, 890 F.2d 1173, 1191 (D.C. Cir 1981).

[2] Eldred v. Ashcroft, 537 U.S. 186, 221 (2003).

[3] この理解の出発点として、Paul Goldstein, *Copyright and the First Amendment*, 70 COLUM. L. REV. 983, 989 (1970); Alfred C. Yen, *A First Amendment Perspective on the Idea/Expression Dichotomy and Copyright in a Work's "Total Concept and Feel"*, 38 EMORY L. J. 393, 393-394 (1989) を参照した。

4点に要約している[4]。

①合衆国憲法1条8節8項は、合衆国議会に、著作権法制定権限を付与している。著作権を保護することは憲法が要請していることである。

②著作権法に、著作権と表現の自由を調整する法理論が規定されている。それは「アイディア・事実／表現形式二分法」と「フェア・ユースの法理」である。

③著作権を保護することは、結果として、言論市場における情報量を増加させている。著作権法が与えた経済的利益は、言論行為についてのインセンティブになる。したがって著作権法に憲法上の疑義はない[5]。

④著作物は私的所有物である。他人の所有物を盗用することは、表現の自由でも保護されていない。

本書は、ある側面からは説得的であるこれらの言説について、それぞれ批判的検討をしてきた。

2　著作権条項

合衆国憲法1条8節8項は、合衆国議会に、著作権を設定することで学術の進歩を促進する、こういう手段と目的をもつ法律を制定する権限を付与している[6]。この規定は「著作権条項」（Copyright Clause）とよばれている。この規定をうけて、第一議会は、1790年5月31日に連邦著作権法（The Copyright Act of 1790）を制定している[7]。それ以降、現在にいたるまで、連邦著作権法の改正作業が陸続と実施されてきた。

著作権条項は、合衆国議会に、著作権を設定する立法権限を付与している。しかしそのことだけで、当該国家機関の行為は、修正1条の審査を免除されることはない。なぜなら、法律の実体的正当性は、合衆国憲法1条上の他の権限

---

[4] See Jed Rubenfeld, *The Freedom of Imagination : Copyright's Constitutionality*, 112 YALE L. J. 1, 12 (2002).

　また、Mark A. Lemley & Eugen Volokh, *Freedom of Speech and Injunctions in Intellectual Property Cases*, 48 DUKE L. J. 147, 182-197 (1998) は、本書第3章の〔はじめに〕でふれたように、著作権法からは「言論制約のフレーバー」が感じられないといわれてきた理由を12点に要約していた。

[5] See Rubenfeld, *supra* note 4, at 22. そこでは法と経済学の知見が紹介されている。

[6] See U.S. CONST. art I, § 8, cl. 8.

[7] See Act of May 31, 1790, ch. 15, § 1, 1 Stat. 124, 124 (repealed 1802).

2 著作権条項

と同様に、表現の自由を定めた修正1条をはじめとする他の基本権理論に依存しているからである。同時に著作権条項は、合衆国市民に、"切り札"としての点数が確定した著作権を保障するものでもない。議会の立法行為により、たしかに彼/彼女らは、著作権がまったく保障されていない状態は回避しうるであろう。しかしこのことは、いかなる著作権規定でも憲法適合的である、ということを意味するものでもない[8]。合衆国議会は、権利章典で許された範囲と程度においてだけ、立法権限を行使しうるにすぎないのである[9]。仮に国家行為の正当性を基本権規定と関係なく基礎づけるなら、それはわが国が大日本帝国憲法下で経験した「法律の留保理論」を彷彿とさせるものになろう。

　日本国憲法には合衆国憲法でいう著作権条項はない。そこで本書は「わが国の憲法典は、著作権を保護すべきことを要請していない」と述べた。では国会は著作権に関する法律を制定できないかというと、そうではない。国会には憲法41条により立法権が付与されている。したがって、国会はこの権限を行使して著作権法（昭和45年法律48号）を制定した、と理解できる。ではなぜ国会はこのような法律を制定したのか。それはもともとは財産権の一部であるとも説明できる著作権は、本来的に他者および社会関係的であるという性質をもつ。そこで当該権利の行使においてはそれに相対する他の権益の存在が想定でき、両者の利害調整をしておく必要があると考えられたからである。著作権法は、このために、具体的には著作物をめぐる生産者X（著作権者）とその利用者Y（後続表現者）の利害調整を施したものなのである。

　ところで著作権法および広く知的財産権法には公共選択論のいう「少数派のバイアス」[10]があるとされている。ならば、著作物の創作者Xの生産物に関す

---

[8] この点と関連して、合衆国憲法1条の条文構造のグラマティカルな分析から合衆国議会の憲法1条上の権限を限定的に捉えようとしている論文に、Lawrence B. Solum, *Congress's Power to Promote the Progress of Science*: Eldred v. Ashcroft, 36 Loy. L.A. L. Rev. 1 (2002) がある。本書第2章は、このSolum論文などに依拠して、著作権を設定する合衆国議会の憲法上の権限を限定的に捉える試みを展開した。

[9] *See* Rubenfeld, *supra* note 4, at 13.

[10] 立法過程、政治過程には、意見が集約され組織化されやすい少数者の利益は反映されやすいが、偏在し拡散している意見は、それが実は多数であったとしても反映されにくいといわれている。著作権法制についていえば、意見が集約されやすく立法過程に反映されやすいのは権利者側の意見であり、著作物を利用する一般の表現者の意見は、立法過程には反映され難いといえる。つまり立法過程は、権利者側の権利が保護されやすいという性質をもっていることになる。ここに本書は constitutional objection の淵源があるとも考えている。

217

る「著作権」(著作財産権と著作者人格権)をわが国の、そして諸外国の著作権法制は、"過剰に"保護しすぎているのではなかろうか。ここに重大な憲法問題が提起されている。憲法学には著作権を表現の自由の制約とみる視点から、その憲法適合性を論究する任務が課されているのである。

3　アイディア・事実／表現形式二分法

　著作者の利益と著作物利用者の権利は、著作権法により調整済みであるといわれることがある。著作権法に規定されている表現の自由との調整法とは「アイディア・事実／表現形式二分法」(idea/expression dichotomy)[11]と「フェア・ユースの法理」(fair use doctrine)[12]である[13]。この二つの法理論は、著作権が憲法上の問題(表現の自由の問題)を発生させていないことの論拠となるのであろうか。本書はこの点に懐疑的視点を提供してきた[14]。

　合衆国著作権法は、その102条(b)で、「アイディア・事実／表現形式二分法」を規定している[15]。この規定の眼目は、著作権の保護対象から「アイディア」や「事実」を排除することにある。つまり、著作権の客体は「独創性」(originality)ある「表現形式」(form of expression)に限定されているのである。

　　立法過程、政治過程に「少数派のバイアス」があることについては、たとえば、田村善之「知的財産法政策学の試み」知的財産法政策学研究20号(2008年)1、5-6頁、南野森編『ブリッジブック法学入門』(信山社、2009年)221-222頁〔小島立執筆〕参照。

[11]　*See* 17 U.S.C. § 102 (b).

[12]　*See* 17 U.S.C. § 107.

[13]　第5章で詳述した Eldred v. Ashcroft, 537 U.S. 186, 221 (2003) は、この二つの法理論と著作権制限条項が規定されていることを「著作権保護の伝統的概念」(traditional contours)とよび、この枠組に変更がない場合、換言すれば、「アイディア・事実／表現形式二分法」、「フェア・ユースの法理」、著作権制限規定が有効に機能しているなら、著作権法改正について修正1条上の審査をする必要はない、としていた。

[14]　本書は、Robert C. Denicola, *Copyright and the Free Speech : Constitutional Limitations on the Protection of Expression*, 67 CAL. L. REV. 283 (1979) と見解を共有している。

[15]　17 U.S.C. §102 (b). 著作権の対象：総論
　　「いかなる場合においても、オリジナルな原作(authorship)についての著作権の保護は、アイディア、手続き、プロセス、システム、操作方法、コンセプト、法則ないし発見にまで及ぶものではない。このことは、これらがいかなる形式で記述され、説明され、図解され、あるいは実体化されているかを問わない」。

3 アイディア・事実／表現形式二分法

　この法理論は、著作権保護が表現の自由の問題を生じさせない理由として、繰り返し引証されてきた。たとえば「著作権法は言論の自由を制約するものではない。〔なぜなら〕著作権は表現されたアイディアではなく、その表現の形式〈form of expression〉を保護するのみだから」[16]というように。著作権は、抽象的な〈idea〉ではなく、その〈idea〉が表出された特定の形体〈expression〉に宿るというのである[17]。

　著作権の対象は〈idea・fact〉ではなく〈form of expression〉であるとの言説で、著作権と表現の自由の問題を解決することはできるであろうか。これについては、表現行為については、その〈idea〉と表現形式〈form of expression〉を区別することが困難であるとの評価を、まずは提示することができる[18]。さらにそれ以上に、著作権法で規制されているのは特定の表現形式の無許諾利用であり、その表現形式の基底にあるアイディア、思想の使用はなんら規制されていないのだという言説は、著作権法による表現行為規制を正当化するためにつくられた、言論規制者側の論理ではなかろうかという疑問がわく。

　ところで表現規制を「表現内容規制」と「内容中立規制」に区別し、後者の類型に属する表現規制にはその憲法適合性を判定するにあたり、いわゆる厳格審査基準の適用は不要であるとの法理論がある。表現内容を直接規制の対象にしている前者の規制類型は、国家に要求されているはずの言論内容中立性原理に反するので、憲法違反の疑義が残るというのである。これに対して後者の規制類型は、その規制が表現内容に向けられているのではなく、たとえば時・場

---

[16] Harper & Row, Publishers, Inc. v. Nation Enterprises, Inc. 471 U.S. 539, 556 (1985) (citing New York Times Co. v. United States, 403 U.S. 713, 726 n 29 1971 〔Brennan, J., concurring〕) (但し、〔　〕は引用者による)。

[17] 「アイディア・事実／表現形式二分法」は、Baker v. Selden, 101 U.S. (11 Otto.) 99 (1880) で確立されたといわれている (*See* L. Ray Petterson, *Understanding the Copyright Clause*, 47 J. Cop. Soc'y USA 365, 385 (2000))。本件では複式簿記解説書内の簿記システム自体の著作権が争点となった。合衆国最高裁はつぎのように、簿記システム自体の著作権を否定している。たとえ著作権が認められている書物ではあっても、その書物に書かれた技術の記載は、当該技術自体に関する排他的権利の根拠とはならない。Baker v Selden の詳細については第2章第3節（裁判実践）の3を参照されたい。

[18] *See* Stanley Ingber, *The Marketplace of Ideas : A Legitimizing Myth*, 1984 Duke L. J. 1, 34-36； Edward Samuels, *The Idea-Expression Dichotomy in Copyright Law*, 56 Tenn. L. Rev. 321, 398 (1989)； Diane Leenheer Zimmerman, *Information as Speech, Information as Goods : Some Thoughts on Marketplaces and the Bill of Rights*, 33 Wm. & Mary L. Rev. 665, 709 (1992)。

終章　著作権と表現の自由の間隙

所・方法などの、表現内容とは関係のない、その意味で内容中立的なものに向けられているので、表現規制にあたらない（あるいは、あたるとしても間接付随的規制にとどまる）という法理論である。ところが、このダイコトミーもまた、成立し難いものではなかろうか。それでも後者の類型に該当する言論規制には厳格審査が求められることはない。このように考えれば、この「表現内容規制／内容中立規制」という言論規制類型論は、後者から憲法上の問題を消去する（あるいは問題を希薄化する）ための論理となる。まさに表現行為の規制を正当化しようとする言論規制者の論理ともとれる。

「アイディア・事実／表現形式二分法」で著作権は表現の自由の問題から解放されるであろうか。表現の自由の法理は〈idea〉だけでなく、それを特定の表現形体〈form of expression〉で表出することまで保護してきたはずである[19]。仮にアイディア・事実と表現形式を区別し、後者の利用を規制するだけだという理由で著作権と表現の自由の問題を解消するなら、それはやはり言論規制者側の論理ではなかろうか。かつて合衆国最高裁は、言論者の思想（cause）を表出することだけでなく、その思想を主張するためにもっとも効果的であると表出者が考える手段を選ぶことまで修正１条は保護している、と述べたことがある[20]。表現の自由というのは、表現内容の自由ばかりでなく、表現の方法、表出形式まで選ぶ自由であったはずである。「アイディア・事実／表現形式二分法」で著作権と表現の自由の問題は解消されているという言説は、表現の自由の本質的理論にたえうる論理なのであろうか。

4　フェア・ユースの法理

著作権の設定・保護という言論規制は、フェア・ユースという権利制限規定により、憲法適合性を獲得しているといわれてきた。たとえば、ある連邦控訴裁判決は、つぎのようにいう。「修正１条で保護されている利益と、著作権に関する法令が保護している利益との矛盾は、フェア・ユースの法理の適用によ

---

[19] 他人の statement を用いることは、修正１条の保護をうけないとも考えられる。ただ、このことに関連して"著作権と表現の自由"の問題を覚知させた M. Nimmer は、この問題について検討の必要性を認めている（see, Melville B. Nimmer, *Does Copyright Abridge the First Amendment Guarantees of Free Speech and Press ?*, 17 UCLA L. REV. 1180, 1181 (1970)）。

[20] Meyer v. Grant, 486 U.S. 414, 424 (1988).

りこれまで解決されてきている」[21]。

　ただフェア・ユースの法理は、著作権と表現の自由の問題を解消するための有効性をもつのであろうか。

　合衆国においてフェア・ユースは、長く、著作物の合理的な利用に関する不文のルールだった[22]。ただ1976年の法改正で、judge-made-law を淵源とするフェア・ユースの法理は、合衆国著作権法第107条として法定されている[23]。ただ、フェア・ユースは、法律として規定されたあとも、依然として「合理性に基づく衡平のルール」（an equitable rule of reason）のままである[24]。そこでは

---

[21] Wainwright Securities, Inc. v. Wall Street Transcript Corp., 558 F.2d 91, 95 (2d Cir. 1977) (citing Walt Disney Productions v. Air Pirates, 345 F.Supp. 108, 115 (N.D.Cal. 1972); McGraw-Hill, Inc. v. Worth Publishers, Inc., 335 F.Supp. 415, 422 (S.D.N.Y. 1971)).

[22] フェア・ユースの法理の発祥は、Folsom v. Marsh, 9 F.Cas. 342 (CCD Mass. 1841) であるとされている。そこでStory裁判官は、つぎの視点から、著作物利用の違法／適法を判定している。「抜粋されたところの性質や目的、利用された materials の量や価値、その利用が販売に損害を与える程度、原作が得られるはずだった利益の減少、その代用品となっているかどうか」（9 F.Cas., at 348）。

　なおフェア・ユースという言葉そのものが裁判書のなかで初めてみられるのは、Lawrence v. Dana, 15 F.Cas. 26, 60 (No. 8, 136) (C.C.D. Mass., 1869) のことのようである。See Sony Corp. of America v. Universal City Studios, Inc., 464 U.S. 417, 476 n 27 (1984) (Blackmun, J., dissenting).

[23] 17 U.S.C. § 107. 排他的権利の制限：フェア・ユース

　「第106条及び第106条Aにかかわらず、著作権のある著作物のフェア・ユースは、著作権侵害にはあたらない。フェア・ユースには、批評、論評、ニュース報道、教授（教室内使用のための複数のコピー作成を含む）、学術、研究等の目的のための、コピー又はフォノレコードによる複製、その他の上記規定の方法による複製行為が含まれる。ある著作物における既存著作物の利用がフェア・ユースにあたるか否かの判断にあたっては、つぎのファクターが考慮されるべきである

(1) 利用の目的と性質。これには、その利用が商業的なものか非営利の教育的なものかといった考慮も含まれる。
(2) 利用される著作物の性質。
(3) 利用された著作物の全体に占める、利用された部分の量と実質的な価値。
(4) 利用された著作物の潜在的な市場ないし価値に与える利用の影響。

　著作物が未発表であるということ、そのこと自体は、仮にその認定が前記のファクターすべての検討の下でなされていれば、フェア・ユースの認定を禁ずるものではない」。

[24] ROBERT A. GORMAN & JANE C. GINSBURG, COPYRIGHT：CASES AND MATERIALS 46 (6th ed., 2002).

　またフェア・ユースの法理が衡平法（equity）上の合理性の原則に根ざしたものであることは、当該法理が法定されようとしていたときの、下院報告書からも看取できる。See GORMAN & GINSBURG, op. cit., at 615-616 (quoting H. R. Rep. No. 94-1476, 94th Cong., 2d Sess. 65-66 (1976)).

"フェア・ユースの成否"について、裁判所の判断に大きく依存することになる。裁判所は事例に則して、ある要素を他の要素より重視することもできる、軽視することもできる[25]。まさにケース・バイ・ケースの法理論なのである。

フェア・ユースが規定されたことは、それが著作権を制限する一般的規定であるだけに、それが法上にないときより、たしかに表現の自由を保護したことにはなるであろう。ただ上述のことを捉えて、フェア・ユースの法理は表現の自由保護法理としてはtoo vagueであるとの評価がある[26]。それらは当該法理について「予測可能性に欠ける」(unpredictable)[27]とか「主観的に過ぎる」(largely subjective)[28]という。フェア・ユースの法理が法定されたあとも、それに内在するこの不確定性により、フェア・ユース該当性の判定はなお不確実性が残されたままなのである。表現行為のフェア／アン・フェアの判定をまず表出者にもとめるこの法理が法定されたこと、そのことで著作権法により表現の自由は保護されている、と軽々に評価することはできないであろう。

また連邦法も判例実践も、著作物利用の性質に着目し、その「諷刺的な」(parodic)[29]としての、また「論評としての」(critical)[30]性質にはフェア・ユースが認定されやすいという。それは107条柱書の文言を捉えての言説であるが、

さらに、阿部浩二「日本著作権法とフェア・ユースの理論」コピライト482号（2001年）2、9頁も、つぎのようにいう。「フェア・ユースの法理も、まさにこのエクイティの流れにある衡平を基礎にするものだと考えてよいのではないかと思います」。

[25] 合衆国著作権法107条に規定されたフェア・ユースの4要件テストについては、B. Beebeによる詳細な実証研究がある。See Barton Beebe, *An Empirical Study of U.S. Copyright Fair Use Opinions, 1978-2005*, 156 U. PA. L. REV. 549 (2008). この実証研究は邦語でも読める。城所岩生（訳）「米国著作権法フェアユース判決（1978-2005年）の実証的研究（1）（2・完）」知的財産法政策学研究21号（2008年）117頁、22号（2009年）163頁。

[26] See William W. Fisher III, *Reconstructing the Fair Use Doctrine*, 101 HARV. L. REV. 1661, 1692-1694 (1988); Lloyd L. Weinreb, *Fair's Fair : A Comment on the Fair Use Doctrine*, 103 HARV. L. REV. 1137, 1153 (1990); Jessica Litmen, *Reforming Information Law in Copyright's Image*, 22 DAYTON L. REV. 587, 612 (1997).

[27] Naomi Abe Voegtli, *Rethinking Derivative Rights*, 63 BROOKLYN L. REV. 1213, 1266 (1997).

[28] Jessica Litmen, *The Public Domain*, 39 EMORY L. J. 965, 1005 (1990).

[29] Campbell v. Acuff-Rose Music, Inc., 510 U.S. 569, 578-585 (1994).（「論評的なもの」「批判的なもの」形体と同じように「パロディの形体」はフェア・ユースと認定されやすい、と論じている）。

[30] See 17 U.S.C. §107.（「論評（criticism）」および「批評（comment）」もフェア・ユースと認定されやすいリストにあげられている）。

ある論者はこれこそまさにフェア・ユースの法理が表現の自由の意義に配慮したとされる由縁であると理解している反面で[31]、RubenfeldやTushnetは、著作権法が表現行為をその内容別に取り扱っているとの評価を与えている[32]。彼らは、フェア・ユース規定は国家行為に求められる言論内容中立性を欠いている、といいたいのであろう。

　表現の自由の意義、それはときに民主的政治過程の機能維持の側面から説明されることがある。政府や公人（public figure）に対する批判的言論、公衆の関心事（public interest）に対する健全な論評があって、はじめて民主的政治過程は維持されるのであるというのである。このような視点からは、フェア・ユースの法理が民主的政治過程に仕えるであろう言論の種類に好意的であったとしても、それは表現の自由の機能論から正当化できそうである。ところが表現の自由が保護されるべきことを「機能論」で基礎づけることはできない。表現の自由はときに政治的過程に仕えるかもしれない。ときに学術の進歩をもたらすかもしれない。ときには単なる暇つぶしの役割しかはたさないかもしれない。ただそのようなおしゃべりもときにわたしたちの心を慰め、癒す機能がある。表現行為は、それが自由になされること、そのこと自体に価値があるのである。表現とは、後述するように、表出者と受領者の間でなされるコミュニケーション行為である。それは、ときに民主的政治過程に仕えることもあれば、エンターテイメントをもたらすこともある。表現の自由とは、このコミュニケーション行為に従事するにつき、国家による干渉・介入をうけないことである。その意義は民主的政治過程の機能維持をもたらすだけではないはずである。

　RubenfeldやTushnetの見解は、フェア・ユースの法理が表現の自由のある側面に仕えることだけをとらえて、それが表現行為保護的理論であると論じてよいのか、との疑問へとわたしたちを導く。合衆国著作権法107条の法理は「政治的であるか」を規準に言論の内容に優劣をつける、あの表現機能論の変

31　*See The Supreme Court, 1993 Term-Leading Cases,* 108 HARV. L. REV. 139, 337 (1994).

32　*See* Rubenfeld, *supra* note 4, at 17（著作権法は言論行為を観点に基づき区別している (viewpoint-discriminatory)）。*See also* Rebecca Tushnet, *Copyright as a Model for Free Speech Law : What Copyright Has in Common With Anti-Pornography Laws, Campaign Finance Reform, and Telecommunications Regulation,* 42 B. C. L. REV. 1, 25-27 (2000)（フェア・ユース規定は内容に基づく規制 (content-based regulation) とみることができる)。

種に絡め取られてはいないであろうか[33]。

5 「法と経済学」の理論

　著作権と修正1条の間にある問題は、しばしば、著作権保護の「経済性」という理由で、解決されてきた。著作権の保護が価値ある言論を産出する誘因になっている、というのがその解法である。

　だが、実際に著作権法は、言論の産出に資するものなのであろうか。この点について、統一された見解を得ることは不可能であろう。著作権法が保護している排他的権利が将来の著作物の産出にとって、有益ではない、または、逆効果でさえある、という声もある。「コピーレフト」や「オープン・ソース」運動と総称されるこれらの動きは、知的財産権論の背景で従来から唱えられてきたあの「経済性」の議論に、根底からの反論を投げかけている[34]。

---

[33] わが国の著作権法は著作権を制限する個別的規定をもつものの、米国のフェア・ユースのような一般的権利制限規定をもたない。ただ権利者保護に傾きかけている著作権法の解釈適用を、著作物利用者との関係で修正することを目的として、著作権法に「日本版フェア・ユース規定」の導入を目指す議論が、本書執筆の時点（2010年10月）で盛んに行われている。それらの議論は、たとえば、知的財産戦略本部の知的財産推進計画2009をうけ文化審議会著作権分科会法制問題小委員会がまとめた「権利制限の一般規定に関する中間まとめ」やそれに対する批判的検討、あるいはフェアユース研究会『著作権・フェアユースの最新動向――法改正への提言』（第一法規、2010年）および山本隆司＝奥邨弘司『フェア・ユースの考え方』（太田出版、2010年）序章「日本版フェア・ユース導入の動き」などを参照されたい。

　ところでこの著作権制限の一般的規定を法律のなかに設けるさいには、米国の規定のように、フェアであるか否かを考慮するさいの「考慮事項」を規定すべきであるという意見が有力のようである（たとえば、前掲『著作権・フェアユースの最新動向』52頁〔上野達弘報告〕参照）。考慮事項を法定している米国では、法定された4つのファクターそれぞれの意義、重心などはまさに事例依存的であるが、それでもどうやら後続著作物が先行著作物の市場における代用品となっていないか、transformative な性質をもっているか、という点に fair/unfair 判定の焦点があるように思われる（See e.g., Campbell, 510 U.S. 569. またこのことを詳述している第4章第1節の4〔小括〕も参照）。言論が民主的政治過程に仕えるか否かという言論の内容・性質に依存するのではなく、著作権の経済財性を基準としてフェア・ユース該当性を判定する法理論は、国家に課された言論内容中立性の要請をみたす fair/unfair 判定法であると評価できる。「日本版フェア・ユース」の法理についての議論も国家行為の言論内容中立性をみたす法理論の構築を目指すべきであると思われる。

[34] 「コピーレフト」や「オープン・ソース」運動については、さしあたり、GLYN MOODY,

著作権保護の「経済性」に関する議論の当否はここでは措いておく[35]。それよりも本書の関心は、つぎの点にある。それは、仮に著作権が言論量を増加させるならば、著作権と表現の自由の問題は解消されるのか、ということである。

多くの「法と経済学」論者がつぎのようにいうのを耳目してきた。〈著作権を保護することは、言論市場における情報量を増加させる。「思想の自由市場」を活性化させることになる。それは、表現の自由の保護内容ではないか〉。直覚的には優れていそうなこの説示も、重要なところを軽視しているように思われる。それは、表現の自由の第一の目的は、言論産出量を増加させることではない、ということである[36]。

また別の論者は、知的財産としての著作物が「公共財」の側面をもつことを捉えて、つぎのようにいう。著作権法の経済分析について優れた業績をもつ彼らの言説をここに引用する[37]。

「著作権保護の対象となるような創作物——それには、書籍、映画、歌謡曲、バレエ音楽、彫刻、地図、業務用辞書、コンピュータ・ソフトのプログラムなどが含まれる——を作り出すためには、しばしば高コストを負担しなければならない。けれども、その創作物を複製することは、それを創作した者であってもそれを利用するだけの者であろうと、通常、低コストですんでいる。さらに、ひとたび複製物が他の者にも利用可能となれば、その利用者は、ほとんど費用をかけることなく、さらに複製を重ねることができる。もし創作者が自ら複製を作成しそれを限界費用〔複製製造—引用者註〕と同額またはほぼ等しい値段で提供するならば、他の者は複製を作成しようとは思わないであろう。しかし、創作者が手にする報酬総額は、その創作物を作り出すた

REBEL CODE: THE INSIDE STORY OF LINUX AND THE OPEN SOUECE REVOLUTION (2001); Eben Moglen, *Anarchism Triumphant: Free Software and the Death of Copyright* (June 28, 1999) (last visited March 19, 2011), at http://zinelibrary.info/files/anarchism.pdf ; David McGowan, *Legal Implications of Open-Source Software,* 2001 U. ILL. L. REV. 241 (2001)を参照。

35 著作権保護の「経済性」に関する議論については、さしあたりつぎの論文を参照。*See e.g.,* Robert M. Hurt & Robert M. Schuchman, *The Economic Rationale of Copyright,* 56 AM. ECON. REV. 421 (1966) ; Stephen Breyer, *The Uneasy Case for Copyright : A Study of Copyright in Books, Photocopies, and Computer Programs,* 84 HARV. L. REV. 281 (1970).

36 同様の見解を表明している、Rubenfeld *supra* note 4, at 23 を参照。

37 William M. Landes & Richard A. Posner, *An Economic Analysis of Copyright Law,* 18 J. LEGAL STUD. 325, 326 (1989).

めに掛かった費用を満たすに十分ではなかろう。著作権——他者が複製を作成することを禁ずる著作権保持者の権利——を保護することは、ある創作物の利用が制限されるという損失と、その創作物を作り出す誘因を与える利益を交換する、ということなのである」。

引用したW. LandesとR. Posnerの言葉を要約すれば、つぎのようになろう。すなわち、仮に著作権と印税の制度なかりせば、誰でも海賊版を作成できるために、誰も創作活動をしなくなってしまうであろう。では、どうするのか。彼らは、著作権を保護することは、利用者の損失にもつながるということに留意しつつ、著作権保護の最適量を模索していく。そして以下のようにいう。

「〔経済的に効率的な著作権法は〕さらに創作物が作り出されていくという利益から、利用制限によって失われるコストに著作権を保護していくための管理費用を加えたものを控除する〔ことによって得られる〕」[38]。

こうして得られた著作権法は、憲法上も正当性を有するものである、というのであろう。だが、この分析手法は、経済的効率性を巡るあまりにも複雑な計算式に依存してはいないだろうか。わたしは、この議論はあまりにも経験的、空想的に過ぎる、と感じている。

ここで「法と経済」論者の思考法を振り返ったとき、それは、表現の自由の対象を「思想の自由市場」または「情報が自由に流通している状態」にみている、といえるであろう。しかしこの権利論は、主体なき権利論ではなかろうか。

表現の自由は、「コミュニケーション行為」に従事する自由、と言い換えてもよいであろう[39]。それは、言論の表出者と受領者が織りなす、主体間の相互作用である。この主体間行為に国家行為が干渉・介入しないことを、表現の自由の法理は保障しようとしているのである。表現の自由が本来的に保護しようとしているのは〈情報が自由に流通している状態〉といった客観的な価値ではなく、表現主体間のコミュニケーション行為の自由という主観的価値ではなかろうか。

著作権制度が将来の言論の産出にとって有効な誘因となったとしても、その

38　*Ibid.* すなわち〈創作の誘因－（利用制限コスト＋管理費用）〉ということか。

39　この視点を確立させたのは、阪本昌成である。とくに、「発話行為（スピーチ・アクト）としての表現」阪本昌成＝村上武則編『人権の司法的救済』（有信堂、1990年）71頁以下を参照。阪本が言語哲学の知見を生かしてこの見解を得るにいたったことは、「言語哲学から法学は何を学べるか」広島法学14巻4号（1991年）277頁以下、また『コミュニケイション行為の法』（成文堂、1992年）のなかで明らかにされている。

ことは著作権と表現の自由の問題に直接的な解法を提示するものではなかろう。表現の自由は、言論産出量に還元できない価値をもっている、と本書は考えている。また、著作権保護の最適量を求めようとしても、その高度の抽象性ゆえに、当該理論の信憑性を殺ぐ結果にいたってしまうのではなかろうか。

6　財産権論

　著作物は、しばしば私的所有物（private property）として、観念されてきている。「著作者人格権」（moral rights of authors）と区別された「狭義の著作権」（著作財産権〔複製権（reproduction right）や翻案権（adaptation right）など〕）が念頭に置かれた議論の場面では、とくにこの傾向にあるといえよう。

　著作物（もちろん、物理的な書物ではなく、著者の精神的産物のこと）が著者の所有物であるという「直覚」は、以下のような論理を生み出している。それは、著作者が作品についてもつ権益は彼の自然権に基づくものである。表現の自由は「盗用の自由」を保護するものではない。したがって、自然権に基づく財産権を保護する著作権法は、表現の自由を侵害するものではない、という論理である。

　本書は、この「直覚」がもたらした弊害は大きい、と考えている[40]。

---

[40]　なお、著作権と所有権は、その性質を全く異にする権利である。このことについて、中国唐代の書家・顔真卿真蹟の「顔真卿自書建中告身帖」（顔真卿の著作権は消滅している）を所有する財団法人書道博物館が、この作品（「自書告身帖」の元の所有者の許諾を得て写真撮影した者の継承人から写真乾板を譲り受け、その後複製したもの）を含む和漢墨宝選集24巻「顔真卿楷書と王樹臨書」を刊行した書芸文化新社を相手取り、所有権に基づき当該出版物の販売差止及びそのなかの「自書告身帖」の複製部分の廃棄を求めた「顔真卿自書建中告身帖事件」（最2判昭和59年1月20日民集38巻1号1頁）で、最高裁はつぎのように判示している。
　「美術の著作物の原作品は、それ自体有体物であるが、同時に無体物である美術の著作物を体現しているというべきところ、所有権は有体物をその客体とする権利であるから、美術の著作物の原作品に対する所有権は、その有体物の面に対する排他的支配権能であるにとどまり、無体物である美術の著作物自体を直接排他的に支配する権能ではないと解するのが相当である。そして、美術の著作物に対する排他的支配権能は、著作物の保護期間内に限り、ひとり著作権者がこれを専有するのである。そこで、著作物の保護期間内においては、所有権と著作権とは同時的に併存するのであるが……著作権の消滅後は……著作物は公有（パブリック・ドメイン）に帰し、何人も、著作者の人格的利益を害しない限り、自由にこれを利用しうることになるのである」（民集38巻1号2-3頁）。

なるほど合衆国裁判所の諸判例をみると、そこでの著作権保護実践は、まるで私的所有物を保護するかのようであった。ある連邦控訴裁判所はこういう。「修正１条は、知的財産として法的に認められた権利を妨害する免許状ではない」[41]。Rubenfeld はこの言説を、こう言い換えてその理解に努めている「他者の所有物を侵害する者は、修正１条に身を隠すことはできない」[42]。わたしは確かに、情報受領の自由を叫んで、チケットを買わずに歌舞伎を観劇する権利をもたない。

著作権に関する財産権説は、著作権法は著作者の財産を保護しており、このことから言論市場や私的活動領域に対する干渉ではない、との理解を演繹してきた[43]。しかし、この思考法には、つぎのような欠陥があると思われる。それは expression を property へと、軽々に転換してしまっていることである[44]。一般的にいって、財産権は表現の自由との関係を査定することなく、その保護内容は、法上、確定していると思われる。ではなぜ本書は、一面で財産権としての性質をもつであろう著作権だけ、例外的に扱うのであろうか。それは、つぎのことを注視しているからである。「著作権は property right in speech を作り出している」[45]。

このことは、著作権を通常の財産権と峻別すべき、転轍機の役割を果たしている。この理由を Rubenfeld はつぎの二点に要約している[46]。第一に、著作権とはある expression について権利主体の権利の範囲および程度を示すもので

　　　もちろん、博物館の所蔵品は、たとえその著作権が消滅しているとしても、博物館の許諾なしには鑑賞できない。この法律関係は、所有権の効果として説明されることもあるようだが（林紘一郎＝福井健策「保護期間延長問題の経緯と本質」田中辰雄＝林紘一郎編著『著作権保護期間 延長は文化を振興するか？』（勁草書房、2008 年）223、230-231 頁は、かつてこういう理解があったことを紹介している）、これは著作物に「合法的にアクセスできないことの結果」（中山信弘「判批」法協 102 巻 5 号（1985 年）1045、1049 頁）と考える方がより適切であろう。

[41] Dallas Cowboys Cheerleaders, Inc v. Scoreboard Posters, Inc., 600 F.2d 1184, 1188 (5th Cir. 1979) (citing Zacchini v. Scripps-Howard Broadcasting Co., 433 U.S. 562, 577 & n 13 (1977); Walt Disney Producitions v. Air Pirates, 581 F.2d 751, 759 (9th Cir. 1977); Nimmer, supra note 19, at 1192-1193.)

[42] Rubenfeld, *supra* note 4, at 24.

[43] *See*, John O. McGinnis, *The Once and Future Property-Based Vision of the First Amendment,* 63 U. CHI. L. REV. 49, 85 n. 149 (1996).

[44] *See* Tushnet, *supra* note 32, at 32.

[45] Rubenfeld, *supra* note 4, at 25.

[46] *See ibid.*, at 25-30.

あり、それは何を言ったかによって行為者に法律上の責任を負わせる効果をもつものである。第二に、公的言論（public speech）に勝る私的権利（private power）を著作権は生み出している。これらは通常の property law がもたない性質である。

　通常の財産権論は、表現の自由の視線を、回避している。けれども著作権は、表現の自由との関係で基本的な問題を内包している。そこから、著作者と著作物利用者の利害を調整するルールの適切さを査定する必要性が発生している。われわれは、著作権理論に内在する憲法上の問題をえぐり出し、あの「直覚」の呪縛から、同理論を解放しなければならないであろう。

　本書は、著作権の財産権性を重視する見解に、批判的である。それは、表現行為の促進、とりわけ、言論市場での表現物取引の安定を通じてのそれが、著作権設定の目的であると考えているからである。この見解からすれば、著作物〈expression〉に財産性が宿ったのも、権利の設定によりそれが管理可能になったからである。わたしが第1章第2節の2（著作権の本質について）の四で「著作物にもたらされた商品化（commodification）は、著作権保護の目的ではなく、著作物が管理可能になったことに付随して生じた間接的効果としての地位にとどまるであろう」と論じたのは、このような思索からの結論である。

7　おわりに

　ときに〈著作権は表現の自由のためにある〉といわれることがある。1985年の合衆国最高裁判決 Harper & Row での言説「制憲者は著作権それ自体を自由な表現の動力源(エンジン)にしようとしていた」を引照するまでもなく、一面でたしかに著作権は表現の自由のためにあるのであろう。但し、この言説は著作権が表現行為を制約していることを隠微する言説でもある。

　著作権は表現の自由を制約している。本書の執筆動機はこの視点を確立することにあった。本書は著作権が表現行為を制約しているという視点の重要性を述べてきた。ただ表現の自由も絶対的に保障されるわけではない。そこで著作権法によりときに言論行為に規制がかかるわけであるが、ただ、この言論行為に課された規制が表現の自由の法理により正当化できるのか、この議論枠組を明確に、あるいは意図的に持ち続けることが憲法学から著作権制度を問う場合には重要になる。本書の要諦はここにある。終章では〈著作権は表現の自由を制約している〉ことを論証しようとしてきた第1章から第6章までの本書の本

体における議論をまとめている。とくに本体部分で十分にはふれることができなかった「法と経済学」的見地や財産権論も扱ったのは、本書の残された課題を示すことで著者の後の研究の指針を示しておこうとしたからである。

　著作権の保護期間を延長する「ソニー・ボノ法」の合憲性が問われた Eldred v. Ashcroft は、後世、わが国が著作権保護を表現の自由の問題として捉える契機をもたらした、と評価されるようになると思われる。当該判決は、かの国の裁判実践に目立った変更をもたらすことはなかったが、それでもこの国の論者は、著作権保護と表現の自由との間にある数々の困難性に、その判決以降、立ち向かおうとし始めている。わが国の憲法学界は、著作権保護が表現の自由の問題を惹起することに、ようやく明確な関心を示し始めた段階にある。この問題に関心を示した多くの論者が、著作権保護が表現規制的側面をもつことに慎重でなければならない、という。著作権を保護する理由とその表現規制的側面を注視して、当該表現規制が憲法上許容される条件について、早急に論究することが要請されているのである。憲法学は、著作権保護法制が憲法に基礎づけられるかについて、問い直さなければならないであろう。

事項索引

copyright medium　　100
copyright monopoly　　80, , 84, 86
copyright power　　22, 55, 63, 71, 73, 75, 77, 80, 84, 85, 86
CSS　　193
customary standard　　150〜152
DeCSS　　193〜194, 197, 198, 199, 206
digital piracy　　160
DVD　　193
must-carry rule　　171
Nimmer（Melville B. Nimmer）　　45, 97〜100, 123
public figure　　132, 134, 156
public interest　　148, 154
public trust doctrine　　164, 165
Reconstruction Amendments　　63
time-shifting（時間移動）　　78, 79, 80
tortious speech　　13, 91, 92, 93, 94, 95, 96, 97, 122
transformative　　136, 139, 140, 141, 142, 155, 222
WIPO（世界知的財産権機構）　　188〜189
WIPO 著作権条約 11 条　　189

あ 行

アイディア・事実／表現形式二分法
　　12, 22, 38, 42, 44, 75, 86, 94, 95, 98, 99, 100, 101, 111, 116, 117, 121, 123, 125, 126, 143, 146, 153, 154, 159, 178, 186, 187, 211, 218〜220
　　――の境界線　　109, 110
アクセス制限（コントロール）（装置）
　　186, 188, 205, 210
アン法（典）　　72
違憲審査基準　　121
異質説（著作者人格権と一般的人格権に関する）　　34
萎縮効果　　48, 147, 157
一元論（著作権の本質に関する）　　32, 37
一般的人格権　　33
引用（日本法 32 条）　　157
映像著作権　　183
江差追分事件　　108
エンクロウズド・ドメイン（enclosed domain）　　205
オープン・ソース　　224
オリジナル性（オリジナリティ）（originality）　　11, 69〜70, 82, 83

か 行

外部効果　　1
　　正の――　　1, 149
　　負の――　　1
合衆国憲法 1 条 8 節 8 項（→「著作権条項」をみよ）
顔真卿自書建中告身帖事件　　227
技術的保護手段（装置）　　187, 203
機能作品　　35
機能的著作物　　159
キャンディ・キャンディ事件　　103
強制許諾（制）　　17, 134, 135, 147
寄与責任　　78
芸術観
　　――における古典的理解（classical view）　　113, 114, 124
　　――（における）ロマン主義（Romanticism）　　113, 114, 124, 125
　　――の変容　　112〜113, 116, 124
厳格審査（基準）　　198, 199, 212, 219
建国の父（→「制憲者」をみよ）
現実の悪意ルール（actual malice rule）

231

事項索引

　　　　46, 96
限定列挙　*46, 157*
権利制限の一般規定　*147*
権力分立　*55*
言論規制者（側）の論理　*219, 220*
言論規制のフレーバー　*92, 95*
言論の私物化（→「情報の私物化」をみよ）
言論／非言論コンポーネント（speech/ nonspeech component）　*196*
言論付随的規制　*210, 211, 213*
公共財　*1, 149, 206, 225*
公共選択論　*213, 217*
公共の福祉　*39, 40, 51, 96*
公表権（日本）　*37*
コード（コンピュータ・コード）　*188, 192〜196, 201*
コピー・コントロール装置　*159*
コピーレフト　*224*
個別的制限規定（exempted use 規定）
　　16, 18〜20, 147, 155, 157, 206
コミュニケイション行為　*121, 150, 226*
コモンズ　*179〜180, 205, 206, 208*
コモン・ロー　*72, 73, 84, 176*

さ 行

財産権の内容（憲法29条2項にいう）
　　38〜39
差止請求権　*48*
暫定的差止命令　*48〜50*
自己検閲　*147*
事後法　*173*
　　——による保護期間延長　*167〜168, 170, 178*
事実作品（→「機能作品」をみよ）
事実著作物　*143, 159*
事実的なもの／内省的なもの（factual / reflective）区分論　*154, 155*
私人間効力　*46*
事前抑制　*48*

思想の自由　*150*
思想の自由市場　*225, 226*
「思想／表現」（の）境界線　*112〜117*
私的使用（日本法30条）　*157*
支分権　*91, 100*
氏名表示権（アメリカ）　*5*
　　——（日本）　*37*
州際通商権限　*209, 210*（→「通商条項」もみよ）
修正1条との調整法　*43, 45, 122, 185*
修正1条とCETAの関係　*168〜170*
修正14条　*63〜64*
　　——5節　*171*
少数派のバイアス（Minoritarian Bias）
　　213〜214, 217
商品化（著作物の）　*36*
情報
　　市場における商品の価格としての——
　　　8
　　——の私物化（privatization）　*8, 10, 36*
　　——の商品化（commodification）　*8, 52*
情報財　*8*
新奇性（novelty）　*82*
制憲者　*56, 71, 85, 86, 171, 172, 206, 229*
政治的問題（political question）　*182*
潜在的権利侵害者（potential infringer）
　　147
ソニー・ボノ法（→「著作権期間延長法」をみよ）
創作性（creativity）　*82, 106, 117, 118, 119, 159*

た 行

第1議会　*57, 162, 216*
代用品（supersede）　*136, 142, 144, 145, 155, 222*
高められた（司法）審査基準　*170〜172*

232

事項索引

知的財産戦略本部　　23
抽象化テスト（abstractions test）（L.Hand 裁判官の）　　109, 110, 125
著作権（狭義）　　9, 32, 36, 227
　　――に関する財産権説　　228
著作権の淵源
　　――（実体論）　　176
　　――（機能論）（インセンティブ理論）　　176
著作権期間　　66～68, 162
　　――に関する相互主義　　181
著作権条項　　4, 21～22, 53～71, 82, 84～86, 92, 162, 163, 164, 165, 166, 167～168, 171, 174, 175, 177～178, 200, 204, 205, 208, 210, 216～218
　　一定の期間（limited times）　　65～68, 86, 164, 165, 167, 173, 177～178, 206
　　学術の進歩（progress of science）　　69～70, 77, 206
　　促進する（promote）　　68～69, 86
著作権と表現の自由の調整原理（built-in First Amendment accommodations）　　87, 94, 95, 98, 158, 170
著作権法の経済分析　　225
著作権保護期間延長法（CTEA）　　23, 43, 53, 89, 162～163, 230
著作権保護の「経済性」　　224, 225
著作権保護の伝統的概略（構造）（traditional contours）　　43, 47, 87, 97, 98, 160, 170, 185, 187, 201, 204, 211, 218
著作権の制度化　　3, 8
著作権の保護対象　　10
著作者人格権　　5, 9, 32～, 46, 143
　　法人の――　　35
著作者の権利　　32
通商条項（合衆国憲法1条8節8項）　　201, 209
定義的衡量（definitional balancing）（テスト）　　43, 44, 47, 98, 99, 123, 125

デジタル・ミレニアム法（DMCA）　　24～25, 87, 89, 159, 160, 186, 188～192, 208, 209～214
デジタル著作物　　160
伝統的修正1条保護手段（traditional First Amendment safeguards）　　44, 185
同一性保持権（アメリカ）　　5
　　――（日本）　　37
等価的利益衡量　　95
同義語　　120
同質説（著作者人格権と一般的人格権に関する）　　33
特許（権）　　57, 58, 75, 159, 172, 173, 177
　　――条項　　173, 174

な 行

内容中立規制　　40, 42, 48, 180
内在的調整原理（→「著作権と表現の自由の調整原理」をみよ）
二元論（著作権の本質に関する）　　32
二次的著作物（日本法2条1項11号、28条）　　103, 106, 111, 124
　　（→「派生的著作物」もみよ）
日本版フェア・ユース（規定）　　23, 213, 224

は 行

派生的著作物（derivative work）　　103, 116, 139, 141
パターン・テスト（pattern test）（Z. Chafeeの）　　110, 125
パブリック・ドメイン（public domain）　　79, 87, 163, 164, 173, 174, 179, 180, 188, 204～208, 227
パロディ　　134～141, 144
非自明性（non-obviousness）　　70
額に汗（sweat of the brow）の理論　　83
必要かつ適切条項（Necessary and Proper Clause）　　63

表現(の)形式 (form of expression) 46,
　51, 93, 98, 101, 102〜106, 111, 120, 122,
　126, 178, 218
表現内容に基づく (content-based) 法理
　論 148〜150, 156
表現内容規制／内容中立規制 40, 42,
　48, 120〜121, 219, 220
表現内容中立規制(→「内容中立規制」をみよ)
表現の外面的形式／内面的形式 104〜
　106, 111, 124
　「外面的形式」「内面的形式」の定義
　　105
表現の私物化 52
表現の自由に関する政治的価値論 150
「表現の選択の幅」(論) 117〜120
表現の二層化論 113
平等原則 156
ファースト・セール・ドクトリン 17〜
　18, 77, 84
フィヒテ (Johann Gottlieb Fichte)
　104, 105, 124
フェア・ユース (の法理) (fair use
　〔doctrine〕) 13, 22, 44, 46, 78, 79, 80,
　86, 87, 93, 94, 95, 98, 99, 122, 123, 127
　〜160, 169, 178, 186, 187, 188, 199〜
　204, 206, 211, 220〜224
　第1ファクター 130〜131, 135〜138,
　　139, 141〜143, 148, 150, 151
　第2ファクター 131〜132, 138, 143
　第3ファクター 132〜133, 138〜140,
　　143〜144
　第4ファクター 133〜134, 139, 140〜
　　141, 143, 144〜145
複製 (日本法2条1項15号) 102, 124
　――概念に関する「厳格説」 102
　――概念に関する「ゆるやか説」 102
不法行為 91, 94, 123
文理解釈 54, 55, 64〜71, 86
ベルヌ条約 180〜182

――執行法 181
――5条4項 181
――6条の2 5
――7条1項・6項・8項 181
編集著作物 119
法準則 126, 159
「ぼくのスカート」事件 107〜108, 125
保護されない言論 198〜199
保護される表現／保護されない表現
　99, 123
保護されるもの(表現)／保護されないもの
　(思想) 101, 111, 117, 124, 126
保護すべき表現／保護すべきでない表現
　101
法と経済学 47, 225
法の支配 55
法律の留保 96, 217
簿記 73, 74, 75
翻案(権)(日本法27条) 102〜103, 103
　〜104, 106, 107〜108
　――性該当基準 108
　――／別著作物の境界線 110

ま 行

ミッキーマウス 183
未発表 (unpublished) (著作物) 132,
　134, 143, 152, 153
民兵条項 (合衆国憲法修正2条) 59〜
　60
　第1―― (合衆国憲法1条8節15項)
　　62, 178
最も制限的でない手段 (the least restric-
　tive means) 212, 213
　(→「厳格審査」もみよ)

ら 行

立憲主義 22, 55, 59, 61, 63, 84
例示列挙 47
労働の果実 30, 176

法令索引

17 U.S.C.
　§ 101（「公に」の定義）　5
　――（「視覚芸術著作物」の定義）　5
　――（「派生的著作物」の定義）　116
　§ 102(a)（著作権の対象の総論）　10, 50, 78
　(b)（アイディア・事実／表現形式二分法）　12, 75, 94, 169, 218
　§ 103(b)　83
　§ 106（著作物に対する排他的権利）　4, 78, 130, 200
　(3)（頒布権）　76
　§ 106A（氏名表示権、同一性保持権）　5
　§ 107（フェア・ユース）　14, 94, 127, 145, 146, 147, 148, 149, 150, 155, 156, 157, 169, 199～200, 218, 221, 222
　(1)　79, 141, 151
　(2)　143
　(3)　144
　(4)　79, 144, 155
　§ 108　18
　(h)（図書館及び公文書館におけるコピー）　44, 169～170
　§ 109(a)(c)（ファースト・セール・ドクトリン）　17, 18, 77
　§ 110(5)(B)（一定の実演及び展示の例外）　44, 170
　§ 112　18
　§ 113(d)(1)(A)（建築物内の視覚芸術著作物の除去）　6
　§ 114(b)　18
　§ 115（強制許諾）　135
　§ 302（著作権の保護期間）　163
　§ 501（権利の侵害）　6
　(a)　79
　§ 502（差止め）　7
　§ 504（損害賠償）　7
　§ 602 (a)(1)　7
　§ 1201　87
　(a)　187, 197, 205
　(a)(1)　159
　(a)(1)(A)　189～190
　(a)(2)　160, 190～191
　(a)(3)(A)　159, 191
　(a)(3)(B)　190
　(b)　191
　(c)　192, 203
　(c)(1)　160

28 U.S.S. § 2201　164

1790 年法　72, 100, 113～114, 162
1802 年法　114
1831 年法　114, 162
1856 年法　114
1870 年法　114
1897 年法　115
1909 年法　115
1976 年法　116, 127, 136, 145, 162, 163, 182
1998 年法（→「著作権保護期間延長法」〔CTEA〕、「デジタル・ミレニアム法」〔DMCA〕をみよ）

235

判 例 索 引

B

Baker v. Selden, 101 U.S. (11 Otto.) 99
　(1880)　　73～76, 83, 84, 100～101, 219
Bauer & Cie v. O'Donnell, 229 U.S. 1 (1913)
　68
Bernstein v. United States Dept. of Justice,
　176 F.3d 1132 (9th Cir. 1999)　　195
Bobbs-Merrill Company v. Straus, 210 U.S.
　339 (1908)　　76～77, 84
Burrow-Giles Lithographic Co. v. Sarony,
　111 U.S. 53 (1884)·········82

C

Cable/Home Communication Corp. v.
　Network Prods., Inc., 902 F.2d 829 (11th
　Cir. 1990)　　92
Cadence Design Sys., Inc. v. Avant! Corp.,
　125 F.3d 824 (9th Cir. 1997)　　93
Campbell v. Acuff-Rose Music, Inc., 510
　U.S. 569 (1994)　　129, 134～141, 142,
　　143, 144, 145, 146, 169, 201, 222
　──── Acuff-Rose Music, Inc. v. Campbell,
　　972 F.2d 1429 (6th Cir. 1992)　　135,
　　139, 140
　──── Acuff-Rose Music, Inc. v. Campbell,
　　754 F.Supp. 1150 (M.D.Tenn. 1991)
　　135, 139
City of Boerne v. Flores, 521 U.S. 507
　(1997)　　171

D

Deepsouth Packing Co. v. Laitram Corp.,
　406 U.S. 518 (1972)　　60
Dallas Cowboys Cheerleaders, Inc. v.
　Scoreboard Posters, Inc., 600 F.2d 1184
　(5th Cir. 1979)　　92, 228
Donaldson v. Beckett, 4 Burr. 2408 (H.L.
　1774)　　72, 85

E

Eldred v. Ashcroft, 537 U.S. 186 (2003)
　23, 43, 51, 53, 67, 68, 94, 97, 98, 122,
　160, 161～184, 185, 201, 211, 215, 218,
　230
　──── **Eldred v. Ashcroft, 255 F.3d 849**
　　(D.C.Cir. 2001)(en banc)　　166
　──── Eldred v. Reno, 239 F.3d 372 (D.
　　C.Cir. 2001)　　94, 163, 165, 172,
　　215
　──── (Sentell, J., dissenting)　　67,
　　165～166
　──── Eldred v. Reno, 74 F.Supp.2d 1
　　(D.D.C. 1999)　　164～165
Elsmere Music, Inc. v. National Broadcast-
　ing Co., 623 F.2d 252 (d Cir. 1980)
　140
　──── Elsmere Music, Inc. v. National
　　Broadcasting Co., 482 F.Supp. 741
　　(S.D.N.Y. 1980)　　136

F

Feist Publishers, Inc. v. Rural Telephone
　Service Co., 499 U.S. 340 (1991)　　11,
　49, 69, 80～84, 138, 168
　──── App. to. Pet. for Cert. 4a, judge
　　order reported at 916 F.2d 718 (1990)
　　81
　──── Rural Telephon Service Company,
　　Inc. v. Feist Publications, Inc., 663

236

F.Supp. 214 (D.C.Kan. 1987)   *81*
Fisher v. Dees, 794 F.2d 432 (9th Cir. 1986)
    136, 137, 140, 145, 151
Folsom v. Marsh, 9 F.Cas. 342 (No. 4, 901)
    (C.C.D.Mass. 1841)   *14, 135, 140, 221*
Freedman v. Maryland, 380 U.S. 51 (1965)
    49

G

Goldstein v. California, 412 U.S. 546 (1973)
    68
Graham v. John Deere Co., 383 U.S. 1
    (1966)   *70, 168, 171, 172, 173*
Gund, Inc. v. Smile International Inc., 691
    F.Supp. 642 (E.D.N.Y. 1988)   *118*

H

Haberman v. Husler Magazine, 626 F.Supp.
    201 (D.Mass. 1986)   *151*
Harper & Row, Publishers, Inc. v. Nation
    Enterprises, 471 U.S. 539 (1985)   *15,
    27, 92, 93, 98, 122, 129, 134, 137, 139,
    140, 142, 143, 144, 145, 146, 150, 151,
    152, 153, 154, 156, 164, 165, 168, 169,
    170, 172, 175, 200, 219, 229*
—— (Brennan, J., dissenting)   *138,
    151, 152, 153, 154*
—— Harper & Row, Publishers, Inc. v.
    Nation Enterprises, 723 F.2d 195 (2d
    Cir. 1983)   *98, 130*
—— Harper & Row, Publishers, Inc. v.
    Nation Enterprises, 557 F.Supp. 1067
    (S.D.N.Y. 1983)   *130*
Hill v. Colorado, 530 U.S. 703 (2000)
    196
Hudgens v. National Labor Relations Board,
    424 U.S. 507 (1976)   *92*
Hutchinson Tel. Co. v. Fronteer Directory
    Co. of Minn., 770 F.2d 128 (8th Cir. 1985)
    59

I

INS v. Chadha, 462 U.S. 919 (1983)   *174*
Iowa State University Research Foundation,
    Inc. v. American Broadcasting Cos., 621
    F.2d 57 (2d Cir. 1980)   *146, 200*

J

Junger v. Daley, 8 F.Supp.2d 708 (N.D.Ohio
    1998)   *195*

K

Karn v. United Staes Dept. of Stae, 925 F.
    Supp.1 (D.C.Cir. 1996)   *195*
Katzenbach v. Morgan, 384 U.S. 641 (1966)
    64
Kendall v. Winsor, 62 U.S. (21 How.) 322
    (1959)   *68*

L

Laerence v. Dana, 15 F.Cas. 26 (No. 8, 136)
    (C.C.D.Mass. 1869)   *14, 221*

M

Massachusetts v. Oaks, 491 U.S. 576 (1989)
    194
Marbury v. Madison, 5 U.S. (1 Chranch) 137
    (1803)   *174*
Mazer v. Stein, 347 U.S. 201 (1954)   *175*
MCA, Inc. v. Ailson, 677 F.2d 180 (2d Cir.
    1981)   *137*
McClurg v. Kingsland, 42 U.S. (1 How.) 202
    (1843)   *165*
McGrew-Hill, Inc. v. Worth Publishers, Inc.,
    335 F.Supp. 415 (S.D.N.Y. 1971)   *221*
Meeropol v. Nizer, 560 F.2d 1061 (2d Cir.

1977)　*133, 144*

Mitchell v. Tilghman, 86 U.S. (19 Wall.) 287 (1874)　*68*

Meyer v. Grant, 486 U.S. 414 (1988)　*220*

N

New York Times Co. v. Sullivan, 376 U.S. 254 (1964)　*45〜46, 96*

New York Times Co. v. United States, 403 U.S. 713 (1971)　*92, 93*

—— (Brennan, J., concurring)　*219*

Nichols v. Universal Pictures Corporation, 45 F.2d 119 (2d Cir. 1930)　*109*

Nunez v. Caribbean Int'l News Corp., 235 F.3d 18 (1st Cir. 2000)　*148*

P

Pacific & Southern Co. v. Duncan, 744 F.2d 1490 (11th Cir. 1984)　*134*

Palko v. Connecticut, 302 U.S. 319 (1937)　*19*

Pennock & Sellers v. Dialogue, 27 U.S. (2 pet.) 1 (1829)　*164*

Peter Pan Fabrics, Inc. v. Martin Weiner Corp., 274 F.2d 487 (2d Cir. 1960)　*110*

Pfaff v. Wells Electronics, Inc., 525 U.S. 55 (1998)　*173*

R

Radji v. Khakbaz, 607 F.Supp. 1296 (D.D.C. 1986)　*151*

R.A.V. v. City of St. Paul, 505 U.S. 377 (1992)　*198*

Red Lion Broadcasting Co. v. FCC, 395 U.S. 367 (1969)　*196*

Regan v. Time, Inc., 468 U.S. 641 (1984) *148*

Rosemont Enterprises, Inc. v. Random House, Inc., 366 F.2d 303 (2d Cir. 1966)　*148*

Roy Export Co. Establishment v. Columbia Broadcasting System, Inc., 503 F.Supp. 1137 (S.D.N.Y. 1980)　*131, 144*

Ry Kabor Executives' Ass'n v. Gibbons, 455 U.S. 457 (1982)　*209*

S

Sable Communications of California, Inc. v. FCC, 492 U.S. 115 (1989)　*212*

San Francisco Arts & Athletics, Inc. v. United States Olympic Comm., 483 U.S. 522 (1987)　*172*

Schnapper v. Foley, 667 F.2d 102 (D.C.Cir. 1981)　*59, 165*

Seats, Roebuck & Co. v. Stiffel Co., 376 U.S. 225 (1964)　*173*

Sheldon v. Metro-Goldwyn Pictures Corp., 81 F.2d 49 (2d Cir. 1936)　*132*

Sid & Marty Krofft Television Productions, Inc. v. McDonald's Corp., 562 F.2d 1157 (9th Cir. 1977)　*94, 178*

Sony Corporation of America v. Universal City Studios, Inc., 464 U.S. 417 (1984)　*14, 77〜80, 84, 129, 131, 133, 136, 138, 139, 140, 142, 144, 164, 168, 171, 175, 189, 201*

—— (Blackmun, J., dissenting)　*149, 156, 221*

—— Universal City Studio, Inc. v. Sony Corp. of America, 659 F.2d 963 (9th Cit. 1981)　*78*

—— Universal City Studio, Inc. v. Sony Corp. of America, 480 F.Supp. 429 (C.D.Cal. 1979)　*78*

判例索引

Spence v. Washington, 418 U.S. 405 (1974) *196*
Stewart v. Abend, 495 U.S. 207 (1990) *138, 146, 168, 175, 200*
Stowe v. Thomas, 23 F.Cas. 201 (C.C.E.D. Pa. 1853) *111*

T

The Trade-Mark Cases, 100 U.S. (10 Otto.) 82 (1879) *82*
Time Inc. v. Bernard Geis Associates, 293 F.Supp. 130 (S.D.N.Y. 1698) *15, 150*
Triangle Publications, Inc. v. Knight-Ridder Newspapers, Inc., 626 F.2d 1171 (5th Cir. 1980) *158*
Turner Broadcasting System, Inc. v. FCC, 512 U.S. 622 (1994) *171, 197, 211*
Twentieth Century Music Corp. v. Aiken, 422 U.S. 151 (1975) *175*

U

United States v. Elcom, 203 F.Supp.2d 1111 (N.D.C.A. 2002) *201, 202, 207, 209, 210*
United States. v. O'Brien, 391 U.S. 367 (1968) *196*
United States v. Lopez, 514 U.S. 549 (1995) *209*
United Video v. FCC, 890 F.2d 1173 (D.C. Cir. 1989) *164, 215*

Universal City Studios, Inc. v. Corley, 273 F.3d 429 (2d Cir. 2001) *191, 194〜196, 202, 205, 207, 210, 211, 212, 213*
—— Universal City Studios, Inc. v. Reimerdes, 111 F.Supp.2d 294 (S.D.N.Y. 2000) (Universal Ⅰ) *197*
—— Universal City Studios, Inc. v. Reimerdes, 111 F.Supp.2d 346 (S.D.N.Y. 2000) (Universal Ⅱ) *197, 198*

W

Wainwright Securities, Inc. v. Wall Street Transcript Corp., 558 F.2d 91 (2d Cir. 1977) *94, 127, 178, 221*
Walt Disney Productions v. Air Pirates, 581 F.2d 751 (9th Cir. 1977) *228*
—— Walt Disney Productions v. Air Pirates, 345 F.Supp. 108 (N.D.Cal. 1972) *221*
Ward v. Rock Against Racism, 491 U.S. 781 (1989) *196, 211*
Warren Pub., Inc. v. Microdos Data Corp., 115 F.3d 1509 (11th Cir. 1997) *50*
Whaton v. Paters, 33 U.S. (8 Pet.) 591 (1834) *72, 84*
Zacchini v. Scripps-Howard Broadcasting Co., 433 U.S. 562 (1977) *93, 228*
Zardui-Quintana v. Richard, 768 F.2d 1213 (11th Cir. 1985) *50*

239

あ と が き

　わが国ではあまり論じられてはこなかった、そしてわたしの稚拙さからか、あまり学会・研究会でもピンとは受け入れなれなかった「著作権と憲法理論」の研究について、阪本昌成先生（広島大学・九州大学・立教大学そして近畿大学）からご支援をいただきました。先生から「振り返ってみると、貴君はロールズという壮大な抽象的なテーマから、この極めて今日的で個別的な課題へと変身してきましたね。この変化は生産的でした。よかったなぁ。」とおっしゃっていただいたことが、なによりの励みでした。いずれは書籍の形にしたいと考えてはいたものの、まだまだ検討課題が残っているので逡巡していたわたしに、信山社を紹介していただいたのも、阪本先生でした。ますますご研究の成果をあげておられる先生は、わたしの大きな目標です。

　当世の厳しい出版事情のなか、阪本先生にお口添えをいただいたとはいえ、わたしのような者の著書の出版をお引き受けいただいた信山社、そして編集を担当していただいた稲葉文子さんにも感謝もうしあげます。高名な研究者の高著がつらなる「学術選書」の末席においていただき、光栄に存じます。

　またわたしにとって実質的には3校目の（助手を含めると4校目の）勤務校となった熊本大学法学部の刺激的なコゥリーグ諸氏にも感謝もうしあげます。それぞれの学問領域で一廉の業績をあげようと日々研鑽をかさねておられるみなさまのお仲間にくわえていただき、望外の喜びを感じております。

　最後に、めぐみ（妻）と陽花（娘）にも、ひと言。めぐみに、結婚して10年になろうとしています。家事・育児全般をこなしてもらったおかげで、この研究は成りました。本書はあなたに捧げます。月日は流れながらも遅々としてしか進まないこの研究のそばで、月日の流れにのり驚くべき成長を遂げている陽花、この4月から小学生になりました。これからも陽のひかりをたくさん浴びて大きな花をさかせてください。本書をあなたにも捧げます。

　　2011年春

　　　　　　　　　　　　　　五高記念館を仰ぎ見る研究室にて

　　　　　　　　　　　　　　　　　　　　　　　大日方　信春

　【付記】なお本書は科学研究費補助金（基盤(c)：課題番号22530034）の成果の一部です。

〈著者紹介〉

大日方信春（おびなた のぶはる）
　1969 年　長野市に生まれる
　1994 年　琉球大学法文学部卒業、1996 年 同大学院法学研究科修了
　1999 年　広島大学大学院社会科学研究科修了　博士（法学）
　　　　　広島大学法学部助手、広島県立大学経営学部講師、
　　　　　姫路獨協大学法学部助教授（准教授）を経て、
　現　在　熊本大学法学部教授

〔主　著〕
　ロールズの憲法哲学（有信堂高文社、2001 年）

学術選書
67
憲法・著作権法

❀ ❊ ❀

著作権と憲法理論

2011（平成23）年 5 月25日　第 1 版第 1 刷発行
5867-7:P224　¥9800E-012:050-015

著　者　大 日 方 信 春
発行者　今井貴　稲葉文子
発行所　株式会社　信 山 社
〒113-0033 東京都文京区本郷6-2-9-102
Tel 03-3818-1019　Fax 03-3818-0344
henshu@shinzansha.co.jp
笠間才木支店 〒309-1611 茨城県笠間市笠間515-3
笠間来栖支店 〒309-1625 茨城県笠間市来栖2345-1
Tel 0296-71-0215　Fax 0296-72-5410
出版契約2011-5867-7-01010 Printed in Japan

ⓒ大日方信春, 2011　印刷・製本／東洋印刷・渋谷文泉閣
ISBN978-4-7972-5867-7 C3332 分類328.510憲法・著作権法

JCOPY　〈(出)出版者著作権管理機構 委託出版物〉
本書の無断複写は著作権法上での例外を除き禁じられています。複写される場合は、
そのつど事前に、(社)出版者著作権管理機構（電話03-3513-6969, FAX 03-3513-6979,
e-mail: info@jcopy.or.jp）の許諾を得てください。

山下泰子・辻村みよ子・浅倉むつ子・
二宮周平・戒能民江編

ジェンダー六法 3200円

◇法学講義六法◇

石川 明(民訴法)・池田真朗(民法)・宮島 司(商法・会社法)
安冨潔(刑訴法)・三上威彦(倒産法)・大森正仁(国際法)
三木浩一(民訴法)・小山剛(憲法)

法学六法'11
並製箱入り四六携帯版　1,000円

標準六法'11
並製箱入り四六携帯版　1,250円

小笠原正・塩野　宏・松尾浩也編集代表

スポーツ六法2011
並製箱入り四六携帯版　2,500円

田村和之編集代表

保育六法 2,200円
（第2版）

甲斐克則編　2,200円

医事法六法
編集代表　芹田健太郎　1,450円

森川俊孝・黒神直純・林美香・李禎之編集

コンパクト学習条約集